PINHOK™
LANGUAGES

www.pinhok.com

Introdução

Sobre este livro

Este livro de vocabulário contém mais de 3000 palavras e frases em árabe que estão agrupadas por tópico para poder escolher mais facilmente o que deve aprender primeiro. Além disso, a segunda metade do livro contém duas secções de índice remissivo que podem ser utilizadas como dicionários básicos para procurar palavras em qualquer uma das duas línguas. As três partes juntas fazem com que este livro seja um excelente recurso para os estudantes de todos os níveis.

Comunidade de aprendizagem

Se considerar este livro útil, nós e outros estudantes agradecemos que deixe um comentário onde quer que tenha comprado este livro e explique como o utiliza no seu processo de aprendizagem. A sua opinião e experiências podem ajudar e têm um impacto positivo em muitos outros estudantes de línguas em todo o mundo. Ficamos a aguardar suas histórias e agradecemos antecipadamente as suas opiniões!

Pinhok Languages

A Pinhok Languages esforça-se por criar produtos de aprendizagem de línguas que apoiem os estudantes em todo o mundo no seu objetivo de aprender uma nova língua. Ao fazê-lo, combinamos as melhores práticas de várias áreas e indústrias para disponibilizar produtos e materiais inovadores.

A equipa Pinhok espera que este livro possa ajudá-lo no processo de aprendizagem e contribuir para atingir mais rapidamente o seu objetivo. Se estiver interessado em obter mais informações sobre nós, visite o nosso website: www.pinhok.com. Para comentários, relatórios de erros, críticas ou simplesmente um "olá" rápido, aceda também ao nosso website e utilize o formulário de contacto.

Isenção de responsabilidade

ESTE LIVRO É FORNECIDO "TAL COMO ESTÁ", SEM GARANTIA DE QUALQUER TIPO, EXPRESSA OU IMPLÍCITA, INCLUINDO, ENTRE OUTRAS, AS GARANTIAS DE COMERCIALIZAÇÃO, ADEQUAÇÃO A UMA FINALIDADE ESPECÍFICA E NÃO VIOLAÇÃO. EM CIRCUNSTÂNCIA ALGUMA, OS AUTORES OU TITULARES DE DIREITOS DE AUTOR SERÃO RESPONSÁVEIS POR QUAISQUER RECLAMAÇÃO, DANOS OU OUTRA RESPONSABILIDADE, QUER NUMA AÇÃO CONTRATUAL, ILÍCITA OU DE OUTRA FORMA, DECORRENTE OU RELACIONADA COM O LIVRO OU A UTILIZAÇÃO OU OUTROS PROCEDIMENTOS NO LIVRO.

© 2020 Pinhok.com. Todos Os Direitos Reservados

Índice

Tópicos

Animais: 7
Desporto: 12
Geografia: 17
Números: 25
Corpo Humano: 31
Adjetivo: 35
Verbo: 41
Casa: 47
Comida: 54
Vida: 65
Transportes: 73
Cultura: 79
Escola: 84
Natureza: 91
Roupas: 102
Produtos de Higiene Pessoal: 107
Cidade: 109
Saúde: 115
Negócio: 121
Coisas: 130
Frases: 134

Índice Remissivo

Português - Árabe: 139
Árabe - Português: 198

Animais

Mamíferos

cão	كلب (M) (kalb)
gato	قط (M) (qut)
coelho	أرنب (M) ('arnab)
vaca	بقرة (F) (baqara)
ovelha	خروف (M) (khuruf)
porco	خنزير (M) (khinzir)
cavalo	حصان (M) (hisan)
macaco (animal)	قرد (M) (qarad)
urso	دب (M) (daba)
leão	أسد (M) ('asada)
tigre	نمر (M) (namur)
panda	باندا (M) (banda)
girafa	زرافة (F) (zirafa)
camelo	جمل (M) (jamal)
elefante	فيل (M) (fil)
lobo	ذئب (M) (dhiib)
ratazana	جرذ (M) (jaradh)
rato (animal)	فأر (M) (far)
zebra	حمار وحشي (M) (hammar wahashiun)
hipopótamo	فرس النهر (M) (faras alnahr)
urso polar	دب قطبي (M) (dab qatbi)
rinoceronte	وحيد القرن (M) (wahid alqarn)
canguru	كنغر (M) (kanghar)
leopardo	فهد (M) (fahd)
chita	فهد (M) (fahd)
burro	حمار (M) (hamar)
papa-formigas	آكل النمل (M) (akil alnaml)

búfalo	جاموس (jamus) (M)
veado	غزالة (ghazala) (F)
esquilo	سنجاب (sanujab) (M)
alce	الإلكة (al'iilka) (F)
leitão	خنزير صغير (khinzir saghir) (M)
morcego	خفاش (khafaash) (M)
raposa	ثعلب (thaelab) (M)
hamster	هامستر (hamstar) (M)
porquinho-da-índia	خنزير غينيا (khinzir ghinia) (M)
coala	الكوالا (alkawala) (M)
lémure	الليمور (allayumur) (M)
suricato	سرقاط (suriqat) (M)
guaxinim	راكون (rakun) (M)
tapir	تابير (tabir) (M)
bisonte	البيسون (albaysun) (M)
cabra	ماعز (maeiz) (M)
lama	لاما (lama) (F)
panda vermelho	الباندا الأحمر (albanida al'ahmar) (M)
touro	ثور (thur) (M)
ouriço	قنفذ (qanafadh) (M)
lontra	ثعلب الماء (thaealib alma') (M)

Pássaros

pombo	حمامة (hamama) (F)
pato	بطة (bata) (F)
gaivota	نورس (nuris) (M)
galinha	دجاجة (dijaja) (F)
galo	ديك صغير (dik saghir) (M)
ganso	إوز ('iuz) (M)
coruja	بومة (bawma) (F)

cisne	إوزة (F) ('iawza)
pinguim	بطريق (M) (batariq)
corvo	غراب (M) (ghurab)
peru	ديك رومي (M) (dik rumiin)
avestruz	نعامة (F) (naeama)
cegonha	لقلق (M) (laqalaq)
pinto	كتكوت (M) (katakut)
águia	نسر (M) (nasir)
corvo	غراب أسود (M) (gharab 'aswad)
pavão	الطاووس (M) (altaawus)
pelicano	بجعة (F) (bijea)
papagaio	بغبغان (M) (bighubghan)
pega	عقعق (M) (eaqeaq)
flamingo	البشروس (M) (albashrus)
falcão	صقر (M) (saqr)

Insetos

mosca	ذبابة (F) (dhubaba)
borboleta	فراشة (F) (farasha)
besouro	بق (M) (baq)
abelha	نحلة (F) (nhl)
mosquito	ناموسة (F) (namusa)
formiga	نملة (F) (namla)
libelinha	اليعسوب (M) (alyaesub)
gafanhoto	جراد (M) (jarad)
lagarta	اليسروع (M) (alysrue)
vespa	دبور (M) (dabur)
traça	عثة (F) (eutha)
zangão	طنانة (F) (tnana)
térmite	أرضة (F) ('urda)

grilo	صرصار الليل (M) (srsar allayl)
joaninha	دعسوقة (F) (daesuqa)
louva-a-deus	فرس النبي (M) (faras alnabiu)

Animais Marinhos

peixe (animal)	سمكة (F) (samaka)
baleia	حوت (M) (hawt)
tubarão	قرش (M) (qarash)
golfinho	دلفين (M) (dilafin)
foca	فقمة (F) (faqima)
medusa	قنديل البحر (M) (qndyl albahr)
lula	حبار (M) (hibaar)
polvo	أخطبوط (M) ('akhtubut)
tartaruga (marinha)	سلحفاة (F) (salihafa)
cavalo-marinho	فرس البحر (M) (faras albahr)
leão-marinho	أسد البحر (M) ('asada albahr)
morsa	الفظ (M) (alfizu)
concha (animal)	صدفة (F) (sudfa)
estrela-do-mar	نجم البحر (M) (najam albahr)
orca	الحوت القاتل (M) (alhut alqatil)
caranguejo	سلطعون (M) (salataeun)
lagosta	كركند (M) (karikand)

Répteis e Outros

caracol	حلزون (M) (halzun)
aranha	عنكبوت (M) (eankabut)
rã	ضفدع (M) (dafadae)
serpente	ثعبان (M) (thueban)
crocodilo	تمساح (M) (tamsah)
tartaruga (terrestre)	سلحفاة (F) (salihafa)

escorpião	عقرب (M) (eaqarab)
lagarto	سحلية (F) (sahalia)
camaleão	حرباء (F) (harba')
tarântula	رتيلاء (F) (rtila')
geco	أبو بريص (M) ('abu baris)
dinossauro	ديناصور (M) (dinasur)

Desporto
Verão

ténis (desporto)	تنس (tans)
badminton	تنس الريشة (tans alraysha)
boxe	ملاكمة (mulakima)
golfe	جولف (julif)
corrida	الجري (aljariu)
ciclismo	ركوب الدراجات (rukub aldirajat)
ginástica	الجمباز (aljambaz)
ténis de mesa	تنس طاولة (tans tawila)
halterofilismo	رفع اثقال (rafae athqal)
salto em comprimento	الوثب الطويل (alwathb altawil)
triplo salto	الوثب الثلاثي (alwathb althulathiu)
pentatlo moderno	الخماسي الحديث (alkhamasaa alhadith)
ginástica rítmica	جمباز ايقاعي (jambaz ayqaei)
corrida com barreiras	حواجز (hawajiz)
maratona	مارثون (marathun)
salto com vara	القفز بالزانة (alqafz bialzaana)
salto em altura	الوثب العالي (alwathb aleali)
arremesso de peso	رمي الجلة (ramy aljila)
lançamento do dardo	رمي الرمح (ramy alramh)
lançamento do disco	رمي القرص (ramy alqars)
caraté	كاراتيه (karatyh)
triatlo	الترياتلون (alttriatlun)
taekwondo	تايكوندو (taykundu)
corrida de velocidade	الجري السريع (aljariu alsarie)
saltos de hipismo	قفز الحواجز (qfz alhawajiz)
tiro	رماية (rimaya)
luta livre	مصارعة (musariea)

ciclismo de montanha	ركوب الدراجات الجبلية (rukub aldirajat aljabalia)
judo	جودو (judu)
lançamento do martelo	رمي المطرقة (ramy almutraqa)
esgrima	مبارزة سيف الشيش (mubarazat sayf alshiysh)
tiro com arco	الرماية بالسهم (alrimayat bialsahm)
ciclismo de pista	سباق الدراجات على المضمار (sibaq aldirajat ealaa almidmar)

Inverno

esqui	تزحلق (tazahalaq)
snowboard	للتزلج على الجليد (liltazalij ealaa aljalid)
patinagem no gelo	تزحلق على الجليد (tazahalaq ealaa aljalid)
hóquei no gelo	هوكي الجليد (hwki aljalid)
patinagem artística	التزلج الفني على الجليد (altazaluj alfaniyu ealaa aljalid)
curling	كيرلنج (kayarlnij)
combinado nórdico	تزلج نوردي (tazluj nuridi)
biatlo	البياتلون (albiatilun)
luge	الزحافات الثلجية (alzahafat althaljia)
bobsleigh	الزلاجة الجماعية (alzilajat aljamaeia)
patinagem de velocidade em pista curta	مسار قصير (masar qasir)
skeleton	سباق الزلاجات الصدرية (sibaq alzilajat alsadria)
salto de esqui	قفز تزلجي (qafz tazluji)
esqui de fundo	التزلج عبر البلاد (altazaluj eabr albilad)
escalada no gelo	تسلق الجليد (tasaluq aljalid)
esqui de estilo livre	تزلج حر (tazlij hurun)
patinagem de velocidade	تزلج سريع (tazlij sarie)

Equipa

futebol	كرة قدم (kurat qadam)
basquetebol	كرة سلة (kurat sala)
voleibol	كرة طائرة (kurat tayira)

críquete	كريكيت (karikit)
basebol	بيسبول (bayasbul)
râguebi	رجبي (rajbi)
andebol	كرة يد (kurat yd)
polo	بولو (bulu)
lacrosse	لاكروس (lakrus)
hóquei em campo	هوكي (huki)
voleibol de praia	كرة الطائرة الشاطئية (kurat alttayirat alshshatiiya)
futebol australiano	كرة قدم استرالية (kurat qadam aistiralia)
futebol americano	كرة قدم أمريكية (kurat qadam 'amrikia)

Água

natação	سباحة (sibaha)
polo aquático	كرة الماء (kurat alma')
salto ornamental	الغطس (alghatas)
surf	ركوب الأمواج (rukub al'amwaj)
remo	تجديف (tajdif)
natação sincronizada	سباحة ايقاعية (sibahat ayqaei)
mergulho	غوص (ghus)
windsurf	تزلج شراعي (tazlij shiraei)
vela (desporto)	إبحار ('iibhar)
esqui aquático	تزلج على الماء (tazalij ealaa alma')
rafting	ترميث (tarmith)
salto de penhasco	غوص بالقفز من جرف (ghus bialqafz min jurf)
canoagem	قيادة قارب الكانوي (qiadat qarib alkanuyi)

Motorizados

automobilismo	سباق سيارات (sibaq sayarat)
rali	راليات (raliat)
motociclismo	سباق الدراجات النارية (sibaq aldirajat alnnaria)

motocross	سباق الدراجات البخارية (sibaq aldirajat albukharia)
formula 1	فورمولا 1 (fwrmwla 1)
kartismo	كارتينغ (kartyngh)
jet ski	الدراجات المائية (aldirajat almayiya)

Outros

caminhada	المشي لمسافات طويلة (almshi limasafat tawila)
alpinismo	تسلق الجبال (tasaluq aljibal)
snooker	سنوكر (sanukir)
paraquedismo	الهبوط بالمظلات (alhubut bialmizallat)
póquer	بوكر (bukur)
dança	رقص (raqs)
bowling	بولينج (bulinj)
competição de skate	التزلج على اللوح (altazaluj ealaa allawh)
xadrez	شطرنج (shuturanij)
culturismo	كمال أجسام (kamal 'ajsam)
ioga	يوجا (yawja)
balé	الباليه (albalih)
bungee jumping	القفز بالحبال (alqafz bialhibal)
escalada	تسلق (tasaluq)
patinagem sobre rodas	التزلج (altazaluj)
breakdance	بريك دانس (barik dans)
bilhar	بلياردو (bilyaridu)

Ginásio

aquecimento (desporto)	إحماء ('iihma')
alongamento	إطالة ('iitala)
flexão abdominal	تمارين البطن (tamarin albatn)
flexão	تمرين ضغط (tamrin daght)
agachamento	قرفصاء (qarfasa')

esteira	جهاز المشي (jihaz almashi)
supino	تمرين الصدر (tamriyn alsadr)
bicicleta de exercício	دراجة التمارين (dirajat altamarin)
elíptico	جهاز الأوربتراك (jihaz al'uwrbtarak)
treino em circuito	التدريب الدائري (altadrib alddayiriu)
pilates	بيلاتس (baylatis)
pressão de pernas	ضغط الأرجل (daght al'arjul)
aeróbica	أيروبيكس ('ayrubiks)
haltere	الدمبل (aldambal)
barra	حديدة (hadida)
sauna	ساونا (sawna)

Geografia

Europa

Reino Unido	المملكة المتحدة (F) (almamlakat almutahida)
Espanha	اسبانيا (F) ('iisbania)
Itália	ايطاليا (F) ('iitalia)
França	فرنسا (F) (faransa)
Alemanha	ألمانيا (F) ('almania)
Suíça	سويسرا (F) (suisra)
Albânia	ألبانيا (F) ('albania)
Andorra	أندورا (F) ('andurra)
Áustria	النمسا (F) (alnamsa)
Bélgica	بلجيكا (F) (biljika)
Bósnia	البوسنة (F) (albusna)
Bulgária	بلغاريا (F) (bulgharia)
Dinamarca	الدنمارك (F) (aldanimark)
Estónia	استونيا (F) ('iistunia)
Ilhas Féroe	جزر فارو (F) (juzur farw)
Finlândia	فنلندا (F) (finlanda)
Gibraltar	جبل طارق (M) (jabal tariq)
Grécia	اليونان (F) (alyunan)
Irlanda	أيرلندا (F) ('ayrlanda)
Islândia	أيسلندا (F) ('ayslanda)
Kosovo	كوسوفو (F) (kusufu)
Croácia	كرواتيا (F) (kuruatia)
Letónia	لاتفيا (F) (latfya)
Listenstaine	ليختنشتاين (F) (liakhtanshatayin)
Lituânia	ليتوانيا (F) (litwania)
Luxemburgo	لوكسمبورغ (F) (luksamburgh)
Malta	مالطا (F) (malta)

Macedónia	مقدونيا (F) (maqdunia)
Moldávia	مولدوفا (F) (muldufa)
Mónaco	موناكو (F) (munaku)
Montenegro	الجبل الأسود (M) (aljabal al'aswad)
Países Baixos	هولندا (F) (hulanda)
Noruega	النرويج (F) (alnirwij)
Polónia	بولندا (F) (bulanda)
Portugal	البرتغال (F) (alburtughal)
Roménia	رومانيا (F) (rumania)
São Marino	سان مارينو (F) (san marynw)
Suécia	السويد (F) (alsuwid)
Sérvia	صربيا (F) (srbyaan)
Eslováquia	سلوفاكيا (F) (slufakia)
Eslovénia	سلوفينيا (F) (slufinia)
República Checa	جمهورية التشيك (F) (jumhuriat altashik)
Turquia	تركيا (F) (turkia)
Ucrânia	أوكرانيا (F) ('uwkrania)
Hungria	المجر (F) (almajar)
Cidade do Vaticano	مدينة الفاتيكان (F) (madinat alfatikan)
Bielorrússia	روسيا البيضاء (F) (rusia albayda')
Chipre	قبرص (F) (qubrus)

Ásia

China	الصين (F) (alsiyn)
Rússia	روسيا (F) (rusia)
Índia	الهند (F) (alhind)
Singapura	سنغافورة (F) (singhafura)
Japão	اليابان (F) (alyaban)
Coreia do Sul	كوريا الجنوبية (F) (kuria aljanubia)
Afeganistão	أفغانستان (F) ('afghanistan)

Arménia	أرمينيا (F) ('arminia)
Azerbaijão	أذربيجان (F) ('adharbayjan)
Barém	البحرين (F) (albahrayn)
Bangladeche	بنغلاديش (F) (banghladish)
Butão	بوتان (F) (butan)
Brunei	بروناي (F) (brunay)
Geórgia	جورجيا (F) (jurjia)
Hong Kong	هونغ كونغ (F) (hungh kungh)
Indonésia	اندونيسيا (F) ('iindunisia)
Iraque	العراق (M) (aleiraq)
Irão	ايران (F) ('iiran)
Israel	إسرائيل (F) ('iisrayiyl)
Iémen	اليمن (M) (alyaman)
Jordânia	الأردن (M) (al'urdun)
Camboja	كمبوديا (F) (kamubudiaan)
Cazaquistão	كازاخستان (F) (kazakhstan)
Catar	قطر (F) (qatar)
Quirguistão	قيرغيزستان (F) (qyrghyzstan)
Kuwait	الكويت (F) (alkuayt)
Laos	لاوس (F) (laws)
Líbano	لبنان (M) (lubnan)
Macau	ماكاو (F) (makaw)
Malásia	ماليزيا (F) (malizia)
Maldivas	جزر المالديف (F) (juzur almaldif)
Mongólia	منغوليا (F) (manghulia)
Birmânia	بورما (F) (burama)
Nepal	نيبال (F) (nybal)
Coreia do Norte	كوريا الشمالية (F) (kuria alshamalia)
Omã	سلطنة عمان (F) (saltanat eamman)
Timor-Leste	تيمور الشرقية (F) (taymur alsharqia)

Paquistão	باكستان (F) (bakistan)
Palestina	فلسطين (F) (filastin)
Filipinas	الفلبين (F) (alfalabin)
Arábia Saudita	السعودية (F) (alsewdy)
Sri Lanka	سيريلانكا (F) (sirilanika)
Síria	سوريا (F) (suria)
Tajiquistão	طاجيكستان (F) (tajikistan)
Ilha Formosa	تايوان (F) (taywan)
Tailândia	تايلاند (F) (tayland)
Turquemenistão	تركمانستان (F) (turkmanistan)
Usbequistão	أوزبكستان (F) ('uwzbakistan)
Emirados Árabes Unidos	الامارات العربية المتحدة (F) (al'imarat alearabiat almutahida)
Vietname	فيتنام (F) (fiatnam)

América

Estados Unidos da América	الولايات المتحدة الأمريكية (F) (alwilayat almutahidat al'amrikia)
México	المكسيك (F) (almaksik)
Canadá	كندا (F) (kanada)
Brasil	البرازيل (F) (albarazil)
Argentina	الأرجنتين (F) (al'arjantin)
Chile	تشيلي (F) (tashili)
Antígua e Barbuda	أنتيغوا وبربودا (F) ('antighuu wabarubudana)
Aruba	أروبا (F) ('arubana)
Bahamas	جزر البهاما (F) (juzur albihama)
Barbados	بربادوس (F) (barbadus)
Belize	بليز (F) (balayz)
Bolívia	بوليفيا (F) (bulifia)
Ilhas Caimão	جزر كايمان (F) (juzur kayman)
Costa Rica	كوستاريكا (F) (kustarika)

Domínica	(F) دومينيكا	(duminika)
República Dominicana	(F) جمهورية الدومينيكان	(jumhuriat alduwminikan)
Equador	(F) الإكوادور	(al'iikwadur)
El Salvador	(F) السلفادور	(alsalfadur)
Ilhas Malvinas	(F) جزر فوكلاند	(juzur fukland)
Granada	(F) غرينادا	(ghrynada)
Groenlândia	(F) غرينلاند	(ghrinland)
Guatemala	(F) غواتيمالا	(ghuatimala)
Guiana	(F) غيانا	(ghiana)
Haiti	(F) هايتي	(hayti)
Honduras	(F) هندوراس	(hunduras)
Jamaica	(F) جامايكا	(jamayka)
Colômbia	(F) كولومبيا	(kulumbia)
Cuba	(F) كوبا	(kuba)
Montserrat	(F) مونتسيرات	(muntsirat)
Nicarágua	(F) نيكاراغوا	(nykaraghu)
Panamá	(F) بناما	(binama)
Paraguai	(F) باراجواي	(barajway)
Peru	(F) بيرو	(byru)
Porto Rico	(F) بورتوريكو	(bwrtwrykw)
São Cristóvão e Neves	(F) سانت كيتس ونيفيس	(sant kyts wanyfys)
Santa Lúcia	(F) سانت لوسيا	(sanat lusia)
São Vicente e Granadinas	(F) سانت فنسنت وجزر غرينادين	(sanat finsant wajuzur ghrynadyn)
Suriname	(F) سورينام	(surynam)
Trindade e Tobago	(F) ترينيداد وتوباغو	(trinidad watubaghu)
Uruguai	(F) أوروغواي	('uwrughway)
Venezuela	(F) فنزويلا	(finizwilla)

África

África do Sul	جنوب افريقيا (F) (janub 'iifriqia)
Nigéria	نيجيريا (F) (nayjiria)
Marrocos	المغرب (F) (almaghrib)
Líbia	ليبيا (F) (libia)
Quénia	كينيا (F) (kinia)
Argélia	الجزائر (F) (aljazayir)
Egito	مصر (F) (misr)
Etiópia	اثيوبيا (F) ('iithyubiaan)
Angola	أنجولا (F) ('anjulana)
Benim	بنين (F) (binin)
Botsuana	بوتسوانا (F) (butswana)
Burquina Faso	بوركينا فاسو (F) (burikayna fasu)
Burundi	بوروندي (F) (burundi)
República Democrática do Congo	جمهورية الكونغو الديمقراطية (F) (jumhuriat alkunghu aldiymuqratia)
Djibouti	جيبوتي (F) (jibuti)
Guiné Equatorial	غينيا الإستوائية (F) (ghinia al'iistawayiya)
Costa do Marfim	ساحل العاج (F) (sahil aleaji)
Eritreia	إريتريا (F) ('iiritaria)
Gabão	الغابون (F) (alghabun)
Gâmbia	غامبيا (F) (ghambia)
Gana	غانا (F) (ghana)
Guiné	غينيا (F) (ghinia)
Guiné-Bissau	غينيا بيساو (F) (ghinia bisaw)
Camarões	الكاميرون (F) (alkamirun)
Cabo Verde	جزر الرأس الأخضر (F) (juzur alraas al'akhdar)
Comores	جزر القمر (F) (juzur alqamar)
Lesoto	ليسوتو (F) (laysutu)
Libéria	ليبيريا (F) (libiria)
Madagáscar	مدغشقر (F) (mudghashqar)

Maláui	ملاوي (F) (malawi)
Mali	مالي (F) (maliin)
Mauritânia	موريتانيا (F) (muritania)
Maurícia	موريشيوس (F) (mwryshyws)
Moçambique	موزمبيق (F) (muzimbiq)
Namíbia	ناميبيا (F) (namíbia)
Níger	النيجر (F) (alnyjr)
República do Congo	جمهورية الكونغو (F) (jumhuriat alkunghu)
Ruanda	رواندا (F) (ruanda)
Zâmbia	زامبيا (F) (zambia)
São Tomé e Príncipe	ساو تومي وبرينسيب (F) (saw tumi wabarinsib)
Senegal	السنغال (F) (alsinighal)
Seicheles	سيشيل (F) (sayshil)
Serra Leoa	سيراليون (F) (siraliun)
Zimbabué	زيمبابوي (F) (zimbabwi)
Somália	الصومال (F) (alsuwmal)
Sudão	السودان (M) (alsuwdan)
Sudão do Sul	جنوب السودان (F) (janub alsuwdan)
Suazilândia	سوازيلاند (F) (sawazilanid)
Tanzânia	تنزانيا (F) (tinzania)
Togo	توغو (F) (tughu)
Chade	تشاد (F) (tashad)
Tunísia	تونس (F) (tunis)
Uganda	أوغندا (F) ('uwghanda)
República Centro-Africana	جمهورية افريقيا الوسطى (F) (jumhuriat 'iifriqia alwustaa)

Oceânia

Austrália	أستراليا (F) ('usturalia)
Nova Zelândia	نيوزيلندا (F) (nywzilanda)
Fiji	فيجي (F) (fiji)

Samoa Americana	ساموا الأمريكية (F) (samuu al'amrikia)
Ilhas Cook	جزر كوك (F) (juzur kuk)
Polinésia Francesa	بولينيزيا الفرنسية (F) (bulinizia alfaransia)
Kiribati	كيرياتي (F) (kiribati)
Ilhas Marshall	جزر مارشال (F) (juzur marishal)
Micronésia	ميكرونيزيا (F) (mikrunizia)
Nauru	ناورو (F) (nawru)
Nova Caledónia	كاليدونيا الجديدة (F) (kalidunia aljadida)
Niue	نيوي (F) (nywy)
Palau	بالاو (F) (balaw)
Papua Nova Guiné	بابوا غينيا الجديدة (F) (babuu ghinia aljadida)
Ilhas Salomão	جزر سليمان (F) (juzur sulayman)
Samoa	ساموا (F) (samuu)
Tonga	تونغا (F) (tungha)
Tuvalu	توفالو (F) (tawfalu)
Vanuatu	فانواتو (F) (fanwatu)

Números

0 - 20

0	صفر	(sifr)
1	واحد	(wahid)
2	اثنان	(athnan)
3	ثلاثة	(thlath)
4	أربعة	(arbe)
5	خمسة	(khms)
6	ستة	(st)
7	سبعة	(sbe)
8	ثمانية	(thmany)
9	تسعة	(tse)
10	عشرة	(eshr)
11	أحد عشر	(ahd eshr)
12	اثنا عشر	(athna eashar)
13	ثلاثة عشر	(thlatht eshr)
14	أربعة عشر	(arbet eshr)
15	خمسة عشر	(khmst eshr)
16	ستة عشر	(stt eshr)
17	سبعة عشر	(sbet eshr)
18	ثمانية عشر	(thmanyt eshr)
19	تسعة عشر	(tiseat eashar)
20	عشرون	(eshrwn)

21 - 100

21	واحد وعشرون	(wahid waeishrun)
22	اثنان وعشرون	(athnan waeishrun)
26	ستة وعشرون	(sttan waeishrun)
30	ثلاثون	(thlathwn)

31	واحد وثلاثون (wahid wathalathun)
33	ثلاثة وثلاثون (thlatht wathalathun)
37	سبعة وثلاثون (sbet wathalathun)
40	أربعون ('arbaeun)
41	واحد وأربعون (wahid wa'arbaeun)
44	اربعة واربعون (arbet wa'arbaeun)
48	ثمانية و أربعون (thmanyt w 'arbaeun)
50	خمسون (khamsun)
51	واحد وخمسون (wahid wakhamsun)
55	خمسة وخمسون (khmstan wakhamsun)
59	تسعة وخمسون (tsetan wakhamsun)
60	ستون (situn)
61	واحد وستون (wahid wstwn)
62	اثنان وستون (athnan wstwn)
66	ستة وستون (stt wstwn)
70	سبعون (sabeun)
71	واحد وسبعون (wahid wasabeun)
73	ثلاثة وسبعون (thlatht wasabeun)
77	سبعة وسبعون (sbet wasabeun)
80	ثمانون (thamanun)
81	واحد وثمانون (wahid wathamanun)
84	أربعة وثمانون (arbet wathamanun)
88	ثمانية وثمانون (thmanyt wathamanun)
90	تسعون (tseawn)
91	واحد وتسعون (wahid watiseun)
95	خمسة وتسعون (khmstan watiseun)
99	تسعة وتسعون (tset watiseun)
100	مائة (miaya)

101 - 1000

101	مائة وواحد (miayat wawahid)
105	مائه وخمسة (mayih wakhumsa)
110	مائة وعشرة (miayat waeashara)
151	مائة وواحد وخمسون (miayat wawahid wakhamsun)
200	مائتان (miayatan)
202	مائتان واثنين (miayatan waithnayn)
206	مائتان وستة (miayatan wst)
220	مائتان وعشرون (miayatan waeishrun)
262	مائتان واثنان وستون (miayatan waithnan wstwn)
300	ثلاثمائة (thalauthmiaya)
303	ثلاثمائة وثلاثة (thalauthmiayat wathalatha)
307	ثلاثمائة وسبعة (thalauthmiayat wasabea)
330	ثلاثمائة وثلاثون (thalauthmiayat wathalathun)
373	ثلاثمائة وثلاثة وسبعون (thalauthmiayat wathalathat wasabeun)
400	أربعمائة ('arbaeumiaya)
404	أربعمائة وأربعة ('arbaeumiayat warbea)
408	أربعمائة وثمانية ('arbaeumiayat wathamania)
440	أربعمائة وأربعون ('arbaeumiayat wa'arbaeun)
484	أربعمائة وأربعة وثمانون ('arbaeumiayat warbet wathamanun)
500	خمسمائة (khamsimiaya)
505	خمسمائة وخمسة (khamsimiayat wakhumsa)
509	خمسمائة وتسعة (khamsimiayat watisea)
550	خمسمائة وخمسون (khamsimiayat wakhamsun)
595	خمسمائة وخمسة وتسعون (khamsimiayat wakhamsat watiseun)
600	ستمائة (situmiaya)
601	ستمائة وواحد (situmiayat wawahid)
606	ستمائة وستة (situmiayat wst)
616	ستمائة وستة عشر (situmiayat wstt eshr)

660	ستمائة وستون (situmiayat wstwn)
700	سبعمائة (sabeimiaya)
702	سبعمائة وائنان (sabeimiayat waithnan)
707	سبعمائة وسبعة (sabeimiayat wasabea)
727	سبعمائة سبعة وعشرون (sabeimiayat sbet waeishrun)
770	سبعمائة وسبعون (sabeimiayat wasabeun)
800	ثمانمائة (thamanimiaya)
803	ثمانمائة وثلاثة (thamanimiayat wathalatha)
808	ثمانمائة وثمانية (thamanimiayat wathamania)
838	ثمانمائة وثمانية وثلاثون (thamanimiayat wathamaniat wathalathun)
880	ثمانمائة وثمانون (thamanimiayat wathamanun)
900	تسعمائة (tiseimiaya)
904	تسعمائة وأربعة (tiseimiayat warbea)
909	تسعمائة وتسعة (tiseimiayat watisea)
949	تسعمائة وتسعة وأربعون (tiseimiayat watiseat wa'arbaeun)
990	تسعمائة وتسعون (tiseimiayat watiseun)
1000	ألف ('alf)

1001 - 10 000

1001	ألف وواحد ('alf wawahid)
1012	ألف واثنى عشر ('alf waithnaa eshr)
1234	ألف ومائتان وأربعة وثلاثون ('alf wamiayatan warbet wathalathun)
2000	ألفان ('alfan)
2002	ألفان واثنان ('alfan waithnan)
2023	ألفان وثلاثة وعشرون ('alfan wathalathat waeishrun)
2345	ألفان ثلاثمائة وخمسة وأربعون ('alfan thalauthmiayat wakhamsat wa'arbaeun)
3000	ثلاثة آلاف (thlatht alaf)
3003	ثلاثة آلاف وثلاثة (thlatht alaf wathalatha)

3034	ثلاثة آلاف وأربعة وثلاثون (thlatht alaf wa'arbaeat wathalathun)
3456	ثلاثة آلاف وأربعمائة وستة وخمسون (thlatht alaf wa'arbaeimiayat wstt wakhamsun)
4000	أربعة آلاف (arbet alaf)
4004	أربعة آلاف وأربعة (arbet alaf warbe)
4045	أربعة آلاف وخمسة وأربعون (arbet alaf wakhamsatan wa'arbaeun)
4567	أربعة آلاف وخمسمائة وسبعة وستون (arbet alaf wakhamsimiayat wasabeat wstwn)
5000	خمسة آلاف (khmst alaf)
5005	خمسة آلاف وخمسة (khmst alaf wakhumsa)
5056	خمسة آلاف وستة وخمسون (khmst alaf wstt wakhamsun)
5678	خمسة آلاف وستمائة وثمانية وسبعون (khmst alaf wasitumiayat wathamaniat wasabeun)
6000	ستة آلاف (stt alaf)
6006	ستة آلاف وستة (stt alaf wst)
6067	ستة آلاف وسبعة وستون (stt alaf wasabeat wstwn)
6789	ستة آلاف وسبعمائة وتسعة وثمانون (stt alaf wasabeimiayat watiseat wathamanun)
7000	سبعة آلاف (sbet alaf)
7007	سبعة آلاف وسبعة (sbet alaf wasabea)
7078	سبعة آلاف وثمانية وسبعون (sbet alaf wathamaniat wasabeun)
7890	سبعة آلاف وثمانمائة وتسعون (sbet alaf wathamanimiayat watiseun)
8000	ثمانية آلاف (thmanyt alaf)
8008	ثمانية آلاف وثمانية (thmanyt alaf wathamania)
8089	ثمانية آلاف وتسعة وثمانون (thmanyt alaf watiseat wathamanun)
8901	ثمانية آلاف وتسعمائة وواحد (thmanyt alaf watiseimiayat wawahid)
9000	تسعة آلاف (tset alaf)
9009	تسعة آلاف وتسعة (tset alaf watisea)
9012	تسعة آلاف واثني عشر (tset alaf waithnay eshr)

9090	تسعة آلاف وتسعون (tset alaf watiseun)
10.000	عشرة آلاف (eshrt alaf)

> 10 000

10.001	عشرة آلاف وواحد (eshrt alaf wawahid)
20.020	عشرون ألفا وعشرون (eishrun 'alfaan waeishrun)
30.300	ثلاثون ألفا وثلاثمائة (thlathwn 'alfaan wathalaithmiaya)
44.000	أربعة وأربعون ألفا (arbet wa'arbaeun 'alfaan)
100.000	مائة ألف (miayat 'alf)
500.000	خمسمائة ألف (khamsimiayat 'alf)
1.000.000	مليون (milyun)
6.000.000	ستة ملايين (stt malayin)
10.000.000	عشرة ملايين (eshrt malayin)
70.000.000	سبعون مليون (sabeun milyun)
100.000.000	مائة مليون (miayat milyun)
800.000.000	ثمانمئة مليون (thamanmiat milyun)
1.000.000.000	مليار (milyar)
9.000.000.000	تسعة مليارات (tset milyarat)
10.000.000.000	عشرة مليارات (eshrt milyarat)
20.000.000.000	عشرون مليار (eshrwn milyar)
100.000.000.000	مائة مليار (miayat milyar)
300.000.000.000	ثلاثمائة مليار (thalaathmiayat milyar)
1.000.000.000.000	تريليون (tariliun)

Corpo Humano

Cabeça

nariz	أنف (M) ('anf)
olho	عين (F) (eayan)
orelha	أذن (F) ('udhin)
boca	فم (M) (fum)
dente	سن (M) (sini)
lábio	شفة (F) (shifa)
cabelo	شعر (M) (shaear)
barba	لحية (F) (lahia)
testa	جبين (M) (jabiyn)
sobrancelha	حاجب (M) (hajib)
pestanas	رموش (F) (ramush)
pupila	بؤبؤ العين (M) (bubu aleayn)
bochecha	خد (M) (khad)
queixo	ذقن (F) (dhaqan)
covinha	غمازة (F) (ghamaza)
ruga	تجاعيد (F) (tajaeid)
sardas	نمش (M) (namash)
língua	لسان (M) (lisan)
narina	فتحة الأنف (F) (fathat al'anf)
têmpora	صدغ (M) (sadagh)

Partes do Corpo

cabeça	رأس (M) (ras)
braço	ذراع (M) (dhirae)
mão	يد (F) (yd)
perna	ساق (M) (saq)
joelho	ركبة (F) (rakba)

pé	قدم (M) (qadam)
barriga	بطن (M) (batan)
umbigo	السرة (F) (alsira)
seio	ثدي (M) (thadi)
peito	صدر (M) (sadar)
cotovelo	كوع (M) (kue)
mamilo	حلمة الثدي (F) (halmat althidi)
ombro	كتف (M) (kataf)
pescoço	الرقبة (F) (alraqaba)
nádegas	أسفل (M) ('asfal)
nuca	مؤخرة العنق (F) (muakharat aleunq)
costas	الظهر (M) (alzuhr)
cintura	خصر (M) (khasar)

Mão e Pé

dedo	اصبع اليد (M) ('iisbae alyad)
polegar	ابهام اليد (M) (aibham alyad)
unha	ظفر (M) (zufur)
dedo do pé	إصبع القدم (M) ('iisbae alqadam)
calcanhar	الكعب (M) (alkaeb)
palma	راحة اليد (F) (rahat alyad)
pulso (parte do corpo)	معصم (M) (maesim)
punho	قبضة (F) (qabda)
tendão de Aquiles	وتر العرقوب (M) (watar aleurqub)
dedo indicador	السبابة (F) (alsababa)
dedo do meio	الوسطى (F) (alwustaa)
dedo anelar	البنصر (M) (albunsur)
dedo mindinho	الخنصر (M) (alkhunsur)

Ossos e Outros

osso (parte do corpo)	عظمة (F) (eazima)
músculo	عضلة (F) (eudila)
tendão	وتر (M) (watar)
vértebra	فقرات الظهر (F) (faqarat alzuhr)
pélvis	الحوض (M) (alhawd)
esterno	عظم القص (M) (eizm alqasi)
costela	ضلع (M) (dalae)
clavícula	عظم الترقوة (M) (eazam altarqua)
esqueleto	الهيكل العظمي (M) (alhaykal aleazmiu)
crânio	الجمجمة (F) (aljamjama)
omoplata	العظم الكتفي (M) (aleazm alkatfiu)
rótula	رضفة (F) (rudifa)
cartilagem	غضروف (M) (ghadruf)
maxilar	عظم الفك (M) (eizm alfuki)
osso nasal	عظم الأنف (M) (eazam al'anf)
coluna vertebral	العمود الفقري (M) (aleumud alfiqriu)
tornozelo	كاحل (M) (kahil)
medula óssea	نخاع العظم (M) (nakhae aleazm)

Órgãos

coração	قلب (M) (qalb)
pulmão	رئة (F) (ria)
fígado	كبد (M) (kabad)
rim	كلية (F) (kuliya)
veia	وريد (M) (warid)
artéria	شريان (M) (sharian)
estômago	معدة (F) (mueada)
intestino	أمعاء (F) ('amea')
bexiga	مثانة (F) (mathana)
cérebro	مخ (M) (makh)

ânus	الشرج (M) (alsharaj)
apêndice	زائدة دودية (F) (zayidat duadia)
baço	طحال (M) (tahal)
esófago	مريء (M) (mari')
nervo	عصب (M) (easab)
medula espinhal	الحبل الشوكي (M) (alhabl alshuwkiu)
pâncreas	البنكرياس (M) (albankuriaas)
vesícula biliar	المرارة (F) (almrara)
cólon	قولون (M) (qulun)
intestino delgado	أمعاء دقيقة (F) ('amea' daqiqa)
traqueia	قصبة هوائية (F) (qasbat hawayiya)
diafragma	الحجاب الحاجز (M) (alhijab alhajiz)
duodeno	اثنا عشر (M) (athna eashar)

Reprodução

testículo	خصية (F) (khasia)
pénis	قضيب (M) (qadib)
próstata	بروستاتا (F) (barustata)
ovário	مبيض (M) (mubid)
oviduto	قناة البيض (F) (qanat albyd)
útero	رحم (M) (rahim)
óvulo	بويضة (F) (buayda)
esperma	حيوان منوي (M) (hayawan manawi)
escroto	الصفن (M) (alsifn)
clítoris	بظر (M) (bazar)
vagina	مهبل (M) (muhbil)

Adjetivo

Cores

branco	أبيض	('abyad)
preto	أسود	('aswad)
cinzento	رمادي	(rmady)
verde	أخضر	('akhdir)
azul	أزرق	('azraq)
vermelho	أحمر	('ahmar)
côr-de-rosa	وردي	(waradi)
laranja (cor)	برتقالي	(burtiqali)
roxo	بنفسجي	(binafsajiin)
amarelo	أصفر	('asfar)
castanho	بني	(bani)
bege	بيج	(bayj)

Básicos

pesado	ثقيل	(thaqil)
leve	خفيف	(khafif)
correto	صحيح	(sahih)
difícil	صعب	(saeb)
fácil	سهل	(sahl)
errado	خاطئ	(khati)
muitos	كثير	(kthyr)
poucos	قليل	(qalil)
novo	جديد	(jadid)
velho (objeto)	قديم	(qadim)
lento	بطئ	(bty)
rápido	سريع	(sarie)
pobre	فقير	(faqir)

rico	غني (ghaniun)
engraçado	مضحك (madhak)
aborrecido	ممل (mamal)
justo	عادل (eadil)
injusto	ظالم (zalim)

Sentimentos

bom	جيد (jayid)
mau	سيئ (syy)
fraco	ضعيف (daeif)
feliz	سعيد (saeid)
triste	حزين (hazin)
forte	قوي (qawiun)
zangado	غاضب (ghadib)
saudável	صحي (sahi)
doente	مريض (marid)
esfomeado	جوعان (jawean)
sedento	عطشان (eatashan)
satisfeito	ممتلئ (mumtali)
orgulhoso	فخور (fakhur)
só	وحيد (wahid)
cansado	متعب (mutaeib)
seguro (adjetivo)	آمن (aman)

Espaço

curto	قصير (qasir)
comprido	طويل (tawil)
redondo	مستدير (mustadir)
pequeno	صغير (saghir)
grande	كبير (kabir)

angular	ذو زاوية (dhu zawia)
tortuoso	ملتوي (multawi)
reto	مستقيم (mustaqim)
alto (edifício)	مرتفع (murtafie)
baixo (diagrama)	منخفض (munkhafid)
íngreme	شديد الانحدار (shadid alainhidar)
plano	مسطح (musatah)
raso	ضحل (dahal)
profundo	عميق (eamiq)
largo	واسع (wasie)
estreito	ضيق (dayq)
enorme	ضخم (dakhm)

Lugar

direita	يمين (yamin)
esquerda	يسار (yasar)
acima	فوق (fawq)
atrás	خلف (khalf)
frente	أمام ('amam)
abaixo	تحت (taht)
aqui	هنا (huna)
ali	هناك (hnak)
perto	قريب (qarib)
longe	بعيد (baeid)
dentro	بالداخل (bialddakhil)
fora	بالخارج (bialkharij)
ao lado	بجانب (bijanib)
norte	شمال (shamal)
este	شرق (shrq)
sul	جنوب (janub)

oeste	غرب (gharb)

Coisas

barato	رخيص (rakhis)
caro	غالي (ghaly)
cheio	ممتلئ (mumtali)
duro (objeto)	صلب (sulb)
suave	ناعم (naem)
vazio	فارغ (farigh)
claro	فاتح (fatih)
escuro	غامق (ghamiq)
limpo	نظيف (nazif)
sujo	متسخ (mutasikh)
cozido	مغلي (maghli)
cru	نئ (nay)
estranho	غريب (ghurayb)
azedo	حامض (hamid)
doce	حلو (halu)
salgado	مملح (mumlah)
picante	حار (har)
suculento	كثير العصارة (kthyr aleasara)

Pessoas

baixo (pessoa)	قصير (qasir)
alto (pessoa)	طويل (tawil)
delgado	نحيل (nuhil)
jovem	شاب (shab)
velho (pessoa)	عجوز (eajuz)
roliço	سمين (samin)
magro	نحيف (nahif)

gorducho	بدين (bidayn)
fofo	لطيف (latif)
esperto	ذكي (dhuki)
malvado	شرير (sharir)
bem-comportado	مؤدب (muadib)
fixe	مرح (marah)
preocupado	قلق (qalaq)
surpreendido	مندهش (munadihish)
sóbrio	رصين (rasin)
bêbado	سكران (sukran)
cego	أعمى ('aemaa)
mudo	أبكم ('abkam)
surdo	أصم ('asam)
culpado	مذنب (mudhnib)
amigável	ودود (wadud)
ocupado	مشغول (mashghul)
sangrento	دموي (damawiun)
pálido	شاحب (shahib)
rigoroso	صارم (sarim)
santo	مقدس (muqadas)
belo	جميل (jamil)
tonto	سخيف (sakhif)
louco	مجنون (majnun)
feio	قبيح (qabih)
bonito	وسيم (wasim)
ganancioso	طماع (tamae)
generoso	كريم (karim)
corajoso	شجاع (shujae)
tímido	خجول (khajul)
preguiçoso	كسول (kasul)

| sensual | مثير (muthir) |
| estúpido | غبي (ghabi) |

Exterior

frio	بارد (barid)
muito quente	حار (har)
quente	دافئ (dafi)
silencioso	صامت (samat)
tranquilo	هادئ (hadi)
barulhento	صاخب (sakhib)
molhado	مبتل (mubtal)
seco	جاف (jaf)
ventoso	عاصف (easif)
nublado	غائم (ghayim)
nebuloso	ضبابي (dubabi)
chuvoso	ممطر (mumtir)
ensolarado	مشمس (mushmis)

Verbo

Básicos

abrir (porta)	يفتح (yaftah)
fechar	يغلق (yaghliq)
sentar	يجلس (yujlis)
ligar	يضيئ (yadiy)
apagar	يطفئ (yutafiy)
ficar de pé	يقف (yaqif)
deitar	يستلقي (yastalqi)
vir	يأتي (yati)
pensar	يفكر (yufakir)
saber	يعرف (yerf)
falhar	يفشل (yafshil)
ganhar (competição)	يفوز (yafuz)
perder	يخسر (yakhsar)
viver	يعيش (yaeish)
morrer	يموت (yamut)

Ação

tirar	يأخذ (yakhudh)
colocar	يضع (yadae)
encontrar (objeto)	يجد (yajid)
fumar	يدخن (yadkhun)
roubar	يسرق (yasriq)
matar	يقتل (yuqtal)
voar	يطير (yatir)
carregar (objeto)	يحمل (yahmil)
resgatar	ينقذ (yunqidh)
queimar	يحرق (yuhariq)

magoar	يجرح (yajrah)
atacar	يهاجم (yuhajim)
defender	يدافع (yudafie)
cair	يسقط (yasqut)
votar	يصوت (yusawit)
escolher	يختار (yakhtar)
apostar (casino)	يقامر (yuqamir)
disparar	يطلق النار (yutliq alnaar)
serrar	ينشر بالمنشار (yanshur bialmanshar)
perfurar	يحفر (yahfur)
martelar	يضرب بالمطرقة (yadrib bialmutraqa)

Corpo

comer	يتناول (yatanawal)
beber	يشرب (yashrab)
falar	يتحدث (yatahadath)
rir	يضحك (yadhak)
chorar	يبكي (yabki)
cantar	يغني (yughni)
andar	يسير (yasir)
ver	يشاهد (yushahid)
trabalhar	يعمل (yaemal)
respirar	يتنفس (yatanafas)
cheirar	يشم (yshm)
ouvir	يستمع (yastamie)
emagrecer	يخسر وزنا (yakhsar waznanaan)
engordar	يزيد وزنا (yazid waznanaan)
encolher	ينكمش (ynkmsh)
crescer	ينمو (yanmu)
sorrir	يبتسم (yabtasim)

sussurrar	يهمس (yahmas)
tocar	يلمس (ylmas)
tremer	يرتجف (yartajif)
morder	يلدغ (yaldagh)
engolir	يبتلع (yabtalie)
desmaiar	يغمي عليه (yaghmi ealayh)
fitar	يحدق (yuhdiq)
dar um pontapé	يركل (yurkil)
gritar	يصرخ (yusrikh)
cuspir	يبصق (yubsiq)
vomitar	يتقيأ (yataqayaa)

Interação

perguntar	يسأل (yas'al)
responder	يجيب (yujib)
ajudar	يساعد (yusaeid)
gostar	يعجب (yuejib)
amar	يحب (yuhibu)
dar (objeto)	يعطي (yueti)
casar	يتزوج (yatazawaj)
encontrar (pessoa)	يقابل (yaqabil)
beijar	يقبل (yaqbal)
discutir	يناقش (yunaqish)
partilhar	يشارك (yusharik)
avisar	يحذر (yahdhar)
seguir	يتابع (yutabie)
esconder	يخفي (yukhfi)
apostar (desporto)	يراهن (yurahin)
alimentar	يغذي (yaghdhi)
ameaçar	يهدد (yuhadid)

| massajar | يدلك (yadluk) |

Movimentos

correr	يجري (yajri)
nadar	يسبح (yusabih)
saltar	يقفز (yaqfaz)
levantar	يرفع (yarfae)
puxar (porta)	يسحب (yashab)
empurrar (porta)	يدفع (yadfae)
pressionar	يضغط (yadghat)
atirar	يرمي (yarmi)
gatinhar	يزحف (yazahaf)
lutar	يقاتل (yuqatil)
apanhar	يمسك (yumsik)
bater (geralmente)	يضرب (yadrib)
escalar	يتسلق (yatasalaq)
rolar	يلف (yalufu)
escavar	يحفر (yahfur)

Negócio

comprar	يشتري (yashtari)
pagar	يدفع نقود (yadfae naqud)
vender	يبيع (yabie)
estudar	يدرس (yadrus)
praticar	يمارس (yumaris)
telefonar	يجري مكالمة هاتفية (yajri mukalamatan hatifia)
ler	يقرأ (yaqra)
escrever	يكتب (yaktub)
calcular	يحسب (yahsab)
medir	يقيس (yaqis)

ganhar (dinheiro)	يكسب (yaksib)
procurar	يبحث عن (yabhath ean)
cortar	يقطع (yaqtae)
contar	يحسب (yahsab)
digitalizar	يمسح (yamasah)
imprimir	يطبع (yatbae)
copiar	ينسخ (yansukh)
consertar	يصلح (yuslih)
citar	يقتبس (yaqtabis)
entregar	يسلم (yusalim)

Casa

dormir	ينام (yanam)
sonhar	يحلم (yahlam)
esperar	ينتظر (yantazir)
limpar (geralmente)	ينظف (yunazif)
lavar	يغسل (yaghsil)
cozinhar	يطبخ (yutabikh)
jogar	يلعب (yaleab)
viajar	يسافر (yusafir)
desfrutar	يستمتع (yastamtae)
assar	يخبز (yakhbiz)
fritar	يقلي (yaqli)
ferver	يغلي (yaghli)
rezar	يصلي (yusaliy)
descansar	يستريح (yastarih)
trancar	يقفل (yuqfal)
abrir (aloquete)	يفتح (yaftah)
celebrar	يحتفل (yahtafil)
secar	يجفف (yajafaf)

pescar	يصطاد (yastad)
tomar banho	يستحم (yastahim)
passar roupa	يكوي (yakwi)
aspirar	يكنس (yakns)
pintar	يطلي (yatliy)

Casa

Partes

porta (edifício)	باب (M)	(bab)
janela (edifício)	شباك (M)	(shibak)
parede	جدار (M)	(jadar)
telhado	السطح (M)	(alsath)
elevador	مصعد (M)	(masead)
escada (edifício)	سلالم (M)	(salalm)
retrete	الحمام (M)	(alhamam)
sótão	سندرة (F)	(sandra)
cave	القبو (M)	(alqabu)
painel solar	لوح شمسي (M)	(lawh shamsi)
chaminé	مدخنة (F)	(mudakhana)
quinto andar	الدور الخامس (M)	(aldawr alkhamis)
primeiro andar	الدور الأول (M)	(aldawr al'awal)
rés-do-chão	الدور الأرضي (M)	(aldawr al'ardiu)
primeiro subsolo	الطابق الأول السفلي (M)	(alttabiq al'awal alsufliu)
segundo subsolo	الطابق الثاني السفلي (M)	(alttabiq alththani alsufliu)
sala de estar	غرفة المعيشة (F)	(ghurfat almaeisha)
quarto (casa)	غرفة النوم (F)	(ghurfat alnuwm)
cozinha	مطبخ (M)	(mutabikh)
corredor (edifício)	رواق (M)	(rawaq)
porta de entrada	الباب الأمامي (M)	(albab al'amami)
casa de banho (quarto de banho)	حمام (M)	(hamam)
escritório	حجرة العمل (F)	(hujrat aleamal)
berçário	حضانة (F)	(hadana)
chão	أرضية (F)	('ardia)
teto	سقف (M)	(saqf)
portão da garagem	باب مرآب (M)	(bab murab)

garagem	مرآب (M) (murab)
jardim	حديقة (F) (hadiqa)
varanda	بلكونة (F) (bilakuna)
terraço	مصطبة (F) (mastaba)

Dispositivos

televisão (aparelho)	تلفزيون (M) (tilfizyun)
controlo remoto	جهاز التحكم (M) (jihaz altahakum)
câmara de segurança	كاميرا الأمن (F) (kamira al'amn)
panela de arroz	حلة الأرز (F) (hulat al'arz)
router	راوتر (M) (rawtr)
aquecimento (edifício)	تسخين (M) (taskhin)
máquina de lavar roupa	غسالة (F) (ghassala)
frigorífico	ثلاجة (F) (thalaja)
congelador	فريزر (M) (farizr)
micro-ondas	ميكروويف (M) (mykrwwyf)
forno	فرن (M) (faran)
fogão	موقد (M) (mawqid)
exaustor	طبخ هود (M) (tbkh hud)
máquina de lavar louça	غسالة صحون (F) (ghassalatan suhun)
chaleira	غلاية (F) (ghlaya)
batedeira	خلاط (M) (khilat)
ferro de engomar	مكواه كهربائية (F) (makwah kahrabayiya)
torradeira	محمصة خبز كهربائية (F) (muhmisat khabz kahrabayiya)
secador de cabelo	مجفف الشعر (M) (mujafif alshaer)
tábua de engomar	طاولة كي (F) (tawilat kay)
aspirador de pó	مكنسة كهربائية (F) (muknasat kahrabayiya)
máquina de café	ماكينة القهوة (F) (makinat alqahua)
ar condicionado	مكيف هواء (M) (mukif hawa')
antena parabólica	طبق قمر صناعي (M) (tubiq qamar sinaeiun)

ventoinha	مروحة (F) (muruha)
radiador	مشعاع (M) (musheae)
máquina de costura	ماكينة خياطة (F) (makinat khiata)

Cozinha

colher	ملعقة (F) (maleaqa)
garfo	شوكة (F) (shawka)
faca	سكينة (F) (sakina)
prato	طبق (M) (tabaq)
tigela	وعاء (M) (wiea')
copo (vidro)	كوب (M) (kub)
copo (plástico)	فنجان (M) (fanajaan)
caixote do lixo	سلة المهملات (F) (salat almuhamalat)
pauzinho	أعواد الأكل (F) ('aewad al'ukul)
lâmpada	مصباح كهربائي (M) (misbah kahrabayiyin)
panela	مقلاة (F) (miqla)
tacho	قدر (M) (qadar)
concha (cozinha)	مغرفة (F) (mughrifa)
chávena	كوب (M) (kub)
chaleira	إبريق شاي (M) ('iibriq shay)
ralador	المبشرة (F) (almubashira)
talheres	أدوات المائدة (F) ('adawat almayida)
torneira	صنبور (M) (sanbur)
pia	حوض (M) (hawd)
colher de pau	ملعقة خشبية (F) (maleaqat khashabia)
tábua de cortar	لوح تقطيع (M) (lawh taqtie)
esponja	إسفنج (M) ('iisfanij)
saca-rolhas	بريمة لفتح الزجاجات (F) (barimat lifath alzujajat)

Quarto

cama	سرير (M) (sarir)
relógio despertador	منبه (M) (munabuh)
cortina	ستارة (F) (sitara)
candeeiro	مصباح السرير (M) (misbah alsarir)
guarda-roupa	خزانة الثياب (F) (khizanat althiyab)
gaveta	درج (M) (daraj)
beliche	سرير ذو طابقين (M) (sarir dhu tabiqayn)
secretária (mesa)	مكتب (M) (maktab)
armário	خزانة (F) (khizana)
prateleira	رف (M) (raf)
cobertor	بطانية (F) (bitania)
almofada	وسادة (F) (wasada)
colchão	مرتبة (F) (martaba)
mesa de cabeceira	طاولة جانبية (F) (tawilat janibia)
boneco de pelúcia	لعبة محشوة (F) (luebat mahshua)
estante	رف كتب (M) (raf kutib)
candeeiro	مصباح (M) (misbah)
cofre	خزنة (F) (khazina)
intercomunicador para bebé	مراقب طفل (M) (muraqib tifl)

Quarto de Banho

vassoura	مكنسة (F) (mukanasa)
chuveiro	دش (M) (dash)
espelho	مرآة (F) (mara)
balança	ميزان (M) (mizan)
balde	دلو (M) (dlu)
papel higiénico	ورق المرحاض (M) (waraqa almirhad)
lavatório	حوض (M) (hawd)
toalha	فوطة (F) (fawta)
azulejo	قرميدة (F) (qarmida)

escova de sanita	فرشاة المرحاض (F) (farashat almirhad)
sabão	صابونة (F) (sabuna)
toalha de banho	فوطة استحمام (F) (fawtat aistihmam)
banheira	حوض الاستحمام (M) (hawd alaistihmam)
cortina de chuveiro	ستارة الحمام (F) (sitarat alhamam)
roupa suja	ملابس للغسيل (F) (mulabis lilghasil)
cesto de roupa	سلة الغسيل (F) (salat alghasil)
mola	مشبك الغسيل (M) (mushbik alghasil)
detergente em pó	مسحوق الغسيل (M) (mashuq alghasil)

Sala de Estar

cadeira	كرسي (M) (kursii)
mesa	طاولة (F) (tawila)
relógio	ساعة (F) (saea)
calendário	تقويم (M) (taqwim)
fotografia	صورة (F) (sura)
tapete	سجادة (F) (sijada)
sofá	كنبة (F) (kanba)
tomada	إبريز كهربائي (M) ('ibryz kahrabayiyin)
mesa de café	منضدة القهوة (F) (munadadat alqahua)
planta de interior	نبات منزلي (M) (naba'at munziliun)
armário para calçado	خزانة أحذية (F) (khizanat 'ahadhiya)
interruptor	مفتاح الإضاءة (M) (miftah al'iida'a)
tamborete	كرسي بلا ظهر أو ذراعين (M) (kursii bila zahar 'aw dhiraeayn)
cadeira de balanço	كرسي هزاز (M) (kursii hizaz)
maçaneta	مقبض الباب (M) (maqbid albab)
toalha de mesa	مفرش طاولة (M) (mufrsh tawila)
persiana	الستائر (F) (alsatayir)
buraco da fechadura	ثقب المفتاح (M) (thaqab almuftah)

detetor de fumo	كاشف الدخان (M) (kashif aldukhkhan)

Jardim

vizinho	جار (M) (jar)
machado	فأس (M) (fas)
serra	منشار (M) (minshar)
escada (jardim)	سلم (M) (salam)
cerca	سياج (M) (sayaj)
piscina (jardim)	حمام سباحة (M) (hamam sibaha)
espreguiçadeira	كرسي المركب (M) (kursii almarkab)
caixa de correio	صندوق البريد (M) (sunduq albarid)
lago pequeno	بركة (F) (barika)
barracão	كوخ (M) (kukh)
canteiro de flores	مشتل الأزهار (M) (mashtal al'azhar)
corta-relva	جزازة عشب (F) (jizaazat eashab)
ancinho	المدمة (F) (almudama)
pá	مجرفة (F) (mujrifa)
regador	يمكن سقي (M) (yumkin siqi)
carrinho de mão	عربة يدوية (F) (earabat yadawia)
mangueira	خرطوم مياه (M) (khartum miah)
forcado	مذراة (F) (midhra)
tesoura de podar	مقص عقدة (M) (maqasun euqda)
vaso	اناء للزهور (M) (ana' lilzuhur)
sebe	سياج من الشجيرات (M) (sayaj min alshajirat)
casa na árvore	بيت الشجرة (M) (bayt alshajara)
enxada	مجرفة (F) (mujrifa)
motosserra	منشار كهربائي (M) (minshar kahrabayiyin)
casota	بيت كلب (M) (bayt kalab)
campainha	جرس (M) (jaras)
estufa	بيت زجاجي (M) (bayt zijajiin)

Comida

Laticínios

ovo	بيضة (F) (bida)
leite	حليب (M) (halib)
queijo	جبن (M) (jaban)
manteiga	زبدة (F) (zabida)
iogurte	زبادي (M) (zabadi)
gelado	مثلجات (F) (muthalajat)
natas	قشدة (F) (qashida)
creme azedo	كريمة حامضة (F) (karimat hamida)
creme chantilly	قشدة (F) (qashida)
clara	بياض البيضة (M) (bayad albida)
gema	صفار البيضة (M) (safar albida)
ovo cozido	بيضة مسلوقة (F) (bidat masluqa)
leitelho	مخيض اللبن (M) (makhid allaban)
feta	جبنة فيتا (F) (jabnat fitana)
mozarela	جبنة موزاريلا (F) (jabnat muzarila)
parmesão	جبن البارميزان (M) (jabn albarmyzan)
leite em pó	لبن بودرة (M) (laban budra)

Carne e Peixe

carne	لحم (M) (lahm)
peixe (comida)	سمك (M) (smak)
bife	شريحة لحم (F) (sharihat lahm)
salsicha	سجق (M) (sajaq)
toucinho	لحم خنزير مقدد (M) (lahm khinzir muqadad)
presunto	فخذ الخنزير المملح (M) (fakhudh alkhinzir almumlah)
carne de cordeiro	لحم ضأن (M) (lahm dan)
carne de porco	لحم خنزير (M) (lahm khinzir)

carne de vaca	لحم بقر (M)	(lahm bqr)
carne de frango	دجاج (M)	(dijaj)
carne de peru	ديك رومي (M)	(dik rumiin)
salame	سلامي (M)	(salami)
carne de veado	الطرائد و لحمها (F)	(altarayid w lahumiha)
vitela	لحم العجل (M)	(lahmu aleijl)
carne gorda	لحم دهني (M)	(lahm dahni)
carne magra	لحم أحمر (M)	(lahm 'ahmar)
carne picada	لحم مفروم (M)	(lahm mafrum)
salmão	سمك السلمون (M)	(samik alsalamun)
atum	تونة (F)	(tuna)
sardinha	سردين (M)	(saridin)
espinha	عظام السمكة (M)	(eizam alsamaka)
osso (comida)	عظم (M)	(eazam)

Vegetais

alface	خس (M)	(khas)
batata	بطاطس (M)	(batatis)
cogumelo	فطر (M)	(fatar)
alho	ثوم (M)	(thawm)
pepino	خيار (M)	(khiar)
cebola	بصل (M)	(bsl)
milho	ذرة (F)	(dhara)
ervilha	بازلاء (F)	(baizla')
feijão	فول (M)	(fawal)
aipo	كرفس (M)	(karfus)
quiabo	بامية (F)	(bamiatan)
bambu (comida)	بامبو (M)	(bambu)
couve de Bruxelas	كرنب بروكسل (M)	(karnab bruksil)
espinafre	سبانخ (M)	(sabanikh)

couve-rábano	كرنب ساقي (karnab saqi) (M)
brócolos	قنبيط أخضر (qinbayt 'akhdur) (M)
repolho	كرنب (karnab) (M)
alcachofra	خرشوف (kharshuf) (M)
couve-flor	قرنبيط (qarnabit) (M)
pimento	فلفل (flfli) (M)
pimenta (piripíri)	فلفل حار (falifuli harin) (M)
curgete	الكوسة (alkawsa) (F)
rabanete	فجل (fajal) (M)
cenoura	جزر (juzur) (M)
batata doce	بطاطا حلوة (bitata hulwa) (F)
beringela	باذنجان (badhnjan) (M)
gengibre	زنجبيل (zanjibayl) (M)
cebolinho	بصل أخضر (bsl 'akhdur) (M)
alho-porro	الكراث (alkirath) (M)
trufa	كمأة (kama'a) (F)
abóbora	يقطين (yaqtin) (M)
raiz de lótus	جذور اللوتس (judhur alluwts) (F)

Frutas e Outros

maçã	تفاحة (tafaha) (F)
banana	موز (muz) (M)
pera	كمثرى (kamuthraa) (F)
tomate	طماطم (tamatim) (M)
laranja (fruta)	برتقال (burtaqal) (M)
limão	ليمون (limun) (M)
morango	فراولة (farawila) (F)
ananás	أناناس ('ananas) (M)
melancia	بطيخ (batikh) (M)
toranja	جريب فروت (jarib furut) (M)

lima	ليمون حامض (laymun hamid) (M)
pêssego	خوخ (khukh) (M)
alperce	مشمش (mushamash) (M)
ameixa	برقوق (barquq) (M)
cereja	كريز (kariz) (M)
amora	توت أسود (tawt 'aswad) (M)
oxicoco	توت بري (tut bry) (M)
mirtilo	توت (tut) (M)
framboesa	توت العليق (tawatu alealiq) (M)
groselha	كشمش (kashamsh) (M)
melão	شمام (shamam) (M)
uva	عنب (eanab) (M)
abacate	أفوكادو ('afwkadu) (M)
quivi	كيوي (kiawiun) (M)
lechia	ليتشي (litshi) (M)
papaia	بابايا (biabaya) (F)
manga (fruta)	مانجو (manju) (M)
pistache	فستق (fasataq) (M)
caju	كاجو (kaju) (M)
amendoim	فول سوداني (fawal sudani) (M)
avelã	بندق (bindaq) (M)
noz	جوز (juz) (M)
amêndoa	لوز (luz) (M)
coco	جوز الهند (juz alhind) (M)
tâmara	بلح (balah) (M)
figo	تين (tayn) (M)
uva passa	زبيب (zabib) (M)
azeitona	زيتون (zaytun) (M)
caroço	بذرة (bidhara) (F)
casca	قشر (qashar) (M)

jaca   الكاكايا (M) (alkakaya)

Especiarias

sal	ملح (M) (milh)
pimenta (preta/branca)	فلفل أسود (M) (falafuli 'aswad)
caril	كاري (M) (kari)
baunilha	فانيليا (F) (fanilia)
noz-moscada	جوزة الطيب (F) (jawzat altayib)
paprica	فلفل مطحون (M) (falifuli matahun)
canela	قرفة (F) (qarfa)
capim-limão	عشب الليمون (M) (eashab allaymun)
funcho	الشمرة (F) (alshamra)
tomilho	زعتر (M) (zaetar)
menta	نعناع (M) (naenae)
cebolinho	ثوم معمر (M) (thawm mueamar)
manjerona	مردقوش كبير (M) (murdqush kabir)
manjericão	ريحان (M) (rayhan)
alecrim	إكليل الجبل (M) ('iklyl aljabal)
endro	شبت (M) (shabat)
coentro	كزبرة (F) (kazbira)
orégão	مردقوش (M) (murdiqush)

Produtos

farinha	دقيق (M) (daqiq)
açúcar	سكر (M) (sakar)
arroz	أرز (M) ('arz)
pão	خبز (M) (khabaz)
massa	المكرونة (F) (almakruna)
óleo	زيت (M) (zayt)
soja	صويا (F) (sawianaan)

trigo	قمح (M) (qamah)
aveia	الشوفان (M) (alshawfan)
beterraba sacarina	بنجر السكر (M) (binjr alsukar)
cana-de-açúcar	قصب السكر (M) (qasab alsukar)
óleo de colza	زيت بذور اللفت (M) (zayt budhur allaft)
óleo de girassol	زيت عباد الشمس (M) (zayt eibad alshams)
azeite	زيت زيتون (M) (zayt zayitun)
óleo de amendoim	زيت فول السوداني (M) (zayt fawal alsudani)
leite de soja	حليب فول الصويا (M) (halib fawal alsawia)
óleo de milho	زيت ذرة (M) (zayt dhara)
vinagre	خل (M) (khal)
levedura	خميرة (F) (khamira)
fermento em pó	مسحوق الخبيز (M) (mashuq alkhabiz)
glúten	غلوتين (M) (ghulutin)
tofu	توفو (M) (tuafuw)
açúcar em pó	سكر ناعم (M) (sakar naeim)
açúcar granulado	حبيبات السكر (F) (hubibat alsukar)
açúcar de baunilha	فانيليا السكر (F) (fanilia alsukar)
tabaco	تبغ (M) (tabgh)

Pequeno Almoço

mel	عسل (M) (easal)
compota	مربى (M) (marabaa)
manteiga de amendoim	زبدة فول سوداني (F) (zabdat fawal sudaniin)
noz	جوزة (F) (jawza)
aveia	دقيق الشوفان (M) (daqiq alshuwfan)
cereais	حبوب (F) (hubub)
xarope de ácer	شراب القيقب (M) (sharab alqyqib)
chocolate de barrar	كريمة الشيكولاتة (F) (karimat alshykwlat)
papas de aveia	عصيدة (F) (easida)

feijão cozido	بقوليات مطهوة (F) (bqwlyat mathu)
ovos mexidos	بيض مقلي (M) (bid maqli)
muesli	موسلي (M) (musli)
salada de fruta	سلطة فواكه (F) (sultat fawakih)
fruto seco	فاكهة مجففة (F) (fakihat mujafafa)

Comida Doce

bolo	كعكة (F) (kaeika)
bolacha	بسكويت (M) (baskuit)
queque	مافن (M) (mafin)
biscoito	بسكويت (M) (baskuit)
chocolate	شوكولاتة (F) (shukulata)
rebuçado	حلوي (F) (hulwi)
dónute	دونات (M) (dawnat)
brownie	كعكة البراوني (F) (kaekat albirawni)
pudim	البودينغ (M) (albudayngh)
creme de leite	كاسترد (M) (kaistarad)
cheesecake	كعكة الجبن (F) (kaekat aljabn)
crepe	الكريب (M) (alkarib)
croissant	كرواسون (M) (karwasun)
panqueca	فطيرة محلاة (F) (fatirat mihla)
gofre	وافل (M) (wafil)
tarte de maçã	فطيرة التفاح (F) (fatirat altifah)
marshmallow	حلوي الخطمي (F) (hlwy alkhatmii)
pastilha elástica	لبان (M) (liban)
goma	علكة الفاكهة (F) (ealikat alfakiha)
alcaçuz	عرقسوس (M) (erqsus)
caramelo	كراميل (M) (karamil)
algodão doce	غزل البنات (M) (ghazal albanat)
nogado	نوغة (F) (nugha)

Bebidas

água	مياه (F) (miah)
chá	شاي (M) (shay)
café	قهوة (F) (qahua)
cola (bebida)	كوكاكولا (F) (kawkakulana)
batido de leite	اللبن المخفوق (M) (allabn almakhfuq)
sumo de laranja	عصير برتقال (M) (easir brtqal)
água gasosa	مياه غازية (F) (miah ghazia)
água da torneira	مياه الصنبور (F) (miah alsanbur)
chá preto	شاي أسود (M) (shay 'aswad)
chá verde	شاي أخضر (M) (shay 'akhdar)
chá com leite	شاي باللبن (M) (shay biallabn)
chocolate quente	شوكولاتة ساخنة (F) (shukulatat sakhina)
capuchino	كابتشينو (M) (kabtshinu)
expresso	إسبرسو (M) ('iisbarisu)
moca	موكا (F) (muka)
café gelado	قهوة مثلجة (F) (qahwat mithlaja)
limonada	عصير الليمون (M) (easir allaymun)
sumo de maçã	عصير تفاح (M) (easir tafah)
batido de fruta	عصير سموثي (M) (easir samuthiun)
bebida energética	مشروب الطاقة (M) (mashrub alttaqa)

Álcool

vinho	نبيذ (M) (nabidh)
cerveja	بيرة (F) (bayra)
champanhe	شامبانيا (F) (shambanya)
vinho tinto	نبيذ أحمر (M) (nabidh 'ahmar)
vinho branco	نبيذ أبيض (M) (nabidh 'abyad)
gin	جن (M) (jana)
vodca	فودكا (F) (fawduka)

uísque	(wayuski) ويسكي (M)
rum	(ram) رم (M)
brandy	(brandi) براندي (M)
cidra	(easir altifah) عصير التفاح (M)
tequila	(takilana) تكيلا (F)
cocktail	(kukatil) كوكتيل (M)
martini	(almartiniu) المارتيني (M)
licor	(likyur) ليكيور (M)
saqué	(saki) ساكي (M)
vinho espumante	(alnabidh alfawaar) النبيذ الفوار (M)

Refeições

sopa	(hasa') حساء (M)
salada	(sulta) سلطة (F)
sobremesa	(halwaa) حلوى (F)
entrada	(muqbilat) مقبلات (F)
acompanhamento	(tubiq janibi) طبق جانبي (M)
lanche	(wajabat khafifa) وجبة خفيفة (F)
pequeno-almoço	('iiftar) إفطار (M)
almoço	(ghada') غداء (M)
jantar	(easha') عشاء (M)
piquenique	(nuzha) نزهة (F)
marisco	(makulat bahria) مأكولات بحرية (F)
comida de rua	('akl alshsharie) أكل الشارع (M)
menu	(qayimat altaeam) قائمة الطعام (F)
gorjeta	(bqshysh) بقشيش (M)
bufê	(bufih) بوفيه (M)

Comida Ocidental

piza	(biatza) بيتزا (F)

esparguete	السباغيتي (F) (alsbaghiti)
salada de batata	سلطة بطاطس (F) (sultat batatis)
mostarda	خردل (M) (khardal)
churrasco	حفلة شواء (F) (haflat shawa')
bife	شريحة لحم (F) (sharihat lahm)
frango assado	دجاجة مشوية (F) (dijajat mashawiya)
tarte	فطيرة (F) (fatira)
almôndega	كرات اللحم (F) (kurat allahm)
lasanha	لازانيا (F) (lazania)
salsicha frita	سجق مقلي (M) (sajaq maqli)
espetada	سيخ (M) (sykh)
goulash	غولاش (M) (ghulash)
carne de porco assada	لحم خنزير مشوي (M) (lahm khinzir mashawiy)
puré de batata	بطاطس مهروسة (F) (batatis mahrusa)

Comida Asiática

sushi	سوشي (M) (sushi)
rolinho primavera	سبرنغ رول (M) (sbrngh rul)
noodles instantâneos	مكرونة سريعة تحضير (F) (makrunat sarieat tahdir)
noodles fritos	شعيرية مقلية (F) (shaeiriat maqaliya)
arroz frito	أرز مقلي (M) ('aruzun maqaliy)
ramen	رامن (M) (ramin)
dumpling	زلابية (F) (zalabia)
dim sum	ديم سم (F) (dim sm)
hot pot	وعاء ساخن (M) (wiea' sakhin)
pato de Pequim	بطة بكين (F) (bitat bikin)

Comida Rápida

hambúrguer	برغر (M) (barghar)
batata frita (quente)	بطاطس مقلية (F) (batatis maqaliya)

batata frita (lanchinho)	رقائق البطاطس المقلية (F) (raqayiq albtatis almaqaliya)
molho de tomate	صلصة طماطم (F) (salsat tamatim)
maionese	مايونيز (M) (mayuniz)
pipoca	فشار (M) (fashar)
hambúrguer	هامبورجر (M) (hamburjr)
hambúrguer de queijo	تشيز برجر (M) (tashiz birajr)
cachorro-quente	نقانق (M) (nuqaniq)
sandes	ساندوتش (M) (sandwtsh)
nugget de frango	قطع دجاج (F) (qate dijaaj)
peixe e fritas	سمك وبطاطا (M) (samak wabitatana)
kebab	كباب (M) (kabaab)
asas de frango	أجنحة دجاج (F) ('ajnihat dijaaj)
anel de cebola	حلقات بصل (F) (halqat bsl)
fatias de batata	بطاطس ودجز (F) (batatis wadajz)
nachos	ناتشوز (M) (natashuz)

Vida

Feriado

bagagem	أمتعة (F)	('amtiea)
hotel	فندق (M)	(funduq)
passaporte	جواز سفر (M)	(jawaz safar)
tenda	خيمة (F)	(khayma)
saco-cama	كيس النوم (M)	(kays alnuwm)
mochila	حقيبة ظهر (F)	(haqibat zahar)
chave do quarto	مفتاح الغرفة (M)	(miftah alghurfa)
convidado	زائر (M)	(zayir)
salão de entrada	ردهة (F)	(radiha)
número do quarto	رقم الغرفة (M)	(raqm alghurfa)
quarto individual	غرفة مفردة (F)	(ghurfat mufrada)
quarto de casal	غرفة مزدوجة (F)	(ghurfat muzdawija)
dormitório	غرفة السكن (F)	(ghurfat alsakan)
serviço de quarto	خدمة الغرف (F)	(khidmat alghuraf)
minibar	ميني بار (M)	(mayni bar)
reserva (restaurante)	حجز (M)	(hajz)
filiação	عضوية (F)	(eudwia)
praia	شاطئ (M)	(shati)
guarda-sol	مظلة (F)	(mizala)
camping	تخييم (M)	(takhyim)
acampamento	موقع التخييم (M)	(mawqie altakhyim)
fogueira	نيران المعسكرات (F)	(niran almueaskarat)
colchão de ar	مرتبة هوائية (F)	(martabat hawayiya)
postal	بطاقة بريدية (F)	(bitaqat baridia)
diário	مذكرات يومية (F)	(mudhakirat ywmytan)
visto	تأشيرة (F)	(tashira)
albergue	فندق (M)	(funduq)

reserva (hotel)	حجز (hajz) (M)
membro	عضو (eudw) (M)

Horas

segundo (tempo)	ثانية (thany) (F)
minuto	دقيقة (daqiqa) (F)
hora (60 minutos)	ساعة (saea) (F)
manhã (6:00-9:00)	صباح (sabah) (M)
meio-dia	ظهر (zahar) (M)
tardinha	مساء (masa') (M)
manhã (9:00-11:00)	صباح (sabah) (M)
tarde	بعد الظهر (baed alzuhr) (M)
noite	ليل (layl) (M)
1:00	الساعة الواحدة (alssaeat alwahida)
2:05	الثانية وخمس دقائق (alththaniat wakhams daqayiq)
3:10	الثالثة وعشر دقائق (alththalithat waeashar daqayiq)
4:15	الرابعة والربع (alrrabieat walrabae)
5:20	الخامسة وعشرون دقيقة (alkhamisat waeishrun daqiqatan)
6:25	السادسة وخمسة وعشرون دقيقة (alssadisat wkhmst waeishrun daqiqatan)
7:30	السابعة والنصف (alssabieat walnisf)
8:35	الثامنة وخمسة وثلاثون دقيقة (alththaminat wkhmst wathalathun daqiqatan)
9:40	العاشرة إلا الثلث (aleashirat 'iilaa althuluth)
10:45	الحادية عشر إلا الربع (alhadiat eshrt iilaa alrubue)
11:50	الثانية عشر إلا عشر دقائق (alththaniat eshr 'iilaa eshr daqayiq)
12:55	الواحدة إلا خمس دقائق (alwahidat 'iilaa khms daqayiq)
uma da manhã	الساعة الواحدة صباحا (alssaeat alwahidat sabahaan)
duas da tarde	الساعة الثانية بعد الظهر (alssaeat alththaniat baed alzuhr)
meia hora	نصف ساعة (nsf saea)

um quarto de hora	ربع ساعة (rubue saea)
três quartos de hora	ثلاثة أرباع ساعة (thalathat 'arbae saea)
meia-noite	منتصف الليل (M) (muntasaf allayl)
agora	الآن (alan)

Data

anteontem	أول أمس ('awal 'ams)
ontem	أمس ('ams)
hoje	اليوم (alyawm)
amanhã	غدا (ghadaan)
depois de amanhã	بعد غد (baed ghad)
primavera	الربيع (M) (alrbye)
verão	الصيف (M) (alsayf)
outono	الخريف (M) (alkharif)
inverno	الشتاء (M) (alshita')
segunda-feira	الإثنين (M) (al'iithnin)
terça-feira	الثلاثاء (M) (althulatha')
quarta-feira	الأربعاء (M) (al'arbiea')
quinta-feira	الخميس (M) (alkhamis)
sexta-feira	الجمعة (F) (aljumea)
sábado	السبت (M) (alsabt)
domingo	الأحد (M) (al'ahad)
dia	يوم (M) (yawm)
semana	أسبوع (M) ('usbue)
mês	شهر (M) (shahr)
ano	سنة (F) (sana)
janeiro	يناير (M) (yanayir)
fevereiro	فبراير (M) (fibrayir)
março	مارس (M) (maris)
abril	ابريل (M) ('abril)

maio	مايو (M)	(mayu)
junho	يونيو (M)	(yuniu)
julho	يوليو (M)	(yuliu)
agosto	أغسطس (M)	('aghustus)
setembro	سبتمبر (M)	(sibtambar)
outubro	أكتوبر (M)	('uktubar)
novembro	نوفمبر (M)	(nufimbir)
dezembro	ديسمبر (M)	(disambir)
século	قرن (M)	(qarn)
década	عقد (M)	(eaqad)
milénio	ألفية (F)	('alfia)
2014-01-01	الأول من يناير ألفان وأربعة عشر	(al'awal min yanayir 'alfan warbet eshr)
2015-04-03	الثالث من إبريل ألفين وخمسة عشر	(alththalith min 'ibryl 'alfayn wkhmst eshr)
2016-05-17	السابع عشر من مايو ألفان وستة عشر	(alssabie eshr min mayu 'alfan wstt eshr)
1988-04-12	الثاني عشر من إبريل ألف وتسعمائة وثمانية وثمانين	(althany eshr min 'iibril 'alf watiseumiayat wathamaniat wathamanin)
1899-10-13	الثالث عشر من أكتوبر ألف وثمنمائة وتسعة وتسعين	(alththalith eshr min 'uktubar 'alf wathamnimiayat watiseat watisein)
2000-12-12	الثاني عشر من ديسمبر ألفان	(althany eshr min disambir 'alfan)
1900-11-11	الحادي عشر من نوفمبر ألف وتسعمائة	(alhadi eshr min nufimbir 'alf watiseumiaya)
2010-07-14	الرابع عشر من يوليو ألفين وعشرة	(alrrabie eshr min yuliu 'alfayn waeashra)
1907-09-30	الثلاثون من سبتمبر ألف وتسعمائة وسبعة	(althalathun min sibtambar 'alf watiseumiayat wasabea)
2003-02-25	الخامس والعشرون من فبراير ألفان وثلاثة	(alkhamis waleishrun min fibrayir 'alfan wathalath)
semana passada	الأسبوع الماضي	(al'usbue almadi)
esta semana	هذا الأسبوع	(hadha al'usbue)
próxima semana	الأسبوع القادم	(al'usbue alqadim)

ano passado	العام الماضي (aleam almadi)
este ano	هذه العام (hadhih aleamu)
próximo ano	العام القادم (aleam alqadim)
mês passado	الشهر الماضي (alshahr almadi)
este mês	هذا الشهر (hadha alshahr)
próximo mês	الشهر القادم (alshahr alqadim)
aniversário	عيد ميلاد (M) (eid milad)
Natal	عيد الميلاد (M) (eid almilad)
Ano Novo	سنة جديدة (F) (sunat jadida)
Ramadão	رمضان (M) (ramadan)
Noite das Bruxas	عيد الرعب (M) (eyd alrueb)
Dia de Ação de Graças	عيد الشكر (M) (eyd alshukr)
Páscoa	عيد الفصح (M) (eyd alfash)

Familiares

filha	ابنة (F) (aibnatu)
filho	ابن (M) (abn)
mãe	الأم (F) (al'umu)
pai	الأب (M) (al'ab)
esposa	زوجة (F) (zawja)
marido	زوج (M) (zawj)
avô (paterno)	جد لأب (M) (jida li'ab)
avô (materno)	جد لأم (M) (jida li'um)
avó (paterna)	جدة لأب (F) (jidat li'ab)
avó (materna)	جدة لأم (F) (jidat li'um)
tia	عمة (F) (eima)
tio	عم (M) (em)
primo	ابن العم (M) (abn aleum)
prima	ابنة الخال (F) (aibnat alkhal)
irmão mais velho	اخ أكبر (M) ('akh 'akbar)

irmão mais novo	أخ صغير (M) ('akh saghir)
irmã mais velha	أخت كبرى (F) ('ukht kubraa)
irmã mais nova	أخت صغيرة (F) ('ukht saghira)
sobrinha	ابنة أخ أو أخت (F) ('abnat 'akh 'aw 'ukht)
sobrinho	ابن شقيق (M) (abn shaqiq)
nora	زوجة الابن (F) (zawjat alaibn)
genro	زوج الابنة (M) (zawj alaibna)
neto (masculino)	حفيد (M) (hafid)
neta	حفيدة (F) (hafida)
cunhado	شقيق الزوج / شقيق الزوجة (M) (shaqiq alzawj / shaqiq alzawja)
cunhada	اخت الزوج / اخت الزوجة (F) ('ukht alzawj / 'ukht alzawja)
sogro	والد الزوج / والد الزوجة (M) (walidu alzawj / walidu alzawja)
sogra	أم الزوج / أم الزوجة (F) ('ama alzawj / 'ama alzawja)
pais	الآباء (M) (alaba')
sogros	عائلة الزوج / عائلة الزوجة (F) (eayilat alzawj / eayilat alzawja)
irmãos	أخوة وأخوات (M) ('ukhuat wa'akhawat)
neto (a neta)	حفيد (M) (hafid)
padrasto	زوج الأم (M) (zawj al'um)
madrasta	زوجة الأب (F) (zawjat al'ab)
enteada	ابنة الزوج / ابنة الزوجة (F) (aibnatu alzawj / aibnat alzawja)
enteado	ابن الزوج / ابن الزوجة (M) (abn alzawj / abn alzawja)
papá	أب (M) ('ab)
mamã	أم (F) ('um)

Vida

homem	رجل (M) (rajul)
mulher	امرأة (F) (aimra'a)
criança	طفل (M) (tifl)

rapaz	ولد (walad) (M)
rapariga	بنت (bnt) (F)
bebé	طفل (tifl) (M)
amor	حب (hubun) (M)
trabalho	وظيفة (wazifa) (F)
morte	موت (mut) (M)
nascimento	ولادة (wilada) (F)
recém-nascido	رضيع (radie) (M)
certidão de nascimento	شهادة ميلاد (shahadat milad) (F)
creche	حضانة (hadana) (F)
jardim de infância	روضة أطفال (rawdat 'atfal) (F)
escola primária	مدرسة ابتدائية (madrasat aibtidayiya) (F)
gémeos	توأم (taw'am) (M)
trigémeos	ثلاث توائم (thlath tawayim) (M)
escola do segundo ciclo	مدرسة إعدادية (madrasat 'iiedadia) (F)
secundário	مدرسة ثانوية (madrasat thanawia) (F)
amigo	صديق (sadiq) (M)
namorada	صديقة (sadiqa) (F)
namorado	خليل (khalil) (M)
universidade	جامعة (jamiea) (F)
formação vocacional	تدريب مهني (tadrib mahniun) (M)
graduação	تخرج (takhruj) (M)
noivado	خطوبة (khutuba) (F)
noivo	خطيب (khtyb) (M)
noiva	خطيبة (khatayba) (F)
saudade	لوعة حب (lweat hubin) (F)
sexo	جنس (juns) (M)
anel de noivado	خاتم الخطوبة (khatam alkhutuba) (M)
beijo	قبلة (qibla) (F)
casamento	زفاف (zifaf) (M)

divórcio	طلاق (talaq) (M)
noivo	عريس (earis) (M)
noiva	عروس (eurus) (F)
vestido de casamento	ثوب الزفاف (thwb alzifaf) (M)
aliança	خاتم الزواج (khatam alzawaj) (M)
bolo de casamento	كعكة الزفاف (kaekat alzifaf) (F)
lua de mel	شهر العسل (shahr aleasal) (M)
funeral	جنازة (jinaza) (F)
reforma	تقاعد (taqaead) (M)
caixão	النعش (alnaesh) (M)
cadáver	جثة (jutha) (F)
urna	جرة (jara) (F)
campa	قبر (qabr) (M)
viúva	أرملة ('armala) (F)
viúvo	أرمل ('armal) (M)
órfão	يتيم (yatim) (M)
testamento	وصية (wasia) (F)
herdeiro	وريث (warith) (M)
herança	إرث ('iirth) (M)
género	الجنس (aljins) (M)
cemitério	مقبرة (maqbara) (F)

Transportes

Automóvel

pneu	إِطار العجلة (M) ('iitar aleajala)
volante	عجلة القيادة (F) (eijlat alqiada)
acelerador	دواسة الوقود (F) (dawasat alwaqud)
travão	فرامل (F) (faramil)
embraiagem	القابض (M) (alqabid)
buzina	بوق السيارة (M) (buq alsayara)
limpa para-brisas	ممسحة الزجاج الأمامي (F) (mumsihat alzijaj al'amamii)
bateria (eletricidade)	بطارية (F) (battaria)
porta-bagagem	صندوق السيارة (M) (sunduq alsayara)
espelho lateral	مرآة جانبية (F) (marat janibia)
retrovisor	المرآة الخلفية (F) (almarat alkhalafia)
para-brisas	الزجاج الأمامي (M) (alzijaj al'amamiu)
capô	غطاء محرك السيارة (M) (ghita' muhrak alsayara)
porta lateral	الباب الجانبي (M) (albab aljanibiu)
farol dianteiro	ضوء أمامي (M) (daw' 'amami)
para-choques	ممتص للصدمات (M) (mumtas lilsadamat)
cinto de segurança	حزام الأمان (M) (hizam al'aman)
gasóleo	ديزل (M) (dayazil)
gasolina	بنزين (M) (bnzyn)
banco traseiro	المقعد الخلفي (M) (almaqead alkhalafiu)
banco dianteiro	المقعد الأمامي (M) (almaqead al'amamiu)
mudança manual	ناقل الحركة (M) (naqil alharaka)
mudança automática	أوتوماتيكي (M) ('uwtumatikiun)
painel de instrumentos	لوحة القيادة (F) (lawhat alqiada)
airbag	وسادة هوائية (F) (wasadat hawayiya)
GPS	جهاز تحديد مواقع (M) (jihaz tahdid mawaqie)
velocímetro	عداد السرعة (M) (eidad alsre)

alavanca das mudanças	عصا ناقل السرعة (M) (easa naqil alsre)
motor	محرك (M) (muharak)
tubo de escape	أنبوب العادم (M) ('unbub aleadim)
freio de mão	فرامل اليد (F) (faramil alyad)
amortecedor	ممتص الصدمات (M) (mumtasu alsadamat)
luz traseira	الضوء الخلفي (M) (aldaw' alkhalafiu)
luz de freio	مصباح الفرامل (M) (misbah alframl)

Autocarro e Comboio

comboio	قطار (M) (qitar)
autocarro	أتوبيس (M) ('atubys)
elétrico	ترام (M) (turam)
metro (comboio)	قطار تحت الارض (M) (qitar taht al'ard)
paragem de autocarro	موقف حافلات (M) (mawqif hafilat)
estação de comboios	محطة قطار (F) (mahatat qitar)
horário	جدول المواعيد (M) (jadwal almawaeid)
tarifa	أجرة السفر (F) ('ujrat alsafar)
mini-autocarro	حافلة صغيرة (F) (hafilat saghira)
autocarro escolar	حافلة مدرسية (F) (hafilat madrasia)
plataforma	رصيف (M) (rasif)
locomotiva	قاطرة (F) (qatira)
comboio a vapor	قطار بخار (M) (qitar bukhar)
comboio de alta velocidade	قطارات فائقة السرعة (F) (qitarat fayiqat alsure)
monocarril	خط أحادي (M) (khatun 'ahadi)
comboio de mercadorias	قطار شحن (M) (qitar shahn)
bilheteira	مكتب التذاكر (M) (maktab altadhakur)
bilheteira automática	آلة بيع التذاكر (F) (alat baye altadhakur)
via ferroviária	سكة حديد (F) (skt hadid)

Avião

aeroporto	مطار (M) (matar)
saída de emergência (avião)	مخرج طوارئ (M) (mukhrij tawari)
helicóptero	طائرة مروحية (F) (tayirat mirwahia)
asa	جناح (M) (junah)
turbina	محرك (M) (muharak)
colete salva-vidas	سترة النجاة (F) (satrat alnaja)
cabina do piloto	قمرة القيادة (F) (qimrat alqiada)
fila	صف (M) (saf)
janela (avião)	نافذة (F) (nafidha)
corredor (avião)	ممر (M) (mamari)
planador	طائرة شراعية (F) (tayirat shiraeia)
avião de mercadorias	طائرة شحن (F) (tayirat shahn)
classe executiva	درجة رجال الأعمال (F) (darajat rijal al'aemal)
classe económica	الدرجة السياحية (F) (aldarajat alsiyahia)
primeira classe	درجة أولي (F) (darajat 'uwli)
bagagem de mão	حقائب يد (F) (haqayib yd)
balcão de check-in	تسجيل إجراءات الوصول (M) (tasjil 'iijra'at alwusul)
companhia aérea	شركة طيران (F) (sharikat tayaran)
torre de controlo	برج مراقبة (M) (burj muraqaba)
alfândega	رسوم جمركية (F) (rusum jumrukia)
chegada	وصول (M) (wusul)
partida	مغادرة (F) (mughadara)
pista	مهبط الطائرات (M) (mahbat alttayirat)

Navio

porto	ميناء (M) (mina')
contentor	حاوية (F) (hawia)
navio cargueiro	سفينة شحن (F) (safinat shahn)
iate	يخت (M) (yikht)
balsa	عبارة (F) (eibara)

âncora	مرساة (F) (marsa)
barco a remos	زورق تجديف (M) (zurq tajdif)
barco de borracha insuflável	زورق مطاطي (M) (zawraq mattatiin)
mastro	الصاري (M) (alsaari)
boia salva-vidas	عوامة إنقاذ (F) (eawamat 'iinqadh)
vela	شراع (M) (shirae)
radar	رادار (M) (radar)
convés	ظهر سفينة (M) (zahar safina)
barco salva-vidas	قارب النجاة (M) (qarib alnaja)
ponte de comando	منصة ربان السفينة (F) (minasat rubban alsafina)
casa das máquinas	غرفة المحرك (F) (ghurfat almuharak)
cabina	قمرة (F) (qamra)
barco à vela	قارب إبحار (M) (qarib 'iibhar)
submarino	غواصة (F) (ghawwasa)
porta-aviões	حاملة طائرات (F) (hamilat tayirat)
cruzeiro	سفينة سياحية (F) (safinat siahia)
barco de pesca	قارب صيد (M) (qarib sayd)
cais	رصيف الميناء (M) (rasif almina')
farol	منارة (F) (manara)
canoa	قارب (M) (qarib)

Infraestrutura

estrada	طريق (M) (tariq)
autoestrada	الطريق السريع (M) (altariq alsarie)
posto de combustível	محطة بنزين (F) (mahatat bnzyn)
semáforo	اشارة المرور (F) ('iisharat almurur)
local de construção	موقع البناء (M) (mawqie albina')
parque de estacionamento (área)	موقف السيارات (M) (mawqif alsayarat)
engarrafamento	اختناق مروري (M) (aikhtinaq murawri)
cruzamento	تقاطع (M) (tuqatie)

portagem	رسوم (F) (rusum)
viaduto	جسر (M) (jisr)
passagem subterrânea	نفق (M) (nafaq)
via de sentido único	شارع باتجاه واحد (M) (sharie biaitijah wahid)
passadeira	عبور المشاة (M) (eubur almsha)
limite de velocidade	الحد الأقصى للسرعة (M) (alhadu al'uqsiu lilsuriea)
rotunda	الدوار (M) (aldawaar)
parquímetro	عداد موقف السيارات (M) (eidad mawqif alsayarat)
lavagem de automóveis	غسيل السيارة (M) (ghasil alsayara)
passeio	رصيف (M) (rasif)
hora de ponta	ساعة الذروة (F) (saeat aldharwa)
iluminação pública	ضوء الشارع (M) (daw' alshsharie)

Outros

automóvel	عربية (F) (earabia)
navio	سفينة (F) (safina)
avião	طائرة (F) (tayira)
bicicleta	دراجة (F) (diraja)
táxi	تاكسي (M) (taksi)
camião	لوري (M) (luri)
moto de neve	زلاقة الجليد الآلية (F) (zilaqat aljalid alaly)
teleférico	عربة سلكية (F) (earbat salakia)
automóvel clássico	سيارة كلاسيكية (F) (sayarat klasikia)
limusina	ليموزين (M) (liamuzin)
motocicleta	دراجة نارية (F) (dirajat naria)
lambreta	دراجة بخارية (F) (dirajat bukharia)
bicicleta tandem	الدراجة الهوائية المزدوجة (F) (aldirajat alhawayıyat almuzdawija)
bicicleta de corrida	دراجة سباق (F) (dirajat sibaq)
balão de ar quente	منطاد (M) (mintad)

caravana	مقطورة سفر (F) (maqturat safar)
atrelado	عربة مقطورة (F) (earabat maqtura)
assento para criança	مقعد الطفل (M) (maqead altifl)
anticongelante	سائل مضاد للتجمد (M) (sayil mudadun liltajamud)
macaco (automóvel)	رافعة (F) (raafiea)
corrente	جنزير (M) (janzir)
bomba de ar	منفاخ (M) (minafakh)
trator	الجرارة (F) (aljirara)
ceifeira-debulhadora	حصادة (F) (hisada)
escavadora	حفار (M) (hifar)
rolo de estrada	مدحلة (F) (mudhila)
camião-grua	شاحنة رافعة (F) (shahinat raafiea)
tanque	دبابة (F) (dabbaba)
camião-betoneira	خلاط أسمنت (M) (khilat 'asmant)
empilhadora	رافعة شوكية (F) (raafieat shukia)

Cultura

Cinema e Televisão

televisão (TV)	تلفزيون (M) (tilfizyun)
cinema	سينما (F) (sinama)
bilhete	تذكرة (F) (tadhkira)
comédia	كوميديا (F) (kumidia)
suspense	فيلم مشوق (M) (film mushawq)
filme de terror	فيلم رعب (M) (film raeb)
faroeste	فيلم رعاة البقر (M) (film rueat albaqar)
ficção científica	خيال علمي (M) (khial eilmiin)
animação	كارتون (M) (karitun)
ecrã de cinema	شاشة (F) (shasha)
assento	مقعد (M) (maqead)
notícias	أخبار (M) ('akhbar)
canal	قناة (F) (qana)
série de televisão	مسلسل تلفزيوني (M) (musalsal tilfizyuniin)

Instrumentos

violino	كمان (M) (kaman)
teclado (música)	أورج (M) ('awrij)
piano	بيانو (M) (bianu)
trompete	بوق (M) (buq)
guitarra	جيتار (M) (jitar)
flauta transversal	ناي (M) (nay)
harpa	قيثار (M) (qithar)
contrabaixo	كمان أجهر (M) (kaman 'ajhar)
viola	كمان متوسط (M) (kaman mtwst)
violoncelo	تشيلو (M) (tashilu)
oboé	أوبوا (M) ('uwbuu)

saxofone	ساكسفون (M) (saksifun)
fagote	زمخر (M) (zamkhr)
clarinete	الكلارينيت (M) (alklarinit)
tamborim	دف صغير (M) (daf saghir)
pratos	الصنج (M) (alsanj)
tarola	الطبل (M) (altabul)
timbale	طبلة (F) (tabla)
triângulo	مثلث (M) (muthalath)
trombone	الترومبون (M) (altarawmubun)
trompa	البوق الفرنسي (M) (albuq alfaransiu)
tuba	توبا (M) (tuba)
baixo	غيتار البيس (M) (ghytar albays)
guitarra elétrica	جيتار كهربائي (M) (jitar kahrabayiyun)
bateria (música)	طقم طبول (M) (tuqum tubul)
órgão	الأرغن ذو الأنابيب (M) (al'arghan dhu al'anabib)
xilofone	إكسيليفون (M) ('iiksilifun)
acordeão	أكورديون (M) ('akurdiuwn)
ukulele	أكلال (M) ('aklal)
harmónica	هارمونيكا (F) (harmwnyka)

Música

ópera	أوبرا (F) ('awbara)
orquestra	أوركسترا (F) ('uwrksitra)
concerto	حفلة موسيقية (F) (haflat muwsiqia)
música clássica	موسيقي كلاسيكية (F) (musiqiun klasikia)
pop	بوب (bwb)
jazz	جاز (jaz)
blues	البلوز (albuluz)
punk	بانك (bi'anak)
rock	روك (ruk)

música folclórica	موسيقي شعبية (F) (musiqiun shaebia)
heavy metal	هيفي ميتال (hifi mital)
rap	راب (rab)
reggae	الريجي (alriyjiu)
letra	كلمات الأغنية (F) (kalimat al'aghnia)
melodia	لحن (M) (lahn)
nota (música)	نوتة موسيقية (F) (nawtat musiqia)
clave de sol	مفتاح موسيقي (M) (miftah musiqiun)
sinfonia	سمفونية (F) (samfunia)

Artes

teatro	مسرح (M) (masrah)
palco	المسرح (M) (almasrah)
audiência	جمهور (M) (jumhur)
pintura	لوحة (F) (lawha)
desenho	رسم (M) (rusim)
paleta	لوح الألوان (M) (lawh al'alwan)
pincel	فرشاة (F) (farasha)
tinta à óleo	الطلاء النفط (M) (altala' alnaft)
origami	اوريغامي (M) (awryghamy)
cerâmica	فخار (M) (fakhaar)
marcenaria	أشغال الخشب (F) ('ashghal alkhashb)
escultura	النحت (M) (alnaht)
elenco	طاقم (M) (taqim)
peça	مسرحية (F) (masrahia)
guião	سيناريو (M) (sinariw)
retrato	لوحة (F) (lawha)

Dança

balé	باليه (M) (balyh)

valsa de Viena	فالس فيينا (M) (falsa fiyinna)
tango	رقصة التانغو (F) (raqsat alttanghu)
dança de salão	قاعة رقص (F) (qaeat raqs)
dança latina	الرقص اللاتيني (M) (alraqs alllatiniu)
rock and roll	روك أند رول (M) (ruk 'and rul)
valsa	فالس (M) (falsa)
quickstep	خطوة سريعة (F) (khatwat sariea)
chachachá	تشا تشا (M) (tasha tasha)
jive	رقص الجاز (M) (raqas aljaz)
salsa	الصلصا (F) (alsilsa)
samba	السامبا (F) (alsaamiba)
rumba	الرومبا رقصة (F) (alruwmiba raqsa)

Escrita

jornal	جريدة (F) (jarida)
revista	مجلة (F) (majala)
anúncio	إعلانات (M) ('iielanat)
letra	حرف (M) (harf)
carater	حرف (M) (harf)
texto	نص (M) (nasi)
panfleto	نشرة إعلانية (F) (nashrat 'iielania)
folheto	نشرة (F) (nashra)
banda desenhada	كتاب هزلي (M) (kitab huzli)
artigo	مقال (M) (maqal)
álbum de fotografias	ألبوم صور (M) ('albawm sur)
boletim informativo	نشرة إخبارية (F) (nashrat 'iikhbaria)
anedota	نكتة (F) (nakta)
sudoku	سودوكو (M) (suduku)
palavras cruzadas	كلمات متقاطعة (F) (kalimat mutaqatiea)
caricatura	كاريكاتير (M) (karykatir)

índice	جدول المحتويات (M) (jadwal almuhtawayat)
prefácio	مقدمة (F) (muqadima)
conteúdo	محتوى (M) (muhtawaa)
cabeçalho	عنوان رئيسي (M) (eunwan rayiysiun)
editora	ناشر (M) (nashir)
romance	رواية (F) (riwaya)
livro escolar	كتاب مدرسي (M) (kitab madrisiun)
alfabeto	أبجدية (F) ('abjadia)

Escola

Básicos

livro	كتاب (M) (kitab)
dicionário	قاموس (M) (qamus)
biblioteca	مكتبة (F) (maktaba)
exame	امتحان (M) (aimtihan)
quadro	سبورة (F) (sabura)
secretária	مكتب (M) (maktab)
giz	طباشير (M) (tabashir)
pátio da escola	فناء المدرسة (M) (fana' almadrasa)
uniforme escolar	زي مدرسي (M) (zy mudrisi)
mochila da escola	حقيبة مدرسية (F) (haqibat madrasia)
caderno	مفكرة (F) (mufakira)
lição	درس (M) (daras)
trabalho de casa	واجب منزلي (M) (wajib manziliun)
composição	مقال (M) (maqal)
semestre	فصل دراسي (M) (fasl dirasiun)
campo desportivo	ملعب رياضي (M) (maleab riadiin)
sala de leitura	غرفة القراءة (F) (ghurfat alqira'a)

Disciplinas

história	تاريخ (M) (tarikh)
ciências naturais	علوم (M) (eulum)
física	فيزياء (F) (fayazia')
química	كيمياء (F) (kiamya')
arte	فن (M) (fan)
Inglês	انجليزي (M) (anjilizi)
Latim	لاتيني (M) (latiniin)
Espanhol	أسباني (M) ('asbani)

Mandarim	ماندراين الصينية (M)	(mandrayn alsiynia)
Japonês	ياباني (M)	(yabaniin)
Francês	فرنسي (M)	(faransi)
Alemão	ألماني (M)	('almaniin)
Árabe	عربي (M)	(earabiin)
literatura	أدب (M)	('adaba)
geografia	جغرافية (F)	(jughrafia)
matemática	رياضيات (F)	(riadiat)
biologia	علم الأحياء (M)	(eulim al'ahya')
educação física	تربية بدنية (F)	(tarbiat bidaniya)
economia	علم الاقتصاد (M)	(eulim alaiqtisad)
filosofia	فلسفة (F)	(falsifa)
politica	سياسة (F)	(siasa)
geometria	علم الهندسة (M)	(eulim alhindasa)

Artigos de Papelaria

caneta	قلم (M)	(qalam)
lápis	قلم رصاص (M)	(qalam rasas)
borracha	ممحاة (F)	(mumha)
tesoura	مقص (M)	(maqas)
régua	مسطرة (F)	(mustara)
furador	خرامة (F)	(kharama)
clipe de papel	مشبك الورق (M)	(mashbik alwrq)
esferográfica	قلم حبر (M)	(qalam habar)
cola (material colante)	غراء (M)	(ghara')
fita-cola	شريط لاصق (M)	(sharit lasiq)
agrafador	دباسة (F)	(dabasa)
lápis de cera	القلم للتلوين (M)	(alqalam liltalwin)
tinta	حبر (M)	(habar)
lápis de cor	قلم ملون (M)	(qalam mulawan)

afia-lápis	مبراة (F) (mubra)
estojo	مقلمة (F) (muqlima)

Matemática

resultado	نتيجة (F) (natija)
adição	جمع (M) (jame)
subtração	طرح (M) (tarh)
multiplicação	ضرب (M) (darab)
divisão	قسمة (F) (qisma)
fração	جزء (M) (juz')
numerador	بسط (M) (bast)
denominador	مقام (M) (maqam)
aritmética	علم الحساب (M) (eulim alhisab)
equação	معادلة (F) (mueadila)
primeiro	أول (M) ('awal)
segundo (2.)	ثاني (M) (thani)
terceiro	ثالث (M) (thalith)
quarto (4.)	رابع (M) (rabie)
milímetro	ميليمتر (M) (milimtar)
centímetro	سنتيمتر (M) (santimtir)
decímetro	ديسيمتر (M) (disimtar)
jarda	ياردة (F) (yarda)
metro (100 centímetro)	متر (M) (mitr)
milha	ميل (M) (mil)
metro quadrado	متر مربع (M) (mitr murabae)
metro cúbico	متر مكعب (M) (mitr mukaeab)
pé	قدم (M) (qadam)
polegada	بوصة (F) (busa)
0%	صفر بالمائة (sifr bialmiaya)
100%	مائة بالمائة (miayat bialmiaya)

3% ثلاثة بالمائة (thlatht bialmiaya)

Geometria

círculo	دائرة (F) (dayira)
quadrado	مربع (M) (murabae)
triângulo	مثلث (M) (muthalath)
altura	ارتفاع (M) (airtifae)
largura	عرض (M) (eard)
vetor	متجه (M) (mutajih)
diagonal	قطري (M) (qatariun)
raio (geometria)	نصف قطر (M) (nsf qatar)
tangente	مماس (M) (mamas)
elipse	القطع الناقص (M) (alqitae alnaaqis)
retângulo	مستطيل (M) (mustatil)
romboide	متوازي الاضلاع (M) (mutawazi alaidilae)
octógono	مثمن (M) (muthman)
hexágono	سداسي أضلاع (M) (sdasi 'adlae)
losango	معين (M) (maein)
trapézio	شبه منحرف (M) (shbh munharif)
cone	مخروط (M) (makhrut)
cilindro	اسطوانة (F) (aistawana)
cubo	مكعب (M) (mukaeab)
pirâmide	هرم (M) (haram)
linha reta	خط مستقيم (M) (khatun mustaqim)
ângulo reto	زاوية قائمة (F) (zawiat qayima)
ângulo	زاوية (F) (zawia)
curva	منحنى (M) (manhanaa)
volume	حجم (M) (hajm)
área	مساحة (F) (misaha)
esfera	الكرة (F) (alkura)

Ciências Naturais

grama	جرام (jaram) (M)
quilograma	كيلوجرام (kylwjram) (M)
tonelada	طن (tunin) (M)
litro	لتر (ltr) (M)
volt	فولت (fawlat) (M)
watt	واط (wat) (M)
ampere	امبير (ambyr) (M)
laboratório	مختبر (mukhtabar) (M)
funil	قمع (qame) (M)
placa de Petri	طبق بتري (tubiq btry) (M)
microscópio	ميكروسكوب (maykruskub) (M)
íman	مغناطيس (maghnatis) (M)
pipeta	ماصة (masa) (F)
filtro	فلتر (faltr) (M)
libra	رطل (rutul) (M)
onça	أونصة ('awnisa) (F)
mililitro	ملليلتر (malliltar) (M)
força	قوة (qua) (F)
gravidade	جاذبية (jadhibiatan) (F)
teoria da relatividade	نظرية النسبية (nazariat alnisbia) (F)

Universidade

palestra	محاضرة (muhadara) (F)
refeitório	مقصف (muqsaf) (M)
bolsa de estudo	منحة دراسية (minhat dirasia) (F)
cerimónia de graduação	حفل التخرج (hafl altakharuj) (M)
auditório	قاعة المحاضرات (qaeat almuhadarat) (F)
bacharelato	بكالوريوس (bukaluriws) (M)
mestrado	ماجستير (majstir) (M)

doutoramento	دكتوراه (F) (dukturah)
diploma	دبلوم (M) (dablum)
graduação	درجة (F) (daraja)
tese	رسالة علمية (F) (risalat eilmia)
pesquisa	بحث (M) (bahath)
escola de negócios	كلية إدارة الأعمال (F) (kuliyat 'iidarat al'aemal)

Carateres

ponto final	نقطة (F) (nuqta)
ponto de interrogação	علامة استفهام (F) (ealamat aistifham)
ponto de exclamação	علامة تعجب (F) (ealamat taejab)
espaço	مسافة (F) (masafa)
dois pontos	نقطتان رأسيتان (F) (naqitatan rasitan)
vírgula	فاصلة (F) (fasila)
hífen	شرطة (F) (shurta)
underscore	شرطة سفلية (F) (shurtat sufalia)
apóstrofo	فاصلة عليا (F) (fasilat ealiana)
ponto e vírgula	فاصلة منقوطة (F) (fasilat manquta)
()	أقواس (F) ('aqwas)
/	خط مائل (M) (khata mayil)
&	و (w)
...	إلى آخره ('iilaa akhirih)
1 + 2	واحد زائد اثنين (wahid zayid athnyn)
2 x 3	اثنين ضرب ثلاثة (athnyn darab thlath)
3 - 2	ثلاثة ناقص اثنين (thlatht naqis athnyn)
1 + 1 = 2	واحد زائد واحد يساوي اثنين (wahid zayid wahid yusawi athnyn)
4 / 2	أربعة مقسوما على اثنين (arbet maqsuma ealaa athnyn)
4^2	أربعة تربيع (arbet tarbie)
6^3	ستة تكعيب (stt takeib)

três elevado à potência cinco	ثلاثة مرفوعة إلي خمسة (thlatht marfueat 'iilaya khms)
3.4	ثلاثة و أربعة من عشرة (thlatht w arbet min eshr)
www.pinhok.com	دبليو دبليو دبليو دوت بينكهوك دوت كوم (dabliu dablyu dblyu dwt bynkhwk dwt kwm)
contact@pinhok.com	كونتاكت ات بينكهوك دوت كوم (kawnatakt at baynkihuk dwt kwm)
x < y	x أصغر من y (x 'asghar min y)
x > y	x أكبر من y (x 'akbar min y)
x >= y	x أكبر من أو يساوي y (x 'akbar min 'aw yusawi y)
x <= y	x أصغر من أو يساوي y (x 'asghar min 'aw yusawi y)

Natureza

Elementos

fogo	نار (F) (nar)
solo	تربة (F) (turba)
cinza	رماد (M) (ramad)
areia	رمل (M) (ramal)
carvão	فحم (M) (fahm)
diamante	ماس (M) (mas)
barro	طين (M) (tin)
giz	طباشير (M) (tabashir)
pedra calcária	حجر جيري (M) (hajar jyry)
granito	جرانيت (M) (jaraniat)
rubi	ياقوت (M) (yaqut)
opala	أوبال (M) ('awbal)
jade	يشم (M) (yshm)
safira	ياقوت أزرق (M) (yaqut 'azraq)
quartzo	كوارتز (M) (kawartaz)
calcite	كالسيت (M) (kalsiat)
grafite	جرافيت (M) (jarafiat)
lava	حمم (M) (humam)
magma	صهارة (F) (sahara)

Universo

planeta	كوكب (M) (kawkab)
estrela	نجم (M) (najam)
sol	شمس (F) (shams)
Terra	الأرض (M) (al'ard)
lua	القمر (M) (alqamar)
foguetão	صاروخ (M) (sarukh)

Mercúrio	عطارد (M) (eatarid)
Vénus	الزهرة (F) (alzahra)
Marte	المريخ (M) (almiriykh)
Júpiter	المشتري (M) (almushtari)
Saturno	زحل (M) (zahil)
Neptuno	نبتون (M) (nabtun)
Urano	أورانوس (M) ('awranus)
Plutão	بلوتو (M) (bilutu)
cometa	مذنب (M) (mudhnib)
asteroide	كويكب (M) (kuaykib)
galáxia	مجرة (F) (majara)
Via Láctea	درب التبانة (M) (darab altibana)
eclipse lunar	خسوف القمر (M) (khasawf alqamar)
eclipse solar	كسوف الشمس (M) (kusuf alshams)
meteorito	نيزك (M) (nayzk)
buraco negro	ثقب أسود (M) (thaqab 'aswad)
satélite	الأقمار الصناعية (F) (al'aqmar alsinaeia)
estação espacial	محطة فضاء (F) (mahatat fada')
vaivém espacial	مركبة فضائية (F) (markabat fadayiya)
telescópio	تيليسكوب (M) (tylyskwb)

Terra (1)

equador	خط الاستواء (M) (khati alaistiwa')
Polo Norte	القطب الشمالي (M) (alqutb alshamaliu)
Polo Sul	القطب الجنوبي (M) (alqutb aljanubiu)
trópicos	المدارية (F) (almadaria)
hemisfério norte	نصف الكرة الشمالي (M) (nsf alkurat alshamaliu)
hemisfério sul	نصف الكرة الجنوبي (M) (nsf alkurat aljanubiu)
longitude	خط الطول (M) (khat altawl)
latitude	خط العرض (M) (khat aleard)

Oceano Pacífico	المحيط الهادي (M)	(almuhit alhadiu)
Oceano Atlântico	المحيط الأطلسي (M)	(almuhit al'atlasiu)
Mar Mediterrâneo	البحر الأبيض المتوسط (M)	(albahr al'abyad almutawasit)
Mar Negro	البحر الأسود (M)	(albahr al'aswad)
Saara	الصحراء الكبرى (F)	(alsahra' alkibriu)
Himalaias	الهيمالايا (M)	(alhimalaya)
Oceano Índico	المحيط الهندي (M)	(almuhit alhindiu)
Mar Vermelho	البحر الأحمر (M)	(albahr al'ahmar)
Amazónia	الأمازون (M)	(al'amazun)
Andes	الانديز (M)	(alandiz)
continente	قارة (F)	(qara)

Terra (2)

mar	بحر (M)	(bahr)
ilha	جزيرة (F)	(jazira)
montanha	جبل (M)	(jabal)
rio	نهر (M)	(nahr)
floresta	غابة (F)	(ghaba)
deserto	صحراء (F)	(sahra')
lago	بحيرة (F)	(buhayra)
vulcão	بركان (M)	(barkan)
caverna	كهف (M)	(kahf)
polo	قطب (M)	(qatab)
oceano	محيط (M)	(muhit)
península	شبه جزيرة (F)	(shbh jazira)
atmosfera	غلاف جوي (M)	(ghalaf jawiyun)
crosta terrestre	القشرة الأرضية (F)	(alqishrat al'ardia)
núcleo da Terra	باطن أرض (M)	(batin 'ard)
cordilheira	سلسلة جبال (F)	(silsilat jibal)
cratera	فوهة بركان (F)	(fawhat burkan)

terramoto	زلزال (zilzal) (M)
tsunami	موجة عاليه (mawjat ealyh) (F)
glaciar	نهر الجليد (nahr aljalid) (M)
vale	وادي (wadi) (M)
encosta	منحدر (munhadar) (M)
beira	شاطئ (shati) (M)
cascata	شلال (shallal) (M)
rocha	صخرة (sakhra) (F)
monte	تل (tal) (M)
desfiladeiro	واد ضيق (wad dayq) (M)
pântano	مستنقع (mustanqae) (M)
floresta tropical	غابة استوائية (ghabatan aistiwayiya) (F)
riacho	مجرى (majraa) (M)
géiser	نبع ماء حار (nbe ma' harin) (M)
costa	ساحل (sahil) (M)
penhasco	جرف (jurf) (M)
recife de coral	شعاب مرجانية (shaeab marjania) (F)
aurora	شفق قطبي (shafq qatabiun) (M)

Meteorologia

chuva	مطر (mtr) (M)
neve	ثلج (thalaj) (M)
gelo	جليد (jalid) (M)
vento	رياح (riah) (F)
tempestade	عاصفة (easifa) (F)
nuvem	سحابة (sahaba) (F)
trovoada	عاصفة رعدية (easifat raedia) (F)
raio (tempo)	برق (bariq) (M)
trovão	رعد (red) (M)
luz do sol	أشعة الشمس ('ashieat alshams) (F)

furacão	(ʼiiesar) إعصار (M)	
tufão	(ʼiiesar) إعصار (M)	
temperatura	(darajat alharara) درجة الحرارة (F)	
humidade	(ratuba) رطوبة (F)	
pressão atmosférica	(daght jawiyin) ضغط جوي (M)	
arco-íris	(qus qazah) قوس قزح (M)	
nevoeiro	(dabab) ضباب (M)	
inundação	(fayudan) فيضان (M)	
monção	(rih musmia) ريح موسمية (F)	
tornado	(ʼiiesar) إعصار (M)	
centígrados	(darajat muywia) درجة مئوية	
Fahrenheit	(fahrnihayt) فهرنهايت	
-2 °C	(naqis darajatayn muywiatan) ناقص درجتين مئوية	
0 °C	(sifr darajat muywia) صفر درجة مئوية	
12 °C	(athnay eashar darajatan muywia) اثني عشر درجة مئوية	
-4 °F	(naqis arbe darajat fahrnihayt) ناقص أربع درجات فهرنهايت	
0 °F	(sifr darajat fahrnihayt) صفر درجة فهرنهايت	
30 °F	(thlathwn darajatan fahrnihayt) ثلاثون درجة فهرنهايت	

Árvores

árvore	(shajara) شجرة (F)
tronco	(jidhe alshajara) جذع الشجرة (M)
raiz	(judhur) جذور (M)
folha	(waraqat shajaratan) ورقة شجرة (F)
ramo	(farae) فرع (M)
bambu (planta)	(khayazran) خيزران (M)
carvalho	(bilut) بلوط (M)
eucalipto	(ʼawakalbtus) أوكالبتوس (M)
pinheiro	(sanubir) صنوبر (M)
bétula	(batualaan) بتولا (M)

lariço	أرزية (M) ('arzia)
faia	الزان (M) (alzan)
palmeira	نخيل (M) (nakhil)
ácer	قيقب (M) (qayaqib)
salgueiro	صفصاف (M) (safasaf)

Plantas

flor	زهرة (F) (zahra)
relva	عشب (M) (eashab)
cacto	صبار (M) (sabaar)
caule	ساق نبات (M) (saq naba'at)
florescer	زهر (M) (zahr)
semente	بذرة (F) (bidhara)
pétala	البتلة (F) (albitla)
néctar	رحيق (M) (rahiq)
girassol	عباد الشمس (M) (eibad alshams)
tulipa	الخزامى (M) (alkhazamaa)
rosa	وردة (F) (warda)
narciso	النرجس البري (M) (alnarjus albariyu)
dente-de-leão	الهندباء (M) (alhundba')
ranúnculo	الحوذان (M) (alhawdhan)
cana	قصب (M) (qasab)
feto	سرخس (M) (sarkhas)
erva daninha	عشبة ضارة (F) (eshbt dara)
arbusto	شجيرة (F) (shajira)
acácia	السنط (M) (alsint)
margaridinha	أقحوان (M) ('aqhawan)
íris	سوسن (M) (susin)
gladíolo	الزنبق (M) (alzanabuq)
trevo	البرسيم (M) (albirsim)

alga   عشب بحري (eshb bahriin) (M)

Química

gás	غاز (ghaz) (M)
líquido	سائل (sayil) (M)
sólido	صلب (sulb) (M)
átomo	ذرة (dhara) (F)
metal	فلز (falaz) (M)
plástico	بلاستيك (bilastik) (M)
número atómico	عدد ذري (eadad dhuri) (M)
eletrão	إلكترون ('iilaktarun) (M)
neutrão	نيوترون (nayutirun) (M)
protão	بروتون (barutun) (M)
não-metal	لا فلز (la falz) (M)
semimetal	شبه فلز (shbh falaz) (M)
isótopo	النظائر (alnazayir) (F)
molécula	جزيء (jazi') (M)
ião	أيون ('ayuwn) (M)
reação química	تفاعل كيميائي (tafaeul kimiayiyun) (M)
composto químico	مركب كيميائي (markab kimiayiy) (M)
estrutura química	التركيب الكيميائي (altarkib alkimiayiyu) (M)
tabela periódica	الجدول الدوري (aljadwal aldawriu) (M)
dióxido de carbono	ثاني أكسيد الكربون (thani 'uksid alkarbun) (M)
monóxido de carbono	أول أكسيد الكربون ('awal 'uksid alkarbun) (M)
metano	ميثان (maythan) (M)

Tabela Periódica (1)

hidrogénio	هيدروجين (hydrwjyn) (M)
hélio	هيليوم (hylyum) (M)
lítio	ليثيوم (lythyum) (M)

berílio	بيريليوم (birilium) (M)
boro	بورون (burun) (M)
carbono	كربون (karabun) (M)
nitrogénio	نيتروجين (nytrwjyn) (M)
oxigénio	أكسجين ('aksajin) (M)
flúor	فلور (falur) (M)
néon	نيون (niun) (M)
sódio	صوديوم (sudium) (M)
magnésio	ماجنسيوم (majnsywm) (M)
alumínio	ألومنيوم ('alumanyum) (M)
silício	سيليكون (sayulikun) (M)
fósforo	فوسفور (fawsafur) (M)
enxofre	كبريت (kubrit) (M)
cloro	كلور (kalur) (M)
árgon	الأرجون (al'arjun) (M)
potássio	بوتاسيوم (butasium) (M)
cálcio	كالسيوم (kalsyum) (M)
escândio	سكانديوم (skandyum) (M)
titânio	تيتانيوم (tytanyum) (M)
vanádio	فاناديوم (fanadyum) (M)
crómio	كروم (kurum) (M)
manganês	منجنيز (munjaniz) (M)
ferro	حديد (hadid) (M)
cobalto	كوبالت (kubalt) (M)
níquel	نيكل (naykl) (M)
cobre	نحاس (nahas) (M)
zinco	زنك (zink) (M)
gálio	الغاليوم (alghalyum) (M)
germânio	جرمانيوم (jarmanium) (M)
arsénio	زرنيخ (zrnikh) (M)

selénio	السيلينيوم (M) (alsiyliniyum)
bromo	بروم (M) (barum)
crípton	كريبتون (M) (karaybitun)
rubídio	روبيديوم (M) (rwbydium)
estrôncio	سترونشيوم (M) (strunshyum)
ítrio	إتريوم (M) ('iitrium)
zircónio	الزركونيوم (M) (alzarkunium)

Tabela Periódica (2)

nióbio	نيوبيوم (M) (nayubium)
molibdénio	موليبدينوم (M) (mwlybdinum)
tecnécio	تكنيتيوم (M) (tknitium)
ruténio	روثينيوم (M) (rwthynyum)
ródio	روديوم (M) (rudium)
paládio	بلاديوم (M) (baladyum)
prata	فضة (F) (fida)
cádmio	كادميوم (M) (kadmyum)
índio	إنديوم (M) ('iindyum)
estanho	قصدير (M) (qasdayr)
antimónio	أنتيمون (M) ('antimun)
telúrio	تيلوريوم (M) (tylurium)
iodo	يود (M) (yawadu)
xenónio	زينون (M) (zinun)
césio	سيزيوم (M) (sayazyum)
bário	باريوم (M) (baryum)
lantânio	لانثانوم (M) (lanthanum)
cério	سيريوم (M) (syrium)
praseodímio	براسيوديميوم (M) (brasiwdimiwm)
neodímio	نيوديميوم (M) (nywdymywm)
promécio	برومیثیوم (M) (brwmythywm)

samário	ساماريوم (samaryum) (M)
európio	يوروبيوم (yurubium) (M)
gadolínio	غادولينيوم (ghadulinyum) (M)
térbio	تربيوم (tarbium) (M)
disprósio	ديسبروسيوم (dysbrwsywm) (M)
hólmio	هولميوم (hulmywm) (M)
érbio	إربيوم ('iirbium) (M)
túlio	ثوليوم (thuluyum) (M)
itérbio	إتيربيوم ('iityrbium) (M)
lutécio	لوتيتيوم (lutytiwm) (M)
háfnio	هفنيوم (hafnyum) (M)
tântalo	تتتالوم (tantalum) (M)
tungsténio	تنجستين (tanjsitin) (M)
rénio	رينيوم (rynyum) (M)
ósmio	أوزميوم ('awzmium) (M)
Irídio	إيريديوم ('iiridium) (M)
platina	بلاتين (balatin) (M)
ouro	ذهب (dhahab) (M)
mercúrio	زئبق (zaybaq) (M)

Tabela Periódica (3)

tálio	ثاليوم (thalyum) (M)
chumbo	رصاص (rasas) (M)
bismuto	بزموت (bazamut) (M)
polónio	بولونيوم (bulunium) (M)
ástato	أستاتين ('astatin) (M)
rádon	رادون (radun) (M)
frâncio	فرانسيوم (faransium) (M)
rádio	راديوم (radyum) (M)
actínio	أكتينيوم ('aktinium) (M)

tório	ثوريوم (thurium) (M)
protactínio	بروتكتينيوم (brwtktynyum) (M)
urânio	يورانيوم (yuranium) (M)
neptúnio	نبتونيوم (nbtwnywm) (M)
plutónio	بلوتونيوم (balutunium) (M)
amerício	أمريسيوم ('amrisium) (M)
cúrio	كوريوم (kurium) (M)
berquélio	بركيليوم (barkilium) (M)
califórnio	كاليفورنيوم (kalyfurnium) (M)
einsténio	آينشتاينيوم (ayanshtaynyawm) (M)
férmio	فرميوم (farmyum) (M)
mendelévio	مندليفيوم (mndlifium) (M)
nobélio	نوبليوم (nwblywm) (M)
laurêncio	لورنسيوم (lurnsywm) (M)
rutherfórdio	رذرفورديوم (rdhrfwrdywm) (M)
dúbnio	دبنيوم (dabanyum) (M)
seabórgio	سيبورجيوم (sybwrjyum) (M)
bóhrio	بوريوم (buryum) (M)
hássio	هاسيوم (hasium) (M)
meitnério	مايتنريوم (maytnrywm) (M)
darmstácio	دارمشتاتيوم (darmshtatyum) (M)
roentgénio	روينتجينيوم (rwyntjynywm) (M)
copernício	كوبرنيسيوم (kwbrnysium) (M)
unúntrio	أنون تريوم ('anun taryum) (M)
fleróvio	فليروفيوم (falirufium) (M)
ununpêntio	أنون بينتيوم ('anwn byntywm) (M)
livermório	ليفرموريوم (layfarmurium) (M)
ununséptio	أنون سبتيوم ('anun sabtyum) (M)
ununóctio	أنون أوكتيوم ('anawn 'uwktium) (M)

Roupas

Calçados

chinelos de praia	شبشب (M) (shbshb)
sapatos de salto alto	كعوب عالية (F) (kueub ealia)
ténis (calçado)	حذاء رياضي (M) (hidha' riadiin)
galochas	حذاء ولينغتون (M) (hidha' walyanghitun)
sandálias	صنادل (F) (sanadil)
sapatos de couro	أحذية جلدية (F) ('ahadhiat juldia)
salto	كعب (M) (kaeb)
sola	نعل (M) (nel)
atacador	رباط الحذاء (M) (ribat alhidha')
chinelos	شباشب (M) (shabashib)
chinelos de banho	شبشب حمام (M) (shbshb hamam)
chuteiras	أحذية كرة القدم (F) ('ahadhiat kurat alqadam)
patins	حذاء تزلج (M) (hidha' tazluj)
botas de alpinismo	حذاء المشي لمسافات طويلة (M) (hidha' almashii limasafat tawila)
sapatilhas de meia ponta	حذاء الباليه (M) (hidha' albalih)
sapatos de dança	احذية الرقص (F) (ahdhit alraqs)

Roupas

t-shirt	تي شيرت (M) (ty shayirat)
calções	سروال قصير (M) (sirwal qasir)
calças	سروال (M) (sirwal)
calças de ganga	جينز (M) (jinz)
suéter	سترة (F) (satra)
camisa	قميص (M) (qamis)
fato	بدلة (F) (badala)
vestido	فستان (M) (fusatan)
saia	تنورة (F) (tanwra)

sobretudo	معطف (M)	(maetif)
anoraque	معطف مشمع مع قبعة (M)	(maetif mushmae mae qabea)
casaco	جاكيت (M)	(jakiat)
perneiras	سروال ضيق (M)	(sirwal dayq)
calças de treino	بنطال رياضة (M)	(binital riada)
fato de treino	بدلة رياضية (F)	(badlat riadia)
polo	قميص بولو (M)	(qamis bulu)
camisola	القميص (M)	(alqamis)
fralda	حفاضات الأطفال (F)	(hafadat al'atfal)
vestido de noiva	فستان زفاف (M)	(fustan zifaf)
roupão de banho	رداء الحمام (M)	(rada' alhamam)
casaco de malha	سترة من صوف محبوك (F)	(sitarat min sawf mahabuk)
blazer	بليزر (M)	(balayzr)
gabardine	معطف واق من المطر (M)	(maetif waq min almatar)
vestido de noite	فستان سهرة (M)	(fistan sahratan)
fato de esqui	بدلة تزلج (F)	(badalat tazlij)
fato espacial	بدلة فضاء (F)	(badalat fada')

Roupa Interior

sutiã	حمالة صدر (F)	(hamaalat sadar)
tanga	ثونغ (M)	(thungh)
cuecas	اللباس الداخلي (M)	(allibas alddakhiliu)
boxers	السراويل الداخلية (F)	(alsarawil alddakhilia)
camisola interior	قميص داخلي (M)	(qamis dakhiliun)
meia	جورب (M)	(jurib)
meia-calça	جوارب طويلة (F)	(jawarib tawila)
meia	جورب (M)	(jurib)
roupa interior térmica	الملابس الداخلية الحرارية (F)	(almalabis alddakhiliat alhararia)
pijama	بيجاما (F)	(bijama)

soutien de desporto	حمالة صدر رياضية (F) (hamaalat sadar riadia)
négligé	عباءة (F) (eaba'atan)
pequeno vestido preto	فستان أسود قصير (M) (fustan 'aswad qasir)
camisa de noite	ثوب النوم (M) (thwb alnuwm)
lingerie	ملابس نساء داخلية (F) (mulabis nisa' dakhilia)

Acessórios

óculos	نظارات (F) (nizarat)
óculos escuros	نظارة شمس (F) (nizarat shams)
guarda-chuva	مظلة (F) (mizala)
anel	خاتم (M) (khatam)
brinco	قرط (M) (qart)
carteira	محفظة (F) (muhfaza)
relógio de pulso	ساعة (F) (saea)
cinto	حزام (M) (hizam)
mala de mão	حقيبة يد (F) (haqibat yd)
luva	قفاز (M) (qafaz)
cachecol	وشاح (M) (washah)
chapéu	قبعة (F) (qabea)
colar	قلادة (F) (qilada)
mala	محفظة نسائية (F) (muhafazat nisayiya)
gorro	قبعة منسوجة (F) (qabeatan mansuijatan)
gravata	ربطة عنق (F) (rabtat eanq)
laço	ربطة عنق القوس (F) (rabtat eunq alqaws)
chapéu de basebol	قبعة البيسبول (F) (qibeat albayasbul)
alfinete de peito	بروش (M) (burush)
bracelete	سوار (M) (sawar)
colar de pérolas	عقد من اللؤلؤ (M) (eaqad min alluwlu)
pasta	حقيبة (F) (haqiba)
lente de contacto	عدسات لاصقة (F) (eadasat lasiqa)

chapéu de sol	قبعة شمس (F) (qabeat shams)
máscara de dormir	قناع النوم (M) (qunae alnuwm)
protetor auricular	سدادة أذن (F) (sadadat 'adhin)
tatuagem	وشم (M) (washama)
babete	مريلة (F) (marila)
touca de banho	قبعة استحمام (F) (qibeat astahmam)
medalha	ميدالية (F) (midalia)
coroa	تاج (M) (taj)

Desporto

capacete	خوذة (F) (khawdha)
luva de boxe	قفاز الملاكمة (M) (qafaz almulakama)
barbatana	زعنفة (F) (zaenifa)
calções de banho	سروال سباحة (M) (sirwal sibaha)
biquíni	بيكيني (M) (baykini)
fato de banho	ملابس سباحة (F) (mulabis sibaha)
caneleira	شين الحرس (M) (shin alharas)
fita para transpiração	عصابة الرأس (F) (easabat alraas)
óculos de natação	نظارات سباحة (F) (nizarat sibaha)
touca de natação	قبعة السباحة (F) (qibeat alsabbaha)
fato de mergulho	بدلة الغوص (F) (badlat alghaws)
máscara de mergulho	قناع الغوص (M) (qunae alghaws)

Penteado

encaracolado	مجعد (M) (majead)
liso	مفرود (M) (mafrud)
careca	أصلع الرأس (M) ('aslae alraas)
loiro	أشقر (M) ('ashqur)
moreno	أسمر (M) ('asmar)
ruivo	أحمر الشعر (M) ('ahmar alshaer)

elástico de cabelo	ربطة شعر (F) (ribtat shaear)
gancho de cabelo	مشبك شعر (M) (mushbik shaear)
rasta	ضفائر (F) (dafayir)
alisador de cabelo	مكواة الشعر (F) (makawat alshaer)
caspas	قشرة الرأس (F) (qashrat alraas)
pintado	مصبوغ (M) (masbugh)
peruca	شعر مستعار (M) (shaear mustaear)
rabo de cavalo	ذيل حصان (M) (dhil hisan)

Outros

botão	زر (M) (zur)
fecho	سستة (F) (sasta)
bolso	جيب (M) (jayb)
manga (roupa)	كم (M) (kam)
colarinho	ياقة (F) (yaqa)
fita métrica	شريط القياس (M) (sharit alqias)
manequim	مانيكان (M) (manikan)
algodão	قطن (M) (qatn)
tecido	قماش (M) (qamash)
seda	حرير (M) (harir)
nylon	نايلون (M) (nayilun)
poliéster	بوليستر (M) (bulistir)
lã	صوف (M) (suf)
tamanho	مقاس الفستان (M) (maqas alfisatan)
vestiário	غرفة تبديل الملابس (F) (ghurfat tabdil almalabis)

Produtos de Higiene Pessoal

Mulheres

perfume	عطر (M) (eatar)
tampão	سدادة قطنية (F) (siddadat qatnia)
penso higiénico	بطانة اللباس الداخلي (F) (bitanat allibas alddakhilii)
máscara facial	قناع الوجه (M) (qunae alwajh)
penso higiénico	فوطة صحية (F) (fawtat sihiya)
ferro para caracóis	مكواة التجعيد (F) (mukawat altajeid)
creme antirrugas	كريم ضد التجاعيد (M) (karim didi altajaeid)
pedicure	عناية الأقدام (F) (einayat al'aqdam)
manicura	عناية الأظافر (F) (einayat al'azafir)

Homens

máquina de barbear com lâmina	موس الحلاقة (M) (mus alhalaqa)
espuma de barbear	معجون الحلاقة (M) (maejun alhalaqa)
máquina de barbear elétrica	ماكينة حلاقة (F) (makint halaqa)
preservativo	واقي ذكري (M) (waqi dhikri)
gel de duche	جل الاستحمام (M) (jla alaistihmam)
corta-unhas	قلامة الأظافر (F) (qalamat al'azafir)
aftershave	بعد الحلاقة (M) (baed alhalaqa)
lubrificante	زيت تشحيم (M) (zayt tashhim)
gel de cabelo	جل شعر (M) (jla shaear)
tesoura para unhas	مقص الأظافر (M) (maqasu al'azafir)
batom protetor	مرطب شفاه (M) (martib shaffah)
lâmina	شفرة حلاقة (F) (shifrat halaqa)

Uso Diário

escova de dentes	فرشاة أسنان (F) (farashat 'asnan)
pasta de dentes	معجون أسنان (M) (maejun 'asnan)
pente	مشط (M) (mishat)

lenço	مناديل (F) (manadil)
creme	كريم (M) (karim)
champô	شامبو (M) (shambu)
escova	فرشاة (F) (farasha)
loção corporal	غسول الجسم (M) (ghusul aljism)
creme facial	كريم الوجه (M) (karim alwajh)
protetor solar	واقي شمس (M) (waqi shams)
repelente de insetos	طارد الحشرات (M) (tarid alhasharat)

Cosméticos

batom	أحمر شفاه (M) ('ahmar shaffah)
rímel	ماسكرا (M) (masikra)
verniz de unhas	طلاء الأظافر (M) (tala' al'azafir)
base	كريم أساس (M) (karim 'asas)
lima de unhas	مبرد الاظافر (M) (mubrid alazafr)
sombra de olho	ظل العين (M) (zil aleayn)
delineador	محدد عيون (M) (muhadad euyun)
lápis de preenchimento	قلم حواجب (M) (qalam hawajib)
tónico facial	مرطب الوجه (M) (martib alwajh)
removedor de verniz	مزيل طلاء الاظافر (M) (mazil tala' alazafr)
pinça	ملاقيط (M) (malaqit)
brilho labial	ملمع شفاه (M) (malmie shaffah)
corretor	خافي العيوب (M) (khafi aleuyub)
pó compacto	بودرة الوجه (F) (budrat alwajh)
esponja para pó compacto	اسفنجة مكياج الوجه (F) (aisfinajat mikyaj alwajh)

Cidade

Compras

conta	فاتورة (F) (fatura)
caixa (dinheiro)	ماكينة تسجيل النقدية (F) (makinat tasjil alnaqdia)
cesto	سلة (F) (sala)
mercado	سوق (M) (suq)
supermercado	سوبر ماركت (M) (subar marikat)
farmácia	صيدلية (F) (sayadlia)
loja de mobília	محل أثاث (M) (mahalun 'athath)
loja de brinquedos	محل لعب (M) (mahala laeib)
centro comercial	مركز تسوق (M) (markaz tswq)
loja de artigos de desporto	محل رياضي (M) (mahalun riadiun)
peixaria	سوق سمك (M) (suq samak)
frutaria	فكهاني (M) (fakihani)
livraria	محل كتب (M) (mahalun kutib)
loja de animais	محل حيوانات (M) (mahalu hayawanat)
loja de usados	محل لبيع البضائع المستعملة (M) (mahalun libaye albadayie almustaemala)
área de pedestres	منطقة مشاة (F) (mintaqat musha)
praça	ميدان (M) (midan)
carrinho de compras	عربة مشتريات (F) (earabat mushtarayat)
código de barras	رمز شريطي (M) (ramz sharitiun)
pechincha	صفقة (F) (safqa)
cesto de compras	سلة التسوق (F) (salat altasawuq)
garantia	ضمان (M) (daman)
leitor de código de barras	قارئ الباركود (M) (qari albarkud)

Edifícios

casa (edifício)	منزل (M) (manzil)
apartamento	شقة (F) (shaqa)

109

arranha-céu	ناطحة سحاب (F) (natihat sahab)
hospital	مستشفي (M) (mustashfi)
quinta	مزرعة (F) (mazraea)
fábrica	مصنع (M) (masnae)
jardim de infância	روضة أطفال (F) (rawdat 'atfal)
escola	مدرسة (F) (madrasa)
universidade	جامعة (F) (jamiea)
estação de correios	مكتب البريد (M) (maktab albarid)
câmara municipal	مبنى البلدية (M) (mabnaa albaladia)
armazém	مستودع (M) (mustawdae)
igreja	كنيسة (F) (kanisa)
mesquita	مسجد (M) (masjid)
templo	معبد (M) (maebad)
sinagoga	الكنيس اليهودي (M) (alkanis alyahudiu)
embaixada	سفارة (F) (sifara)
catedral	كاتدرائية (F) (katdrayiya)
ruína	خراب (M) (kharaab)
castelo	قلعة (F) (qalea)

Lazer

bar	حانة (F) (hana)
restaurante	مطعم (M) (mateam)
ginásio	نادي رياضي (M) (nadi riadiin)
parque	حديقة (F) (hadiqa)
banco	مقعد (M) (maqead)
fonte	نافورة (F) (nafura)
campo de ténis	ملعب تنس (M) (maleab tans)
piscina (edifício)	حمام سباحة (M) (hamam sibaha)
estádio de futebol	ستاد كرة قدم (M) (satad kurat qadam)
campo de golfe	ملعب جولف (M) (maleab julf)

região de esqui	منطقة تزلج (M) (mintaqat tazlij)
jardim botânico	حديقة النباتية (F) (hadiqat alnabatia)
pista de gelo	حلبة تزحلق (F) (halbat tazhalaq)
discoteca	ملهي ليلي (M) (malhi layliin)

Turismo

museu	متحف (M) (mathaf)
casino	كازينو (M) (kazynu)
informação turística	معلومات سياحية (F) (maelumat siahia)
casa de banho (WC)	مرحاض (M) (mirhad)
mapa	خريطة (F) (kharita)
lembrança	تذكار (M) (tadhkar)
esplanada	تنزه (M) (tanzah)
atração turística	جذب سياحي (M) (jadhab siahiun)
guia turístico	مرشد سياحي (M) (murshid siahiun)
monumento	نصب تذكاري (M) (nusb tidhkari)
parque nacional	حديقة وطنية (F) (hadiqatan watania)
galeria de arte	معرض فنون (M) (maerid funun)

Infraestrutura

beco	زقاق (M) (zaqaq)
tampa de esgoto	غطاء فتحة (M) (ghita' fatha)
barragem	سد (M) (sadi)
linha elétrica	خط كهرباء (M) (khata kahraba')
estação de tratamento de águas residuais	محطة الصرف الصحي (F) (mahatat alsirf alsihiyi)
avenida	شارع (M) (sharie)
central hidroelétrica	محطة كهرمائية (F) (mahatat kahramayiya)
central nuclear	محطة طاقة نووية (F) (mahatat taqat nawawia)
parque eólico	مزرعة الرياح (F) (mazraeat alriyah)

Construção

martelo	مطرقة (F) (matraqa)
prego	مسمار (M) (musmar)
tenaz	كماشة (F) (kamasha)
chave de fendas	مفك براغي (M) (mafk baraghi)
berbequim	مثقب (M) (muthaqab)
fita métrica	شريط القياس (M) (sharit alqias)
tijolo	طوب (M) (tub)
espátula	سكين معجون (M) (sikin maejun)
andaime	سقالة (F) (saqala)
nível de bolha	ميزان تسوية (M) (mizan taswia)
faca utilitária	سكينة (F) (sakina)
chave de parafusos	مفتاح إنجليزي (M) (miftah 'iinjliziun)
lima	مبرد (M) (mubrid)
plaina	المسحج (M) (almasahaj)
óculos de segurança	نظارات حماية (F) (nizarat himaya)
arame	سلك (M) (silk)
serrote	منشار يدوي (M) (minshar ydwy)
fita isoladora	شريط عازل (M) (sharit eazil)
cimento	أسمنت (M) ('asmant)
rolo de tinta	التحبير الدوارة (M) (altahbir aldawwara)
tinta	طلاء (M) (tala')
palete	منصة نقالة (F) (minasat naqala)
betoneira	خلاط اسمنت (M) (khilat 'asmant)
viga de aço	الدعامات الفولاذية (F) (aldaeamat alfawladhia)
telha	قرميدة (F) (qarmida)
viga de madeira	حزمة خشب (F) (hazmat khashab)
betão	خرسانة (F) (kharsana)
asfalto	أسفلت (M) ('usfilat)
alcatrão	قطران (M) (qatiran)

grua	رافعة (F) (raafiea)
aço	صلب (M) (sulb)
verniz	ورنيش (M) (waranish)

Crianças

escorrega	زلاقة (F) (zalaqa)
baloiço	أرجوحة (F) ('arjuha)
parque infantil	ملعب (M) (maleab)
jardim zoológico	حديقة حيوان (F) (hadiqat hayawan)
montanha russa	أفعوانية (F) ('afiewania)
escorrega aquático	زلاجة مائية (F) (zilajat mayiya)
caixa de areia	صندوق رمل (M) (sunduq ramal)
feira popular	مدينة المعارض (F) (madinat almuearid)
parque temático	مدينة ترفيهية (F) (madinat tarfihia)
parque aquático	متنزه مائي (M) (mutanazuh mayiy)
aquário	حوض سمك (M) (hawd samak)
carrossel	دوامة الخيل (F) (dawwamat alkhayl)

Ambulância

ambulância	سياره اسعاف (F) (sayaruh 'iiseaf)
polícia (esquadra)	شرطة (F) (shurta)
bombeiros	رجال الاطفاء (M) (rijal al'iitfa')
capacete	خوذة (F) (khawdha)
extintor	طفاية حريق (F) (tifayat hariq)
incêndio	حريق (M) (hariq)
saída de emergência (edifício)	مخرج الطوارئ (M) (mukhrij altawari)
algemas	أصفاد (F) ('asfad)
arma	بندقية (F) (bunduqia)
esquadra	مركز شرطة (M) (markaz shurta)
boca-de-incêndio	صنبور مياه حريق (M) (sanbur miah hariq)

alarme de incêndio	إنذار حريق (M) ('iindhar hariq)
estação de bombeiros	محطة إطفاء (F) (mahatat 'iitfa')
camião dos bombeiros	سيارة إطفاء (F) (sayarat 'iitfa')
sirene	صفارة إنذار (F) (safarat 'iindhar)
luz de aviso	ضوء تحذير (M) (daw' tahdhir)
carro da polícia	سيارة شرطة (F) (sayarat shurta)
uniforme	زى موحد (M) (zaa muahad)
bastão	هراوة (F) (hirawa)

Mais

aldeia	قرية (F) (qry)
subúrbio	ضاحية (F) (dahia)
estado	ولاية (F) (wilaya)
colónia	مستعمرة (F) (mustaemara)
região	منطقة (F) (mintaqa)
distrito	مقاطعة (F) (muqataea)
território	إقليم (M) ('iiqlim)
província	مقاطعة (F) (muqataea)
país	بلد (M) (balad)
capital	عاصمة (F) (easima)
metrópole	مدينة (F) (madina)
zona comercial	منطقة الأعمال المركزية (F) (mintaqat al'aemal almarkazia)
zona industrial	منطقة صناعية (F) (mintaqat sinaeia)

Saúde

Hospital

paciente	مريض (M) (marid)
visitante	زائر (M) (zayir)
cirurgia	جراحة (F) (jiraha)
sala de espera	غرفة إنتظار (F) (ghurfat 'iintzar)
ambulatório	العيادات الخارجية (F) (aleiadat alkharijia)
clínica	عيادة (F) (eiada)
horário de visita	ساعات الزيارة (F) (saeat alziyara)
unidade de cuidados intensivos	عناية مركزة (F) (einayat markaza)
emergências	غرفة الطوارئ (F) (ghurfat altawari)
marcação	موعد (M) (maweid)
sala de operações	غرفة عمليات (F) (ghurfat eamaliat)
refeitório	مقصف (M) (muqsaf)

Medicina

comprimido	حبة دواء (F) (habat diwa')
cápsula	كبسولة (F) (kabsula)
infusão	علاج عن طريق الوريد (M) (eilaj ean tariq alwarid)
inalador	المستنشق (M) (almustanshaq)
vaporizador nasal	رذاذ الأنف (M) (radhadh al'anf)
analgésico	مسكن للألم (M) (maskan lil'alam)
medicina Chinesa	الطب الصيني (M) (altibu alsiyniu)
antibiótico	مضادات حيوية (F) (mdadat hayawia)
antisséptico	مطهر (M) (mutahir)
vitamina	فيتامين (M) (fitamin)
pó	مسحوق (M) (mashuq)
insulina	أنسولين (M) ('ansulin)
efeito secundário	الآثار الجانبية (F) (alathar aljanibia)

xarope para a tosse	شراب السعال (M) (sharab alsaeal)
dose	جرعة (F) (jurea)
data de validade	تاريخ انتهاء الصلاحية (M) (tarikh aintiha' alsalahia)
comprimido para dormir	حبوب منومة (F) (hubub munawama)
aspirina	أسبرين (M) ('asbarin)

Doença

vírus	فيروس (M) (fayrus)
bactéria	جرثوم (M) (jarthum)
gripe	أنفلونزا (F) (anflwnza)
diarreia	إسهال (M) ('iishal)
ataque cardíaco	نوبة قلبية (F) (nwbt qalbia)
asma	الربو (M) (alrabuu)
erupção cutânea	طفح جلدي (M) (tafah jaladi)
varicela	جدري الماء (M) (jadri alma')
náusea	غثيان (M) (ghuthayan)
cancro	سرطان (M) (sartan)
AVC	السكتة الدماغية (F) (alsuktat aldamaghia)
diabetes	داء السكري (M) (da' alsukari)
epilepsia	صرع (M) (sarae)
sarampo	حصبة (F) (hasba)
papeira	إلتهاب الغدة النكفية (M) ('iiltahab alghidat alnakfia)
enxaqueca	صداع نصفي (M) (sudae nasfi)

Desconforto

tosse	سعال (M) (seal)
febre	حمى (M) (humaa)
dor de cabeça	صداع (M) (sudae)
dor de estômago	ألم المعدة (M) ('alam almueada)
queimadura de sol	حروق الشمس (F) (huruq alshams)

constipação	برد (M) (bard)
sangramento nasal	نزيف الأنف (M) (nazif al'anf)
cãibra	تشنج (M) (tashanaj)
eczema	الأكزيما (M) (al'akzima)
hipertensão	ضغط دم مرتفع (M) (daght dama murtafie)
infeção	عدوى (F) (eadwaa)
alergia	حساسية (F) (hisasia)
rinite alérgica	حمى القش (M) (humaa alqashi)
dor de garganta	إلتهاب الحلق (M) ('iiltahab alhalaq)
envenenamento	تسمم (M) (tusamim)
dor de dentes	وجع الاسنان (M) (wajae al'asnan)
cárie	تسوس الأسنان (M) (tsws al'asnan)
hemorroide	البواسير (F) (albawasir)

Ferramentas

agulha	إبرة (F) ('iibra)
seringa	محقنة (F) (muhqana)
ligadura	ضمادة (F) (damada)
emplastro	لزق طبي (M) (lizq tibiyun)
gesso	ضمادة جبس (F) (damadat jabs)
muleta	عكاز (M) (eukaaz)
cadeira de rodas	كرسي متحرك (M) (kursii mutaharik)
termómetro	حمى الحرارة (F) (humaa alharara)
aparelho dentário	مشبك أسنان (M) (mashbik 'asnan)
colar cervical	دعامة للعنق (F) (dieamat lileunq)
estetoscópio	سماعة الطبيب (F) (samaeat altabib)
tomógrafo	ماسح الصور المقطعية (M) (masih alsuwar almuqtaeia)
cateter	قسطرة (F) (qastara)
bisturi	مشرط (M) (mushrat)
respirador	جهاز تنفس (M) (jihaz tanafas)

teste sanguíneo	فحص دم (M) (fahas dama)
aparelho ultrassónico	جهاز الموجات فوق الصوتية (M) (jihaz almawajat fawq alsawtia)
raio X	صورة الأشعة السينية (F) (surat al'ashieat alsaynia)
prótese dental	تركيبات الأسنان (F) (tarkibat al'asnan)
obturação	حشو الأسنان (M) (hashu al'asnan)
vaporizador	رذاذ (M) (radhadh)
ressonância magnética	التصوير بالرنين المغناطيسي (M) (altaswir bialrinin almaghnatisii)

Acidente

lesão	جرح (M) (jurh)
acidente	حادث (M) (hadith)
ferida	جرح (M) (jurh)
pulso (ritmo)	نبض (M) (nabad)
fratura	كسر (M) (kasr)
hematoma	كدمة (F) (kadima)
queimadura	حرق (M) (harq)
mordida	عضة (F) (eda)
eletrocussão	صدمة كهربائية (F) (sadmat kahrabayiya)
sutura	خياطة الجروح (F) (khiatat aljuruh)
concussão	ارتجاج (M) (airtijaj)
lesão cerebral	إصابة بالرأس (F) ('iisabatan bialraas)
emergência	حالة طوارئ (F) (halat tawari)

Especialidades

cardiologia	طب القلب (M) (tb alqalb)
ortopedia	طب العظام (M) (tb aleizam)
ginecologia	طب النساء (M) (tb alnisa')
radiologia	علم الأشعة (M) (eulim al'ashiea)
dermatologia	طب الأمراض الجلدية (M) (tb al'amrad aljuldia)

pediatria	طب الأطفال (M) (tb al'atfal)
psiquiatria	طب النفس (M) (tb alnafs)
cirurgia	العملية الجراحية (F) (aleamaliat aljirahia)
urologia	طب الجهاز البولي (M) (tb aljihaz albuliu)
neurologia	علم الأعصاب (M) (eulim al'aesab)
endocrinologia	علم الغدد (M) (eulim alghadad)
patologia	علم الأمراض (M) (eulim al'amrad)
oncologia	علم الأورام (M) (eulim al'awram)

Tratamento

massagem	تدليك (M) (tadlik)
meditação	تأمل (M) (tamal)
acupuntura	الوخز بالإبر (M) (alwakhz bial'iibar)
fisioterapia	العلاج الطبيعي (M) (aleilaj altabieiu)
hipnose	التنويم المغناطيسى (M) (altanwim almughnatisaa)
homeopatia	معالجة مثلية (F) (muealajat mithlia)
aromaterapia	علاج عطري (M) (eilaj eatariun)
terapia de grupo	علاج جماعي (M) (eilaj jamaeiin)
psicoterapia	علاج نفسي (M) (eilaj nafsi)
feng shui	فنغ شوي (M) (fangh shwy)
hidroterapia	العلاج المائي (M) (aleilaj almayiy)
terapia comportamental	العلاج السلوكي (M) (aleilaj alsulukiu)
psicanálise	التحليل النفسي (M) (altahlil alnafsiu)
terapia familiar	العلاج الأسري (M) (aleilaj al'asriu)

Gravidez

pílula	حبوب منع الحمل (M) (hubub mane alhamal)
teste de gravidez	إختبار الحمل (M) ('iikhtbar alhamal)
feto	جنين (M) (jinin)
embrião	جنين (M) (jinin)

útero	رحم (M) (rahim)
parto	ولادة (F) (wilada)
aborto espontâneo	إجهاض (M) ('iijhad)
cesariana	قيصرية (F) (qayasria)
episiotomia	بضع الفرج (M) (bde alfaraj)

Negócio

Empresa

escritório	مكتب (M) (maktab)
sala de reuniões	قاعة اجتماعات (F) (qaeat aijtimaeat)
cartão de visita	بطاقة أعمال (F) (bitaqat 'aemal)
empregado	موظف (M) (muazaf)
empregador	صاحب العمل (M) (sahib aleamal)
colega	زميل (M) (zamil)
funcionários	موظفين (M) (muazafin)
salário	راتب (M) (ratib)
seguro (dinheiro)	تأمين (M) (tamin)
departamento	قسم (M) (qasam)
vendas	مبيعات (F) (mabieat)
marketing	تسويق (M) (taswiq)
contabilidade	محاسبة (F) (muhasaba)
departamento jurídico	القسم القانوني (M) (alqism alqanuniu)
recursos humanos	الموارد البشرية (F) (almawarid albasharia)
tecnologias de informação	تكنولوجيا المعلومات (F) (tiknulujia almaelumat)
stress	ضغط (M) (daght)
jantar de negócios	عشاء عمل (M) (easha' eamal)
viagem de negócios	رحلة عمل (F) (rihlat eamal)
imposto	ضريبة (F) (dariba)

Escritório

carta	رسالة (F) (risala)
envelope	ظرف (M) (zarf)
selo	طابع (M) (tabie)
endereço (edifício)	عنوان (M) (eunwan)
código postal	رمز بريدي (M) (ramz bridiun)

encomenda	طرد (M)	(tard)
fax	فاكس (M)	(fakis)
SMS	رسالة نصية (F)	(risalat nasia)
mensagem de voz	رسالة صوتية (F)	(risalat sawtia)
quadro de mensagens	لوحة الإعلانات (F)	(lawhat al'iielanat)
cavalete	سبورة (F)	(sabura)
projetor	جهاز عرض (M)	(jihaz earad)
carimbo	ختم مطاطي (M)	(khatam mattatiin)
prancheta	لوح مشبكي (M)	(lawh mushbikiin)
pasta (papéis)	مجلد (M)	(mujalad)
orador	محاضر (M)	(muhadir)
apresentação	عرض (M)	(eard)
nota (informação)	ملاحظة (F)	(mulahaza)

Empregos (1)

médico	طبيب (M)	(tabib)
polícia (pessoa)	شرطي (M)	(shurtiun)
bombeiro	رجال اطفاء (M)	(rijal 'iitfa')
enfermeira	ممرضة (F)	(mumarada)
piloto	طيار (M)	(tayar)
assistente de bordo	مضيفة (F)	(mudifa)
arquiteto	مهندس معماري (M)	(muhandis muemari)
executivo	مدير (M)	(mudir)
secretária (pessoa)	سكرتيرة (F)	(sikritira)
gerente	مدير عام (M)	(mudir eamin)
diretor	مدير (M)	(mudir)
diretor executivo	رئيس مجلس (M)	(rayiys majlis)
juiz	قاضي (M)	(qady)
assistente	مساعد (M)	(musaeid)
procurador	النائب العام (M)	(alnnayib aleamu)

advogado	محام (M)	(muham)
consultor	مستشار (M)	(mustashar)
contabilista	محاسب (M)	(muhasib)
corretor	سمسار البورصة (M)	(samasar albursa)
bibliotecário	أمين مكتبة (M)	('amin maktaba)
professor (escola)	مدرس (M)	(mudaris)
educadora de infância	معلمة روضة أطفال (F)	(maelamat rawdat 'atfal)
cientista	عالم (M)	(ealim)
professor (universidade)	أستاذ (M)	('ustadh)
físico	فيزيائي (M)	(fiziayiy)
programador	مبرمج (M)	(mubramaj)
político	سياسي (M)	(siasiun)
estagiário	متدرب (M)	(mutadarib)
capitão	قبطان (M)	(qubtan)
empresário	رائد أعمال (M)	(rayid 'aemal)
químico	كيميائي (M)	(kimiayiy)
dentista	طبيب أسنان (M)	(tbyb 'asnan)
quiroprático	المعالج اليدوي (M)	(almaealij alyadawii)
detetive	مخبر (M)	(mukhbir)
farmacêutico	صيدلي (M)	(sayadli)
veterinário	طبيب بيطري (M)	(tabib bytry)
parteira	ممرضة توليد (F)	(mumridat tawlid)
cirurgião	جراح (M)	(jirah)
médico	طبيب (M)	(tabib)
primeiro-ministro	رئيس الوزراء (M)	(rayiys alwuzara')
ministro	وزير (M)	(wazir)
presidente	رئيس (M)	(rayiys)

Empregos (2)

cozinheiro	طباخ (M)	(tabakh)

empregado de mesa	نادل (M)	(nadil)
barman	ساقي في حانة (M)	(saqi fi hana)
agricultor	مزارع (M)	(mazarie)
camionista	سائق شاحنة (M)	(sayiq shahina)
maquinista	سائق قطار (M)	(sayiq qitar)
cabeleireiro	مصفف شعر (M)	(musafif shaear)
talhante	جزار (M)	(jazar)
agente de viagens	وكيل سفر (M)	(wakil safar)
agente imobiliário	سمسار عقارات (M)	(samasar eaqarat)
joalheiro	بائع مجوهرات (M)	(bayie mujawaharat)
alfaiate	خياط (M)	(khiat)
caixa (pessoa)	أمين الصندوق (M)	('amin alsunduq)
carteiro	ساعي البريد (M)	(saei albarid)
rececionista	موظف استقبال (M)	(muazaf aistiqbal)
operário	بناء (M)	(bina')
carpinteiro	نجار (M)	(nujar)
eletricista	كهربائي (M)	(kahrabayiyun)
canalizador	سباك (M)	(sabak)
mecânico	ميكانيكي (M)	(mikaniki)
empregado da limpeza	منظف (M)	(munazaf)
jardineiro	بستاني (M)	(bustany)
pescador	صياد السمك (M)	(siad alsamak)
florista	بائع زهور (M)	(bayie zuhur)
assistente de loja	عامل بمتجر (M)	(eamil bimutjir)
optometrista	اخصائي بصريات (M)	('iikhsayiyu bsryat)
soldado	جندي (M)	(jundiin)
segurança	حارس أمن (M)	(haris 'amn)
motorista de autocarro	سائق حافلة (M)	(sayiq hafila)
taxista	سائق تاكسي (M)	(sayiq takisi)
cobrador	كمسري (M)	(kamisri)

aprendiz	مبتدئ (M) (mubtadi)
senhorio	مالك (M) (malik)
guarda-costas	حارس شخصي (M) (haris shakhsiun)

Empregos (3)

padre	قس (M) (qas)
freira	راهبة (F) (rahiba)
monge	راهب (M) (rahib)
fotógrafo	مصور (M) (musawir)
treinador	مدرب (M) (mudarib)
líder de claque	مشجعه (F) (mashajieh)
árbitro	حكم (M) (hukm)
repórter	مراسل (M) (murasil)
ator	ممثل (M) (mumathil)
músico	موسيقي (M) (musiqiun)
maestro	قائد الاوركسترا (M) (qayid alawrkstra)
cantor	مطرب (M) (matarab)
artista	فنان (M) (fannan)
designer	مصمم (M) (musamim)
modelo	عارض (M) (earid)
DJ	دي جي (M) (DJ)
guia turístico	مرشد سياحي (M) (murshid siahiun)
nadador salvador	منقذ (M) (munaqadh)
fisioterapeuta	أخصائي العلاج الطبيعي (M) ('akhisayiy aleilaj altabieii)
massagista	مدلك (M) (mudalik)
apresentador das notícias	مذيع (M) (madhie)
apresentador	مذيع (M) (madhie)
comentador	معلق (M) (muealaq)
operador de câmara	مصور (M) (musawir)
engenheiro	مهندس (M) (muhandis)

ladrão	لص (M) (las)
criminoso	مجرم (M) (majrim)
dançarino	راقص (M) (raqis)
jornalista	صحافي (M) (sahafiin)
prostituta	عاهرة (F) (eahira)
autor	مؤلف (M) (mualaf)
controlador de tráfego aéreo	مراقب الحركة الجوية (M) (muraqib alharakat aljawiya)
realizador	مخرج أفلام (M) (mukhrij 'aflam)
mufti	مفتي (M) (mufti)
rabino	حاخام (M) (hakham)

Tecnologia

correio eletrónico	بريد إلكتروني (M) (barid 'iiliktruniin)
telefone	هاتف (M) (hatif)
smartphone	هاتف ذكي (M) (hatif dhuki)
endereço de correio eletrónico	عنوان البريد الإلكتروني (M) (eunwan albarid al'iiliktrunii)
sítio eletrónico	موقع إلكتروني (M) (mawqie 'iiliktruni)
número de telefone	رقم هاتف (M) (raqm hatif)
ficheiro	ملف (M) (milaf)
pasta (computador)	مجلد (M) (mujalad)
app	تطبيق (M) (tatbiq)
portátil	كمبيوتر محمول (M) (kamibyutir mahmul)
ecrã	شاشة (F) (shasha)
impressora	طابعة (F) (tabiea)
digitalizador	ماسح ضوئي (M) (masih dawyiyun)
memória USB	فلاش يو اس بي (M) (falash yu 'iis bi)
disco rígido	قرص صلب (M) (qurs sulb)
unidade de processamento central (CPU)	وحدة المعالجة المركزية (F) (wahdat almuealajat almarkazia)
memória de acesso aleatório (RAM)	ذاكرة الوصول العشوائي (F) (dhakirat alwusul aleashwayiyi)

teclado (computador)	لوحة المفاتيح (F) (lawhat almafatih)
rato (computador)	فأره (F) (fa'arah)
auscultador	سماعة (F) (samaea)
telemóvel	هاتف محمول (M) (hatif mahmul)
webcam	كاميرا ويب (F) (kamira wib)
servidor	خادم (M) (khadim)
rede	شبكة (F) (shabaka)
navegador	متصفح (M) (mutasafih)
caixa do correio	صندوق الوارد (M) (sunduq alwarid)
endereço (internet)	رابط (M) (rabt)
ícone	أيقونة (F) ('ayquna)
barra de deslocamento	شريط التمرير (M) (sharit altamrir)
reciclagem	سلة المهملات (F) (salat almuhamalat)
conversação	دردشة (F) (durdsha)
rede social	وسائل التواصل الاجتماعي (F) (wasayil altawasul alaijtimaeii)
receção	استقبال (M) (aistiqbal)
base de dados	قاعدة بيانات (F) (qaeidat bayanat)

Direito

lei	قانون (M) (qanun)
multa	غرامة (F) (gharama)
prisão	سجن (M) (sijn)
tribunal	محكمة (F) (mahkama)
júri	هيئة المحلفين (F) (hayyat almuhalafin)
testemunha	شاهد (M) (shahid)
réu	مدعى عليه (M) (madeaa ealayh)
processo	قضية (F) (qadia)
prova	دليل (M) (dalil)
suspeito	مشتبه فيه (M) (mushtabih fih)

impressão digital	بصمة (F) (basima)
parágrafo	فقرة (F) (faqira)

Banco

dinheiro	مال (M) (mal)
moeda	عملة (F) (eamila)
nota (dinheiro)	ورقة نقدية (F) (waraqat naqdia)
cartão de crédito	بطاقة ائتمان (F) (bitaqat aitiman)
caixa automático	الصراف الآلي (M) (alsiraf alalia)
assinatura	توقيع (M) (tawqie)
dólar	دولار (M) (dular)
euro	يورو (M) (ywrw)
libra	جنيه (M) (junayh)
conta bancária	حساب مصرفي (M) (hisab masrifiun)
palavra-passe	كلمه السر (F) (kalamah alsiru)
número de conta	رقم الحساب (M) (raqm alhisab)
montante	مبلغ (M) (mablagh)
cheque	شيك (M) (shyk)
cliente	عميل (M) (eamil)
poupança	مدخرات (F) (mudakharat)
empréstimo	قرض (M) (qard)
juros	فائدة (F) (fayida)
transferência bancária	تحويل مصرفي (M) (tahwil masrifiun)
yuan	يوان (M) (yawan)
iene	ين (M) (yn)
coroa	كرون (M) (kurun)
dividendo	حصة أرباح (F) (hisat 'arbah)
ação	سهم (M) (sahm)
preço da ação	سعر سهم (M) (sier sahm)
bolsa de valores	بورصة (F) (bursa)

investimento	(M) استثمار (aistithmar)
portefólio	(F) محفظة (muhfaza)
lucro	(M) ربح (rbah)
perda	(F) خسارة (khasara)

Coisas

Desporto

bola de basquete	كرة السله (F) (kurat alsalih)
bola de futebol	كرة قدم (F) (kurat qadam)
golo	هدف (M) (hadaf)
raquete de ténis	مضرب تنس (M) (midrab tans)
bola de ténis	كرة تنس (F) (kurat tans)
rede	شبكة (F) (shabaka)
taça	كأس (M) (kas)
medalha	ميدالية (F) (midalia)
piscina (competição)	حمام سباحة (M) (hamam sibaha)
bola de futebol americano	كرة القدم الأمريكية (F) (kurat alqadam al'amrikia)
taco de basebol	مضرب (M) (midrab)
luva de basebol	قفاز بيسبول (M) (qafaz biyasbul)
medalha de ouro	ميدالية ذهبية (F) (midaliat dhahabia)
medalha de prata	ميدالية فضية (F) (midaliat fidiya)
medalha de bronze	ميدالية برونزية (F) (midaliat burunzia)
volante	لعبة الريشة (F) (luebat alraysha)
taco de golfe	مِجار (F) (mijar)
bola de golfe	كرة جولف (F) (kurat julf)
cronómetro	ساعة توقيف (F) (saeat tawqif)
trampolim	ترامبولين (M) (tarambulin)
ringue de boxe	حلقة الملاكمة (F) (halqat almulakama)
protetor bucal	واقي الأسنان (M) (waqi al'asnan)
prancha de surfe	لوح ركوب الأمواج (M) (lawh rukub al'amwaj)
esqui	تزلج (M) (tazlaj)
bastão de esqui	عصا التزلج (F) (easa altazaluj)
trenó	مزلجة (F) (mazlaja)
paraquedas	مظلة هبوط (F) (mizalat hubut)

taco de bilhar	عصا البلياردو (F)	(esa albilyaridu)
bola de bowling	كرة بولينج (F)	(kurat bualinij)
mesa de snooker	طاولة سنوكر (F)	(tawilat sanukir)
sela	سرج (M)	(saraj)
chicote	سوط (M)	(sawt)
taco de hóquei	عصا هوكي (F)	(easa huki)
cesto	سلة (F)	(sala)
recorde mundial	الرقم القياسي العالمي (M)	(alraqm alqiasiu alealamiu)
mesa de ténis de mesa	طاولة تنس الطاولة (F)	(tawilat tans alttawila)
disco	قرص لعبة هوكي (M)	(qurs luebat huki)

Tecnologia

robô	إنسان آلي (M)	('iinsan ali)
rádio	راديو (M)	(radiu)
altifalante	مكبر صوت (M)	(mukbar sawt)
cabo	كابل (M)	(kabil)
plugue	قابس كهرباء (M)	(qabis kahraba')
câmara	كاميرا (F)	(kamira)
leitor de MP3	مشغل أغاني (M)	(mashghal 'aghani)
leitor de CD	مشغل الاقراص (M)	(mashaghal alaqras)
leitor de DVD	جهاز دي في دي (M)	(jihaz di fi di)
gira-discos	مشغل الكاسيت (M)	(mashghal alkasiat)
câmara de vídeo	كاميرا الفيديو (F)	(kamyra alfidyu)
eletricidade	طاقة (F)	(taqa)
ecrã plano	شاشة مسطحة (F)	(shashatan mustaha)
flash	فلاش (M)	(falash)
tripé	حامل ثلاثي القوائم (M)	(hamil thulathi alqawayim)
câmara instantânea	كاميرا فورية (F)	(kamira fawria)
gerador	مولد كهرباء (M)	(mawlid kahraba')
câmara digital	كاميرا رقمية (F)	(kamira raqmia)

| walkie-talkie | جهاز إتصال (M) (jihaz 'iitsal) |

Casa

chave	مفتاح (M) (miftah)
lanterna	مصباح يدوي (M) (misbah ydwy)
vela (luz)	شمعة (F) (shumie)
garrafa	زجاجة (F) (zujaja)
lata	علبة (F) (eulba)
vaso	زهرية (F) (zihria)
presente	هدية (F) (hadia)
fósforo	كبريت (M) (kubrit)
isqueiro	ولاعة (F) (walaea)
porta-chaves	سلسلة مفاتيح (F) (silsilat mafatih)
garrafa de água	زجاجة ماء (F) (zujajat ma'an)
garrafa térmica	ابريق الترمس (M) (abriq altaramus)
elástico de borracha	شريط مطاطي (M) (sharit mattatiin)
festa de aniversário	حفلة عيد ميلاد (F) (haflat eid milad)
bolo de aniversário	كعكة عيد الميلاد (F) (kaekat eid almilad)
carrinho de bebé	كرسي يدفع باليد (M) (kursii yadfae bialyd)
chupeta	لهاية (F) (lihaya)
biberão	زجاجة الطفل (F) (zujajat altifl)
botija de água quente	زجاجة مياه ساخنة (F) (zujajat miah sakhina)
chocalho	حشرجة (F) (hashraja)
fotografia de família	صورة عائلية (F) (surat eayilia)
jarro	برطمان (M) (burtuman)
saco	حقيبة (F) (haqiba)
pacote	طرد (M) (tard)
saco plástico	كيس بلاستيك (M) (kys blastyk)
moldura	إطار الصورة (M) ('iitar alsuwra)

Jogos

boneca	دمية (F) (damiya)
casa de bonecas	بيت الدمية (M) (bayt aldamiya)
puzzle	أحجية (F) ('ahajiya)
dominó	دومينو (F) (duminu)
monopólio	احتكار (M) (aihtikar)
Tetris	تتريس (M) (tatris)
bridge	جسر (M) (jisr)
dardos	لعبة الرشق بالسهام (F) (luebat alrashq bialsiham)
jogo de cartas	لعبة البطاقات (F) (luebat albitaqat)
jogo de tabuleiro	لوحة ألعاب (F) (lawhat 'aleab)
gamão	لعبة الطاولة (F) (luebat alttawila)
damas	الداما (F) (aldaama)

Outros

cigarro	سيجارة (F) (sayajara)
charuto	سيجار (M) (sayujar)
bússola	بوصلة (F) (bawsala)
anjo	ملاك (M) (malak)

Frases

Pessoal

eu	أنا ('ana)
tu	أنت ('ant)
ele	هو (hu)
ela	هي (hi)
nós	نحن (nahn)
vós	أنتم ('antum)
eles	هم (hum)
meu cão	كلبي (klbi)
teu gato	قطك (qatak)
vestido dela	فستانها (fasataniha)
carro dele	سيارته (sayaratih)
nossa casa	بيتنا (baytina)
vossa equipa	فريقك (fariquk)
companhia deles	شركتهم (sharikatuhum)
toda a gente	الجميع (aljamie)
juntos	سويا (sawianaan)
outro	آخر (akhar)

Comum

e	و (w)
ou	أو ('aw)
muito	جدا (jiddaan)
tudo	جميع (jmye)
nada	لا شيء (la shay')
aquilo	أن ('ana)
isto (isso)	هذا (hadha)
não	ليس (lays)

mais	أكثر ('akthar)
máximo	معظم (mezm)
menos	أقل ('aqala)
porque	لأن (li'ana)
mas	لكن (lkn)
já	بالفعل (balfel)
outra vez	مرة أخرى (maratan 'ukhraa)
mesmo	حقا (haqana)
se	إذا ('iidha)
no entanto	بالرغم من (balr ghamin min)
subitamente	فجأة (faj'a)
então	ثم (thuma)
na verdade	في الواقع (fi alwaqie)
imediatamente	فورا (fawraan)
frequentemente	غالبا (ghalba)
sempre	دائما (dayimaan)
todas	كل (kl)

Frases

Olá (amigo)	مرحبا (marhabaan)
Olá (geralmente)	مرحبا (marhabaan)
Bom dia	يوم جيد (yawm jayid)
Tchau	وداعا (wadaeaan)
Adeus	مع السلامة (mae alsalama)
Até logo	أراك لاحقا ('arak lahiqaan)
por favor	من فضلك (min fadlik)
Obrigado	شكرا (shukraan)
Desculpa	آسف (asif)
Sem problema	لا قلق (la qalaq)
Não te preocupes	لا تقلق (la tuqaliq)

Tem cuidado	اعتن بنفسك (aetin binafsik)
Ok	حسنا (hasananaan)
Saúde	في صحتك (fi sihtik)
Bem-vindo	مرحبا (marhabaan)
com licença	اعذرني (aedhirni)
Claro	بالطبع (bialtabe)
Eu concordo	أنا موافق ('ana muafiq)
Relaxa	استرح (aistarah)
Não interessa	لا يه␣م (la yuhimu)
Eu quero isto	أريد هذا ('urid hdha)
Vem comigo	تعال معي (tueal maei)
Segue em frente	انطلق للأمام (aintalaq lil'amam)
Vira à esquerda	انعطف يسارا (aneataf yusarana)
Vira à direita	انعطف يمينا (aneataf yamina)

Perguntas

Quem	من (min)
Onde	أين ('ayn)
O quê	ماذا (madha)
Porquê	لماذا (limadha)
Como	كيف (kayf)
Qual	أي ('aya)
Quando	متى (mataa)
Quantos?	كم عدد؟ (kam eadad?)
Quanto é?	كم؟ (kam?)
Quanto é ...?	كم ثمن هذا؟ (kam thaman hadha?)
Tem telefone?	هل لديك هاتف؟ (hal ladayk hatf?)
Onde é a casa de banho?	أين المرحاض؟ ('ayn almarhad?)
Como te chamas?	ما اسمك؟ (ma asmak?)
Gostas de mim?	هل تحبني؟ (hal tahbani?)

Como estás?	كيف حالك؟ (kayf halk?)
Está tudo bem?	هل انت بخير؟ (hal 'ant bakhyr?)
Pode ajudar-me?	هل يمكنك مساعدتي؟ (hal yumkinuk musaeadatay?)

Frases

Eu gosto de ti	أنا معجب بك ('ana maejib bik)
Eu amo-te	أحبك ('ahbak)
Tenho saudades tuas	أفتقدك ('aftaqiduk)
Eu não gosto disto	أنا لا أحب هذا ('ana la 'uhibu hdha)
Eu tenho um cão	عندي كلب (eindi kalib)
Eu sei	أنا أعرف ('ana 'aerif)
Eu não sei	أنا لا أعرف ('ana la 'aerif)
Não entendo	أنا لا أفهم ('ana la 'afham)
Eu quero mais	أريد المزيد ('urid almazid)
Eu quero uma cola fresca	أريد كوكاكولا باردة ('urid kukakula bard)
Eu preciso disto	انا بحاجة لهذا ('iinaa bihajat lhdha)
Eu quero ir ao cinema	أريد الذهاب إلى السينما ('urid aldhahab 'iilaa alsiynama)
Estou desejoso de te voltar a ver	إنني أتطلع إلى رؤيتكم ('iinani 'atatalie 'iilaa ruyatikum)
Normalmente eu não como peixe	أنا لا أكل السمك في العادة ('ana la 'akl alsamak fi aleada)
Tens mesmo de vir	يجب عليك الحضور بالتأكيد (yjb ealayk alhudur bialtaakid)
Isto é muito caro	هذا أمر مكلف جدا (hadha 'amr mukalaf jiddaan)
Desculpa, estou um pouco atrasado	آسف، أنا متأخر قليلا (asafa, 'ana muta'akhir qalilana)
O meu nome é David	اسمي ديفيد (aismi difid)
Eu sou o David, prazer em conhecer-te	أنا ديفيد، سعيد لمقابلتك ('ana difid, saeid limuqabalatik)
Eu tenho 22 anos	عمري 22 عاما (eumri 22 eamaan)
Esta é a minha namorada Anna	هذه صديقتي آنا (hadhih sadiqati ana)
Anda ver um filme	دعنا نشاهد فيلما (daena nushahid filama)
Vamos para casa	دعونا نذهب إلى البيت (daeuna nadhhab 'iilaa albayt)
O meu número de telefone é um, quatro, três, dois, oito, sete, cinco, quatro, três	هاتفي واحد أربعة ثلاثة اثنان ثمانية سبعة خمسة أربعة ثلاثة رقم (raqm hatifi wahid arbet thlatht athnan thmanyt sbet khmst arbet thlath)

O meu endereço eletrónico é david arroba pinhok ponto com	عنوان بريدي الإلكتروني هو david at pinhok dot com (eunwan biridi al'iiliktruniu hu difid fi bynhwk dwt kwm)
Amanhã é sábado	غدا هو السبت (ghadaan hu alsabt)
A prata é mais barata do que o ouro	الفضة أرخص من الذهب (alfidat arkhs min aldhahab)
O ouro é mais caro do que a prata	الذهب أغلى من الفضة (aldhahab 'aghlaa min alfida)

Português - Árabe

A

abacate: (M) أفوكادو ('afwkadu)
abaixo: تحت (taht)
abelha: (F) نحلة (nhl)
aborespontâneo: (M) إجهاض ('iijhad)
aborrecido: ممل (mamal)
abril: (M) ابريل ('abril)
abrir: يفتح (yaftah)
abóbora: (M) يقطين (yaqtin)
acampamento: (M) موقع التخييم (mawqie altakhyim)
acelerador: (F) دواسة الوقود (dawasat alwaqud)
acidente: (M) حادث (hadith)
acima: فوق (fawq)
acompanhamento: (M) طبق جانبي (tubiq janibi)
acordeão: (M) أكورديون ('akurdiuwn)
actínio: (M) أكتينيوم ('aktinium)
acupuntura: (M) الوخز بالإبر (alwakhz bial'iibar)
acácia: (M) السنط (alsint)
Adeus: مع السلامة (mae alsalama)
adição: (M) جمع (jame)
advogado: (M) محام (muham)
aeroporto: (M) مطار (matar)
aeróbica: (F) أيروبيكس ('ayrubiks)
Afeganistão: (F) أفغانستان ('afghanistan)
afia-lápis: (F) مبراة (mubra)
aftershave: (M) بعد الحلاقة (baed alhalaqa)
agachamento: قرفصاء (qarfasa')
agente de viagens: (M) وكيل سفر (wakil safar)
agente imobiliário: (M) سمسار عقارات (samasar eaqarat)
agora: الآن (alan)
agosto: (M) أغسطس ('aghustus)
agrafador: (F) دباسة (dabasa)
agricultor: (M) مزارع (mazarie)
agulha: (F) إبرة ('iibra)
aipo: (M) كرفس (karfus)
airbag: (F) وسادة هوائية (wasadat hawayiya)
ajudar: يساعد (yusaeid)
alarme de incêndio: (M) إنذار حريق ('iindhar hariq)
alavanca das mudanças: (M) عصا ناقل السرعة (easa naqil alsre)
albergue: (M) فندق (funduq)
Albânia: (F) ألبانيا ('albania)
alcachofra: (M) خرشوف (kharshuf)
alcatrão: (M) قطران (qatiran)
alcaçuz: (M) عرقسوس (erqsus)
alce: (F) الإلكة (al'iilka)
aldeia: (F) قرية (qry)
alecrim: (M) إكليل الجبل ('iklyl aljabal)
Alemanha: (F) ألمانيا ('almania)
Alemão: (M) ألماني ('almaniin)

alergia: (F) حساسية (hisasia)
alfabeto: (F) أبجدية ('abjadia)
alface: (M) خس (khas)
alfaiate: (M) خياط (khiat)
alfinete de peito: (M) بروش (burush)
alfândega: (F) رسوم جمركية (rusum jumrukia)
alga: (M) عشب بحري (eshb bahriin)
algemas: (F) أصفاد ('asfad)
algodão: (M) قطن (qatn)
algodão doce: (M) غزل البنات (ghazal albanat)
alho: (M) ثوم (thawm)
alho-porro: (M) الكراث (alkirath)
ali: هناك (hnak)
aliança: (M) خاتم الزواج (khatam alzawaj)
alimentar: يغذي (yaghdhi)
alisador de cabelo: (F) مكواة الشعر (makawat alshaer)
almofada: (F) وسادة (wasada)
almoço: (M) غداء (ghada')
almôndega: (F) كرات اللحم (kurat allahm)
alongamento: إطالة ('iitala)
alperce: (M) مشمش (mushamash)
alpinismo: تسلق الجبال (tasaluq aljibal)
altifalante: (M) مكبر صوت (mukbar sawt)
alto: مرتفع (murtafie), طويل (tawil)
altura: (M) ارتفاع (airtifae)
alumínio: (M) ألومنيوم ('alumanyum)
amanhã: غدا (ghadaan)
amar: يحب (yuhibu)
amarelo: أصفر ('asfar)
Amazónia: (M) الأمازون (al'amazun)
ambulatório: (F) العيادات الخارجية (aleiadat alkharijia)
ambulância: (F) سياره اسعاف (sayaruh 'iiseaf)
ameaçar: يهدد (yuhadid)
ameixa: (M) برقوق (barquq)
amendoim: (M) فول سوداني (fawal sudani)
amerício: (M) أمريسيوم ('amrisium)
amigo: (M) صديق (sadiq)
amigável: ودود (wadud)
amor: (M) حب (hubun)
amora: (M) توت أسود (tawt 'aswad)
amortecedor: (M) ممتص الصدمات (mumtasu alsadamat)
ampere: (M) امبير (ambyr)
amêndoa: (M) لوز (luz)
analgésico: (M) مسكن للألم (maskan lil'alam)
ananás: (M) أناناس ('ananas)
ancinho: (F) المدمة (almudama)
andaime: (F) سقالة (saqala)
andar: يسير (yasir)
andebol: كرة يد (kurat yd)
Andes: (M) الانديز (alandiz)
Andorra: (F) أندورا ('andurra)
anedota: (F) نكتة (nakta)

140

anel: (M) خاتم (khatam)
anel de cebola: (F) حلقات بصل (halqat bsl)
anel de noivado: (M) خاتم الخطوبة (khatam alkhutuba)
Angola: (F) أنجولا ('anjulana)
angular: ذو زاوية (dhu zawia)
animação: (M) كارتون (karitun)
aniversário: (M) عيد ميلاد (eid milad)
anjo: (M) ملاك (malak)
ano: (F) سنة (sana)
Ano Novo: (F) سنة جديدة (sunat jadida)
ano passado: العام الماضي (aleam almadi)
anoraque: (M) معطف مشمع مع قبعة (maetif mushmae mae qabea)
antena parabólica: (M) طبق قمر صناعي (tubiq qamar sinaeiun)
anteontem: أول أمس ('awal 'ams)
antibiótico: (F) مضادات حيوية (mdadat hayawia)
anticongelante: (M) سائل مضاد للتجمد (sayil mudadun liltajamud)
antimónio: (M) أنتيمون ('antimun)
antissético: (M) مطهر (mutahir)
Antígua e Barbuda: (F) أنتيغوا وبربودا ('antighuu wabarubudana)
anúncio: (M) إعلانات ('iielanat)
ao lado: بجانب (bijanib)
apagar: يطفئ (yutafiy)
apanhar: يمسك (yumsik)
aparelho dentário: (M) مشبك أسنان (mashbik 'asnan)
aparelho ultrassónico: (M) جهاز الموجات فوق الصوتية (jihaz almawajat fawq alsawtia)
apartamento: (F) شقة (shaqa)
apostar: يقامر (yuqamir), يراهن (yurahin)
app: (M) تطبيق (tatbiq)
aprendiz: (M) مبتدئ (mubtadi)
apresentador: (M) مذيع (madhie)
apresentador das notícias: (M) مذيع (madhie)
apresentação: (M) عرض (eard)
apêndice: (F) زائدة دودية (zayidat duadia)
apóstrofo: (F) فاصلة عليا (fasilat ealiana)
aquecimento: إحماء ('iihma'), (M) تسخين (taskhin)
aqui: هنا (huna)
aquilo: أن ('ana)
aquário: (M) حوض سمك (hawd samak)
arame: (M) سلك (silk)
aranha: (M) عنكبوت (eankabut)
arbusto: (F) شجيرة (shajira)
arco-íris: (M) قوس قزح (qus qazah)
ar condicionado: (M) مكيف هواء (mukif hawa')
areia: (M) رمل (ramal)
Argentina: (F) الأرجنتين (al'arjantin)
Argélia: (F) الجزائر (aljazayir)
aritmética: (M) علم الحساب (eulim alhisab)
arma: (F) بندقية (bunduqia)
armazém: (M) مستودع (mustawdae)
armário: (F) خزانة (khizana)
armário para calçado: (F) خزانة أحذية (khizanat 'ahadhiya)
Arménia: (F) أرمينيا ('arminia)

aromaterapia: (M) علاج عطري (eilaj eatariun)
arquiteto: (M) مهندس معماري (muhandis muemari)
arranha-céu: (F) ناطحة سحاب (natihat sahab)
arremesso de peso: رمي الجلة (ramy aljila)
arroz: (M) أرز ('arz)
arroz frito: (M) أرز مقلي ('aruzun maqaliy)
arsénio: (M) زرنيخ (zrnikh)
arte: (M) فن (fan)
artigo: (M) مقال (maqal)
artista: (M) فنان (fannan)
artéria: (M) شريان (sharian)
Aruba: (F) أروبا ('arubana)
Arábia Saudita: (F) السعودية (alsewdy)
asa: (M) جناح (junah)
asas de frango: (F) أجنحة دجاج ('ajnihat dijaaj)
asfalto: (M) أسفلت ('usfilat)
asma: (M) الربو (alrabuu)
aspirador de pó: (F) مكنسة كهربائية (muknasat kahrabayiya)
aspirar: يكنس (yakns)
aspirina: (M) أسبرين ('asbarin)
assar: يخبز (yakhbiz)
assenpara criança: (M) مقعد الطفل (maqead altifl)
assento: (M) مقعد (maqead)
assinatura: (M) توقيع (tawqie)
assistente: (M) مساعد (musaeid)
assistente de bordo: (F) مضيفة (mudifa)
assistente de loja: (M) عامل بمتجر (eamil bimutjir)
asteroide: (M) كويكب (kuaykib)
atacador: (M) رباط الحذاء (ribat alhidha')
atacar: يهاجم (yuhajim)
ataque cardíaco: (F) نوبة قلبية (nwbt qalbia)
atirar: يرمي (yarmi)
atmosfera: (M) غلاف جوي (ghalaf jawiyun)
ator: (M) ممثل (mumathil)
atração turística: (M) جذب سياحي (jadhab siahiun)
atrelado: (F) عربة مقطورة (earabat maqtura)
atrás: خلف (khalf)
atum: (F) تونة (tuna)
Até logo: أراك لاحقا ('arak lahiqaan)
auditório: (F) قاعة المحاضرات (qaeat almuhadarat)
audiência: (M) جمهور (jumhur)
aurora: (M) شفق قطبي (shafq qatabiun)
auscultador: (F) سماعة (samaea)
Austrália: (F) أستراليا ('usturalia)
autocarro: (M) أتوبيس ('atubys)
autocarro escolar: (F) حافلة مدرسية (hafilat madrasia)
autoestrada: (M) الطريق السريع (altariq alsarie)
automobilismo: سباق سيارات (sibaq sayarat)
automóvel: (F) عربية (earabia)
automóvel clássico: (F) سيارة كلاسيكية (sayarat klasikia)
autor: (M) مؤلف (mualaf)
AVC: (F) السكتة الدماغية (alsuktat aldamaghia)

aveia: (M) الشوفان (alshawfan), (M) دقيق الشوفان (daqiq alshuwfan)
avelã: (M) بندق (bindaq)
avenida: (M) شارع (sharie)
avestruz: (F) نعامة (naeama)
avisar: يحذر (yahdhar)
avião: (F) طائرة (tayira)
avião de mercadorias: (F) طائرة شحن (tayirat shahn)
avó: (F) جدة لأب (jidat li'ab), (F) جدة لأم (jidat li'um)
avô: (M) جد لأب (jida li'ab), (M) جد لأم (jida li'um)
azedo: حامض (hamid)
azeite: (M) زيت زيتون (zayt zayitun)
azeitona: (M) زيتون (zaytun)
Azerbaijão: (F) أذربيجان ('adharbayjan)
azul: أزرق ('azraq)
azulejo: (F) قرميدة (qarmida)
aço: (M) صلب (sulb)
ação: (M) سهم (sahm)
açúcar: (M) سكر (sakar)
açúcar de baunilha: (F) فانيليا السكر (fanilia alsukar)
açúcar em pó: (M) سكر ناعم (sakar naeim)
açúcar granulado: (F) حبيبات السكر (hubibat alsukar)

B

babete: (F) مريلة (marila)
bacharelato: (M) بكالوريوس (bukaluriws)
bactéria: (M) جرثوم (jarthum)
badminton: تنس الريشة (tans alraysha)
bagagem: (F) أمتعة ('amtiea)
bagagem de mão: (F) حقائب يد (haqayib yd)
Bahamas: (F) جزر البهاما (juzur albihama)
baixo: منخفض (munkhafid), قصير (qasir), (M) غيتار البيس (ghytar albays)
balança: (M) ميزان (mizan)
balcão de check-in: (M) تسجيل إجراءات الوصول (tasjil 'iijra'at alwusul)
balde: (M) دلو (dlu)
baleia: (F) حوت (hawt)
baloiço: (F) أرجوحة ('arjuha)
balsa: (F) عبارة (eibara)
balão de ar quente: (M) منطاد (mintad)
balé: (F) الباليه (albalih), (M) باليه (balyh)
bambu: (M) بامبو (bambu), (M) خيزران (khayazran)
banana: (F) موز (muz)
banco: (M) مقعد (maqead)
banco dianteiro: (M) المقعد الأمامي (almaqead al'amamiu)
banco traseiro: (M) المقعد الخلفي (almaqead alkhalafiu)
banda desenhada: (F) كتاب هزلي (kitab huzli)
Bangladeche: (F) بنغلاديش (banghladish)
banheira: (M) حوض الاستحمام (hawd alaistihmam)
bar: (F) حانة (hana)
barato: رخيص (rakhis)
barba: (F) لحية (lahia)
Barbados: (F) بربادوس (barbadus)

barbatana: (F) زعنفة (zaenifa)
barco a remos: (M) زورق تجديف (zurq tajdif)
barco de borracha insuflável: (M) زورق مطاطي (zawraq mattatiin)
barco de pesca: (M) قارب صيد (qarib sayd)
barco salva-vidas: (M) قارب النجاة (qarib alnaja)
barco à vela: (M) قارب إبحار (qarib 'iibhar)
barman: (M) ساقي في حانة (saqi fi hana)
barra: حديدة (hadida)
barracão: (M) كوخ (kukh)
barra de deslocamento: (M) شريط التمرير (sharit altamrir)
barragem: (M) سد (sadi)
barriga: (M) بطن (batan)
barro: (M) طين (tin)
barulhento: صاخب (sakhib)
Barém: (F) البحرين (albahrayn)
base: (M) كريم أساس (karim 'asas)
basebol: بيسبول (bayasbul)
base de dados: (F) قاعدة بيانات (qaeidat bayanat)
basquetebol: كرة سلة (kurat sala)
bastão: (F) هراوة (hirawa)
bastão de esqui: (F) عصا التزلج (easa altazaluj)
batata: (M) بطاطس (batatis)
batata doce: (F) بطاطا حلوة (bitata hulwa)
batata frita: (F) بطاطس مقلية (batatis maqaliya), (F) رقائق البطاطس المقلية (raqayiq albtatis almaqaliya)
batedeira: (M) خلاط (khilat)
bater: يضرب (yadrib)
bateria: (F) بطارية (battaria), (M) طقم طبول (tuqum tubul)
batido de fruta: (M) عصير سموثي (easir samuthiun)
batido de leite: (M) اللبن المخفوق (allabn almakhfuq)
batom: (M) أحمر شفاه ('ahmar shaffah)
batom protetor: (M) مرطب شفاه (martib shaffah)
baunilha: (F) فانيليا (fanilia)
baço: (M) طحال (tahal)
beber: يشرب (yashrab)
bebida energética: (M) مشروب الطاقة (mashrub alttaqa)
bebé: (M) طفل (tifl)
beco: (M) زقاق (zaqaq)
bege: بيج (bayj)
beijar: يقبل (yaqbal)
beijo: (F) قبلة (qibla)
beira: (M) شاطئ (shati)
beliche: (M) سرير ذو طابقين (sarir dhu tabiqayn)
Belize: (F) بليز (balayz)
belo: جميل (jamil)
bem-comportado: مؤدب (muadib)
Bem-vindo: مرحبا (marhabaan)
Benim: (F) بنين (binin)
berbequim: (M) مثقب (muthaqab)
beringela: (M) باذنجان (badhnjan)
berquélio: (M) بركيليوم (barkilium)
berçário: (F) حضانة (hadana)
berílio: (M) بيريليوم (birilium)

besouro: (M) بق (baq)
beterraba sacarina: (M) بنجر السكر (binjr alsukar)
betoneira: (M) خلاط اسمنت (khilat 'asmant)
betão: (F) خرسانة (kharsana)
bexiga: (F) مثانة (mathana)
biatlo: البياتلون (albiatilun)
biberão: (F) زجاجة الطفل (zujajat altifl)
biblioteca: (F) مكتبة (maktaba)
bibliotecário: (M) أمين مكتبة ('amin maktaba)
bicicleta: (F) دراجة (diraja)
bicicleta de corrida: (F) دراجة سباق (dirajat sibaq)
bicicleta de exercício: (F) دراجة التمارين (dirajat altamarin)
bicicleta tandem: (F) الدراجة الهوائية المزدوجة (aldirajat alhawayiyat almuzdawija)
Bielorrússia: (F) روسيا البيضاء (rusia albayda')
bife: (F) شريحة لحم (sharihat lahm)
bilhar: بلياردو (bilyaridu)
bilhete: (F) تذكرة (tadhkira)
bilheteira: (M) مكتب التذاكر (maktab altadhakur)
bilheteira automática: (F) آلة بيع التذاكر (alat baye altadhakur)
biologia: (M) علم الأحياء (eulim al'ahya')
biquíni: (M) بيكيني (baykini)
Birmânia: (F) بورما (burama)
biscoito: (M) بسكويت (baskuit)
bismuto: (M) بزموت (bazamut)
bisonte: (M) البيسون (albaysun)
bisturi: (M) مشرط (mushrat)
blazer: (M) بليزر (balayzr)
blues: البلوز (albuluz)
bobsleigh: الزلاجة الجماعية (alzilajat aljamaeia)
boca: (M) فم (fum)
boca-de-incêndio: (M) صنبور مياه حريق (sanbur miah hariq)
bochecha: (M) خد (khad)
boia salva-vidas: (F) عوامة إنقاذ (eawamat 'iinqadh)
bolacha: (M) بسكويت (baskuit)
bola de basquete: (F) كرة السله (kurat alsalih)
bola de bowling: (F) كرة بولينج (kurat bualinij)
bola de futebol: (F) كرة قدم (kurat qadam)
bola de futebol americano: (F) كرة القدم الأمريكية (kurat alqadam al'amrikia)
bola de golfe: (F) كرة جولف (kurat julf)
bola de ténis: (F) كرة تنس (kurat tans)
boletim informativo: (F) نشرة إخبارية (nashrat 'iikhbaria)
bolo: (F) كعكة (kaeika)
bolo de aniversário: (F) كعكة عيد الميلاد (kaekat eid almilad)
bolo de casamento: (F) كعكة الزفاف (kaekat alzifaf)
bolsa de estudo: (F) منحة دراسية (minhat dirasia)
bolsa de valores: (F) بورصة (bursa)
bolso: (M) جيب (jayb)
Bolívia: (F) بوليفيا (bulifia)
bom: جيد (jayid)
bomba de ar: (M) منفاخ (minafakh)
bombeiro: (M) رجال اطفاء (rijal 'iitfa')
bombeiros: (M) رجال الاطفاء (rijal al'iitfa')

Bom dia: يوم جيد (yawm jayid)
boneca: (F) دمية (damiya)
boneco de pelúcia: (F) لعبة محشوة (luebat mahshua)
bonito: وسيم (wasim)
borboleta: (F) فراشة (farasha)
boro: (M) بورون (burun)
borracha: (F) ممحاة (mumha)
botas de alpinismo: (M) حذاء المشي لمسافات طويلة (hidha' almashii limasafat tawila)
botija de água quente: (F) زجاجة مياه ساخنة (zujajat miah sakhina)
Botsuana: (F) بوتسوانا (butswana)
botão: (M) زر (zur)
bowling: بولينج (bulinj)
boxe: ملاكمة (mulakima)
boxers: (F) السراويل الداخلية (alsarawil alddakhilia)
bracelete: (M) سوار (sawar)
branco: أبيض ('abyad)
brandy: (M) براندي (brandi)
Brasil: (F) البرازيل (albarazil)
braço: (M) ذراع (dhirae)
breakdance: بريك دانس (barik dans)
bridge: (M) جسر (jisr)
brilho labial: (M) ملمع شفاه (malmie shaffah)
brinco: (M) قرط (qart)
bromo: (M) بروم (barum)
brownie: (F) كعكة البراوني (kaekat albirawni)
Brunei: (F) بروناي (brunay)
brócolos: (M) قنبيط أخضر (qinbayt 'akhdur)
bufê: (M) بوفيه (bufih)
Bulgária: (F) بلغاريا (bulgharia)
bungee jumping: القفز بالحبال (alqafz bialhibal)
buraco da fechadura: (M) ثقب المفتاح (thaqab almuftah)
buraco negro: (M) ثقب أسود (thaqab 'aswad)
Burquina Faso: (F) بوركينا فاسو (burikayna fasu)
burro: (M) حمار (hamar)
Burundi: (F) بوروندي (burundi)
Butão: (F) بوتان (butan)
buzina: (F) بوق السيارة (buq alsayara)
bário: (M) باريوم (baryum)
Bélgica: (F) بلجيكا (biljika)
bétula: (M) بتولا (batualaan)
bêbado: سكران (sukran)
bóhrio: (M) بوريوم (buryum)
Bósnia: (F) البوسنة (albusna)
búfalo: (M) جاموس (jamus)
bússola: (F) بوصلة (bawsala)

C

cabeleireiro: (M) مصفف شعر (musafif shaear)
cabelo: (M) شعر (shaear)
cabeça: (M) رأس (ras)
cabeçalho: (M) عنوان رئيسي (eunwan rayiysiun)

cabina: (F) قمرة (qamra)
cabina do piloto: (F) قمرة القيادة (qimrat alqiada)
cabo: (M) كابل (kabil)
Cabo Verde: (F) جزر الرأس الأخضر (juzur alraas al'akhdar)
cabra: (M) ماعز (maeiz)
cachecol: (M) وشاح (washah)
cachorro-quente: (M) نقانق (nuqaniq)
cacto: (M) صبار (sabaar)
cadeira: (F) كرسي (kursii)
cadeira de balanço: (M) كرسي هزاز (kursii hizaz)
cadeira de rodas: (M) كرسي متحرك (kursii mutaharik)
caderno: (F) مفكرة (mufakira)
cadáver: (F) جثة (jutha)
café: (F) قهوة (qahua)
café gelado: (F) قهوة مثلجة (qahwat mithlaja)
cair: يسقط (yasqut)
cais: (M) رصيف الميناء (rasif almina')
caixa: (F) ماكينة تسجيل النقدية (makinat tasjil alnaqdia), (M) أمين الصندوق ('amin alsunduq)
caixa automático: (M) الصراف الآلي (alsiraf alalia)
caixa de areia: (M) صندوق رمل (sunduq ramal)
caixa de correio: (M) صندوق البريد (sunduq albarid)
caixa do correio: (M) صندوق الوارد (sunduq alwarid)
caixote do lixo: (F) سلة المهملات (salat almuhamalat)
caixão: (M) النعش (alnaesh)
caju: (M) كاجو (kaju)
calcanhar: (M) الكعب (alkaeb)
calcite: (M) كالسيت (kalsiat)
calcular: يحسب (yahsab)
calendário: (M) تقويم (taqwim)
califórnio: (M) كاليفورنيوم (kalyfurnium)
calças: (M) سروال (sirwal)
calças de ganga: (M) جينز (jinz)
calças de treino: (M) بنطال رياضة (binital riada)
calções: (M) سروال قصير (sirwal qasir)
calções de banho: (M) سروال سباحة (sirwal sibaha)
cama: (M) سرير (sarir)
camaleão: (F) حرباء (harba')
Camarões: (F) الكاميرون (alkamirun)
Camboja: (F) كمبوديا (kamubudiaan)
camelo: (M) جمل (jamal)
caminhada: (F) المشي لمسافات طويلة (almshi limasafat tawila)
camionista: (M) سائق شاحنة (sayiq shahina)
camisa: (M) قميص (qamis)
camisa de noite: (M) ثوب النوم (thwb alnuwm)
camisola: (M) القميص (alqamis)
camisola interior: (M) قميص داخلي (qamis dakhiliun)
camião: (M) لوري (luri)
camião-betoneira: (M) خلاط أسمنت (khilat 'asmant)
camião-grua: (F) شاحنة رافعة (shahinat raafiea)
camião dos bombeiros: (F) سيارة إطفاء (sayarat 'iitfa')
campa: (M) قبر (qabr)
campainha: (M) جرس (jaras)

camping: (M) تخييم (takhyim)
campo de golfe: (M) ملعب جولف (maleab julf)
campo desportivo: (M) ملعب رياضي (maleab riadiin)
campo de ténis: (M) ملعب تنس (maleab tans)
cana: (M) قصب (qasab)
cana-de-açúcar: (M) قصب السكر (qasab alsukar)
Canadá: (F) كندا (kanada)
canal: (F) قناة (qana)
canalizador: (M) سباك (sabak)
cancro: (M) سرطان (sartan)
candeeiro: (M) مصباح السرير (misbah alsarir), (M) مصباح (misbah)
canela: (F) قرفة (qarfa)
caneleira: (M) شين الحرس (shin alharas)
caneta: (M) قلم (qalam)
canguru: (M) كنغر (kanghar)
canoa: (M) قارب (qarib)
canoagem: قيادة قارب الكانوي (qiadat qarib alkanuyi)
cansado: متعب (mutaeib)
cantar: يغني (yughni)
canteiro de flores: (M) مشتل الأزهار (mashtal al'azhar)
cantor: (M) مطرب (matarab)
capacete: (F) خوذة (khawdha)
capim-limão: (M) عشب الليمون (eashab allaymun)
capital: (F) عاصمة (easima)
capitão: (M) قبطان (qubtan)
capuchino: (M) كابتشينو (kabtshinu)
capô: (M) غطاء محرك السيارة (ghita' muhrak alsayara)
caracol: (M) حلزون (halzun)
caramelo: (M) كراميل (karamil)
caranguejo: (M) سلطعون (salataeun)
carater: (M) حرف (harf)
caraté: كاراتيه (karatyh)
caravana: (F) مقطورة سفر (maqturat safar)
carbono: (M) كربون (karabun)
cardiologia: (M) طب القلب (tb alqalb)
careca: (M) أصلع الرأس ('aslae alraas)
caricatura: (M) كاريكاتير (karykatir)
caril: (M) كاري (kari)
carimbo: (M) ختم مطاطي (khatam mattatiin)
carne: (M) لحم (lahm)
carne de cordeiro: (M) لحم ضأن (lahm dan)
carne de frango: (M) دجاج (dijaj)
carne de peru: (M) ديك رومي (dik rumiin)
carne de porco: (M) لحم خنزير (lahm khinzir)
carne de porco assada: (M) لحم خنزير مشوي (lahm khinzir mashawiy)
carne de vaca: (M) لحم بقر (lahm bqr)
carne de veado: (F) الطرائد و لحمها (altarayid w lahumiha)
carne gorda: (M) لحم دهني (lahm dahni)
carne magra: (M) لحم أحمر (lahm 'ahmar)
carne picada: (M) لحم مفروم (lahm mafrum)
caro: غالي (ghaly)
caroço: (F) بذرة (bidhara)

carpinteiro: (M) نجار (nujar)
carregar: يحمل (yahmil)
carrinho de bebé: (M) كرسي يدفع باليد (kursii yadfae bialyd)
carrinho de compras: (F) عربة مشتريات (earabat mushtarayat)
carrinho de mão: (F) عربة يدوية (earabat yadawia)
carro da polícia: (F) سيارة شرطة (sayarat shurta)
carro dele: سيارته (sayaratih)
carrossel: (F) دوامة الخيل (dawwamat alkhayl)
carta: (F) رسالة (risala)
carteira: (F) محفظة (muhfaza)
carteiro: (M) ساعي البريد (saei albarid)
cartilagem: (M) غضروف (ghadruf)
cartão de crédito: (F) بطاقة ائتمان (bitaqat aitiman)
cartão de visita: (F) بطاقة أعمال (bitaqat 'aemal)
carvalho: (M) بلوط (bilut)
carvão: (M) فحم (fahm)
casa: (M) منزل (manzil)
casaco: (M) جاكيت (jakiat)
casaco de malha: (F) سترة من صوف محبوك (sitarat min sawf mahabuk)
casa das máquinas: (F) غرفة المحرك (ghurfat almuharak)
casa de banho: (M) حمام (hamam), (M) مرحاض (mirhad)
casa de bonecas: (M) بيت الدمية (bayt aldamiya)
casamento: (M) زفاف (zifaf)
casa na árvore: (M) بيت الشجرة (bayt alshajara)
casar: يتزوج (yatazawaj)
casca: (M) قشر (qashar)
cascata: (M) شلال (shallal)
casino: (M) كازينو (kazynu)
casota: (M) بيت كلب (bayt kalab)
caspas: (F) قشرة الرأس (qashrat alraas)
castanho: بني (bani)
castelo: (F) قلعة (qalea)
Catar: (F) قطر (qatar)
catedral: (F) كاتدرائية (katdrayiya)
cateter: (F) قسطرة (qastara)
caule: (M) ساق نبات (saq naba'at)
cavalete: (F) سبورة (sabura)
cavalo: (M) حصان (hisan)
cavalo-marinho: (M) فرس البحر (faras albahr)
cave: (M) القبو (alqabu)
caverna: (M) كهف (kahf)
Cazaquistão: (F) كازاخستان (kazakhstan)
cebola: (M) بصل (bsl)
cebolinho: (M) بصل أخضر (bsl 'akhdur), (M) ثوم معمر (thawm mueamar)
cego: أعمى ('aemaa)
cegonha: (M) لقلق (laqalaq)
ceifeira-debulhadora: (F) حصادة (hisada)
celebrar: يحتفل (yahtafil)
cemitério: (F) مقبرة (maqbara)
cenoura: (M) جزر (juzur)
central hidroelétrica: (F) محطة كهرمائية (mahatat kahramayiya)
central nuclear: (F) محطة طاقة نووية (mahatat taqat nawawia)

centro comercial: (M) مركز تسوق (markaz tswq)
centígrados: درجة مئوية (darajat muywia)
centímetro: (M) سنتيمتر (santimtir)
cerca: (M) سياج (sayaj)
cereais: (F) حبوب (hubub)
cereja: (M) كريز (kariz)
cerimónia de graduação: (M) حفل التخرج (hafl altakharuj)
certidão de nascimento: (F) شهادة ميلاد (shahadat milad)
cerveja: (F) بيرة (bayra)
cerâmica: (M) فخار (fakhaar)
cesariana: (F) قيصرية (qayasria)
cesde compras: (F) سلة التسوق (salat altasawuq)
cesde roupa: (F) سلة الغسيل (salat alghasil)
cesto: (F) سلة (sala)
chachachá: (M) تشا تشا (tasha tasha)
Chade: (F) تشاد (tashad)
chaleira: (F) غلاية (ghlaya), (M) إبريق شاي ('iibriq shay)
chaminé: (F) مدخنة (mudakhana)
champanhe: (F) شامبانيا (shambanya)
champô: (M) شامبو (shambu)
chapéu: (F) قبعة (qabea)
chapéu de basebol: (F) قبعة البيسبول (qibeat albayasbul)
chapéu de sol: (F) قبعة شمس (qabeat shams)
charuto: (M) سيجار (sayujar)
chave: (M) مفتاح (miftah)
chave de fendas: (M) مفك براغي (mafk baraghi)
chave de parafusos: (M) مفتاح إنجليزي (miftah 'iinjliziun)
chave do quarto: (M) مفتاح الغرفة (miftah alghurfa)
cheesecake: (F) كعكة الجبن (kaekat aljabn)
chegada: (M) وصول (wusul)
cheio: ممتلئ (mumtali)
cheirar: يشم (yshm)
cheque: (M) شيك (shyk)
chicote: (M) سوط (sawt)
Chile: (F) تشيلي (tashili)
China: (F) الصين (alsiyn)
chinelos: (M) شباشب (shabashib)
chinelos de banho: (M) شبشب حمام (shbshb hamam)
chinelos de praia: (M) شبشب (shbshb)
Chipre: (F) قبرص (qubrus)
chita: (M) فهد (fahd)
chocalho: (F) حشرجة (hashraja)
chocolate: (F) شوكولاتة (shukulata)
chocolate de barrar: (F) كريمة الشيكولات (karimat alshykwlat)
chocolate quente: (F) شوكولاتة ساخنة (shukulatat sakhina)
chorar: يبكي (yabki)
chumbo: (M) رصاص (rasas)
chupeta: (F) لهاية (lihaya)
churrasco: (F) حفلة شواء (haflat shawa')
chuteiras: (F) أحذية كرة القدم ('ahadhiat kurat alqadam)
chuva: (M) مطر (mtr)
chuveiro: (M) دش (dash)

chuvoso: ممطر (mumtir)
chá: (M) شاي (shay)
chá com leite: (M) شاي باللبن (shay biallabn)
chá preto: (M) شاي أسود (shay 'aswad)
chávena: (M) كوب (kub)
chá verde: (M) شاي أخضر (shay 'akhdar)
chão: (F) أرضية ('ardia)
ciclismo: ركوب الدراجات (rukub aldirajat)
ciclismo de montanha: ركوب الدراجات الجبلية (rukub aldirajat aljabalia)
ciclismo de pista: سباق الدراجات على المضمار (sibaq aldirajat ealaa almidmar)
Cidade do Vaticano: (F) مدينة الفاتيكان (madinat alfatikan)
cidra: (M) عصير التفاح (easir altifah)
cientista: (M) عالم (ealim)
cigarro: (F) سيجارة (sayajara)
cilindro: (F) اسطوانة (aistawana)
cimento: (M) أسمنت ('asmant)
cinde segurança: (M) حزام الأمان (hizam al'aman)
cinema: (F) سينما (sinama)
cinto: (M) حزام (hizam)
cintura: (M) خصر (khasar)
cinza: (M) رماد (ramad)
cinzento: رمادي (rmady)
cirurgia: (F) جراحة (jiraha), (F) العملية الجراحية (aleamaliat aljirahia)
cirurgião: (M) جراح (jirah)
cisne: (F) إوزة ('iawza)
citar: يقتبس (yaqtabis)
ciências naturais: (M) علوم (eulum)
clara: (F) بياض البيضة (bayad albida)
clarinete: (M) الكلارينيت (alklarinit)
Claro: بالطبع (bialtabe)
claro: فاتح (fatih)
classe económica: (F) الدرجة السياحية (aldarajat alsiyahia)
classe executiva: (F) درجة رجال الأعمال (darajat rijal al'aemal)
clave de sol: (M) مفتاح موسيقي (miftah musiqiun)
clavícula: (M) عظم الترقوة (eazam altarqua)
cliente: (M) عميل (eamil)
clipe de papel: (M) مشبك الورق (mashbik alwrq)
clitóris: (M) بظر (bazar)
cloro: (M) كلور (kalur)
clínica: (F) عيادة (eiada)
coala: (M) الكوالا (alkawala)
cobalto: (M) كوبالت (kubalt)
cobertor: (F) بطانية (bitania)
cobrador: (M) كمسري (kamisri)
cobre: (M) نحاس (nahas)
cocktail: (M) كوكتيل (kukatil)
coco: (M) جوز الهند (juz alhind)
coelho: (M) أرنب ('arnab)
coentro: (F) كزبرة (kazbira)
cofre: (F) خزنة (khazina)
cogumelo: (M) فطر (fatar)
cola: (F) كوكاكولا (kawkakulana), (M) غراء (ghara')

colar: (F) قلادة (qilada)
colar cervical: (F) دعامة للعنق (dieamat lileunq)
colar de pérolas: (M) عقد من اللؤلؤ (eaqad min alluwlu)
colarinho: (F) ياقة (yaqa)
colchão: (F) مرتبة (martaba)
colchão de ar: (F) مرتبة هوائية (martabat hawayiya)
colega: (M) زميل (zamil)
colete salva-vidas: (F) سترة النجاة (satrat alnaja)
colher: (F) ملعقة (maleaqa)
colher de pau: (F) ملعقة خشبية (maleaqat khashabia)
colocar: يضع (yadae)
coluna vertebral: (M) العمود الفقري (aleumud alfiqriu)
colónia: (F) مستعمرة (mustaemara)
Colômbia: (F) كولومبيا (kulumbia)
combinado nórdico: تزلج نوردي (tazluj nuridi)
comboio: (M) قطار (qitar)
comboio a vapor: (M) قطار بخار (qitar bukhar)
comboio de alta velocidade: (F) قطارات فائقة السرعة (qitarat fayiqat alsure)
comboio de mercadorias: (M) قطار شحن (qitar shahn)
comentador: (M) معلق (muealaq)
comer: يتناول (yatanawal)
cometa: (M) مذنب (mudhnib)
comida de rua: (M) أكل الشارع ('akl alshsharie)
com licença: اعذرني (aedhirni)
Como: كيف (kayf)
Como estás?: كيف حالك؟ (kayf halk?)
Comores: (F) جزر القمر (juzur alqamar)
Como te chamas?: ما اسمك؟ (ma asmak?)
companhia aérea: (F) شركة طيران (sharikat tayaran)
companhia deles: شركتهم (sharikatuhum)
competição de skate: التزلج على اللوح (altazaluj ealaa allawh)
composição: (M) مقال (maqal)
composquímico: (M) مركب كيميائي (markab kimiayiy)
compota: (M) مربى (marabaa)
comprar: يشتري (yashtari)
comprido: طويل (tawil)
comprimido: (F) حبة دواء (habat diwa')
comprimido para dormir: (F) حبوب منومة (hubub munawama)
comédia: (F) كوميديا (kumidia)
concerto: (F) حفلة موسيقية (haflat muwsiqia)
concha: (F) صدفة (sudfa), (F) مغرفة (mughrifa)
concussão: (M) ارتجاج (airtijaj)
cone: (M) مخروط (makhrut)
congelador: (M) فريزر (farizr)
consertar: يصلح (yuslih)
constipação: (M) برد (bard)
consultor: (M) مستشار (mustashar)
conta: (F) فاتورة (fatura)
conta bancária: (M) حساب مصرفي (hisab masrifiun)
contabilidade: (F) محاسبة (muhasaba)
contabilista: (M) محاسب (muhasib)
contar: يحسب (yahsab)

contentor: (F) حاوية (hawia)
conteúdo: (M) محتوى (muhtawaa)
continente: (F) قارة (qara)
contrabaixo: (M) كمان أجهر (kaman 'ajhar)
controlador de tráfego aéreo: (M) مراقب الحركة الجوية (muraqib alharakat aljawiya)
controlo remoto: (M) جهاز التحكم (jihaz altahakum)
conversação: (F) دردشة (durdsha)
convidado: (M) زائر (zayir)
convés: (M) ظهر سفينة (zahar safina)
copernício: (M) كوبرنيسيوم (kwbrnysium)
copiar: ينسخ (yansukh)
copo: (M) كوب (kub), (M) فنجان (fanajaan)
corajoso: شجاع (shujae)
coração: (M) قلب (qalb)
cordilheira: (F) سلسلة جبال (silsilat jibal)
Coreia do Norte: (F) كوريا الشمالية (kuria alshamalia)
Coreia do Sul: (F) كوريا الجنوبية (kuria aljanubia)
coroa: (M) تاج (taj), (M) كرون (kurun)
corredor: (M) رواق (rawaq), (M) ممر (mamari)
correio eletrónico: (M) بريد إلكتروني (barid 'iiliktruniin)
corrente: (M) جنزير (janzir)
correr: يجري (yajri)
correto: صحيح (sahih)
corretor: (M) خافي العيوب (khafi aleuyub), (M) سمسار البورصة (samasar albursa)
corrida: الجري (aljariu)
corrida com barreiras: حواجز (hawajiz)
corrida de velocidade: الجري السريع (aljariu alsarie)
corta-relva: (F) جزازة عشب (jizaazat eashab)
corta-unhas: (F) قلامة الأظافر (qalamat al'azafir)
cortar: يقطع (yaqtae)
cortina: (F) ستارة (sitara)
cortina de chuveiro: (F) ستارة الحمام (sitarat alhamam)
coruja: (F) بومة (bawma)
corvo: (M) غراب (ghurab), (M) غراب أسود (gharab 'aswad)
costa: (M) ساحل (sahil)
Costa do Marfim: (F) ساحل العاج (sahil aleaji)
Costa Rica: (F) كوستاريكا (kustarika)
costas: (M) الظهر (alzuhr)
costela: (M) ضلع (dalae)
cotovelo: (M) كوع (kue)
couve-flor: (M) قرنبيط (qarnabit)
couve-rábano: (M) كرنب ساقي (karnab saqi)
couve de Bruxelas: (M) كرنب بروكسل (karnab bruksil)
covinha: (F) غمازة (ghamaza)
cozido: مغلي (maghli)
cozinha: (M) مطبخ (mutabikh)
cozinhar: يطبخ (yutabikh)
cozinheiro: (M) طباخ (tabakh)
cratera: (F) فوهة بركان (fawhat burkan)
creche: (F) حضانة (hadana)
creme: (M) كريم (karim)
creme antirrugas: (M) كريم ضد التجاعيد (karim didi altajaeid)

creme azedo: (F) كريمة حامضة (karimat hamida)
creme chantilly: (F) قشدة (qashida)
creme de leite: (M) كاسترد (kaistarad)
creme facial: (M) كريم الوجه (karim alwajh)
crepe: (M) الكريب (alkarib)
crescer: ينمو (yanmu)
criança: (M) طفل (tifl)
criminoso: (M) مجرم (majrim)
crocodilo: (M) تمساح (tamsah)
croissant: (M) كرواسون (karwasun)
cronómetro: (F) ساعة توقيف (saeat tawqif)
crosta terrestre: (F) القشرة الأرضية (alqishrat al'ardia)
Croácia: (F) كرواتيا (kuruatia)
cru: نئ (nay)
cruzamento: (M) تقاطع (tuqatie)
cruzeiro: (F) سفينة سياحية (safinat siahia)
crânio: (F) الجمجمة (aljamjama)
crípton: (M) كريبتون (karaybitun)
críquete: (M) كريكيت (karikit)
crómio: (M) كروم (kurum)
Cuba: (F) كوبا (kuba)
cubo: (M) مكعب (mukaeab)
cuecas: (M) اللباس الداخلي (allibas alddakhiliu)
culpado: مذنب (mudhnib)
culturismo: كمال أجسام (kamal 'ajsam)
cunhada: (F) اخت الزوج / اخت الزوجة ('ukht alzawj / 'ukht alzawja)
cunhado: (M) شقيق الزوج / شقيق الزوجة (shaqiq alzawj / shaqiq alzawja)
curgete: (F) الكوسة (alkawsa)
curling: كيرلنج (kayarlnij)
curto: قصير (qasir)
curva: (M) منحنى (manhanaa)
cuspir: يبصق (yubsiq)
cádmio: (M) كادميوم (kadmyum)
cálcio: (M) كالسيوم (kalsyum)
cápsula: (F) كبسولة (kabsula)
cárie: (M) تسوس الأسنان (tsws al'asnan)
câmara: (F) كاميرا (kamira)
câmara de segurança: (F) كاميرا الأمن (kamira al'amn)
câmara de vídeo: (F) كاميرا الفيديو (kamyra alfidyu)
câmara digital: (F) كاميرا رقمية (kamira raqmia)
câmara instantânea: (F) كاميرا فورية (kamira fawria)
câmara municipal: (M) مبنى البلدية (mabnaa albaladia)
cãibra: (M) تشنج (tashanaj)
cão: (M) كلب (kalb)
cérebro: (M) مخ (makh)
cério: (M) سيريوم (syrium)
césio: (M) سيزيوم (sayazyum)
círculo: (F) دائرة (dayira)
código de barras: (M) رمز شريطي (ramz sharitiun)
código postal: (M) رمز بريدي (ramz bridiun)
cólon: (M) قولون (qulun)
côr-de-rosa: وردي (waradi)

cúrio: (M) كوريوم (kurium)

D

damas: (F) الداما (aldaama)
dança: رقص (raqs)
dança de salão: (F) قاعة رقص (qaeat raqs)
dança latina: (M) الرقص اللاتيني (alraqs alllatiniu)
dançarino: (M) راقص (raqis)
dar: يعطي (yueti)
dardos: (F) لعبة الرشق بالسهام (luebat alrashq bialsiham)
darmstácio: (M) دارمشتاتيوم (darmshtatyum)
dar um pontapé: يركل (yurkil)
data de validade: (M) تاريخ انتهاء الصلاحية (tarikh aintiha' alsalahia)
decímetro: (M) ديسيمتر (disimtar)
dedo: (M) اصبع اليد ('iisbae alyad)
dedo anelar: (M) البنصر (albunsur)
dedo do meio: (F) الوسطى (alwustaa)
dedo do pé: (M) إصبع القدم ('iisbae alqadam)
dedo indicador: (F) السبابة (alsababa)
dedo mindinho: (M) الخنصر (alkhunsur)
defender: يدافع (yudafie)
deitar: يستلقي (yastalqi)
delgado: نحيل (nuhil)
delineador: (M) محدد عيون (muhadad euyun)
denominador: (M) مقام (maqam)
dente: (M) سن (sini)
dente-de-leão: (M) الهندباء (alhundba')
dentista: (M) طبيب أسنان (tbyb 'asnan)
dentro: بالداخل (bialddakhil)
departamenjurídico: (M) القسم القانوني (alqism alqanuniu)
departamento: (M) قسم (qasam)
depois de amanhã: بعد غد (baed ghad)
dermatologia: (M) طب الأمراض الجلدية (tb al'amrad aljuldia)
descansar: يستريح (yastarih)
Desculpa: آسف (asif)
desenho: (M) رسم (rusim)
deserto: (F) صحراء (sahra')
desfiladeiro: (M) واد ضيق (wad dayq)
desfrutar: يستمتع (yastamtae)
designer: (M) مصمم (musamim)
desmaiar: يغمي عليه (yaghmi ealayh)
detergente em pó: (M) مسحوق الغسيل (mashuq alghasil)
detetive: (M) مخبر (mukhbir)
detetor de fumo: (M) كاشف الدخان (kashif aldukhkhan)
dezembro: (M) ديسمبر (disambir)
dia: (M) يوم (yawm)
diabetes: (F) داء السكري (da' alsukari)
Dia de Ação de Graças: (M) عيد الشكر (eyd alshukr)
diafragma: (M) الحجاب الحاجز (alhijab alhajiz)
diagonal: (M) قطري (qatariun)
diamante: (M) ماس (mas)

diarreia: (M) إسهال ('iishal)
dicionário: (M) قاموس (qamus)
difícil: صعب (saeb)
digitalizador: (M) ماسح ضوئي (masih dawyiyun)
digitalizar: يمسح (yamasah)
dim sum: (F) ديم سم (dim sm)
Dinamarca: (F) الدنمارك (aldanimark)
dinheiro: (M) مال (mal)
dinossauro: (M) ديناصور (dinasur)
diploma: (M) دبلوم (dablum)
direita: يمين (yamin)
diretor: (M) مدير (mudir)
diretor executivo: (M) رئيس مجلس (rayiys majlis)
disco: (M) قرص لعبة هوكي (qurs luebat huki)
disco rígido: (M) قرص صلب (qurs sulb)
discoteca: (M) ملهي ليلي (malhi layliin)
discutir: يناقش (yunaqish)
disparar: يطلق النار (yutliq alnaar)
disprósio: (M) ديسبروسيوم (dysbrwsywm)
distrito: (F) مقاطعة (muqataea)
dividendo: (F) حصة أرباح (hisat 'arbah)
divisão: (F) قسمة (qisma)
divórcio: (M) طلاق (talaq)
diário: (F) مذكرات يومية (mudhakirat ywmytan)
dióxido de carbono: (M) ثاني أكسيد الكربون (thani 'uksid alkarbun)
DJ: (M) دي جي (DJ)
Djibouti: (F) جيبوتي (jibuti)
doce: حلو (halu)
doente: مريض (marid)
dois pontos: (F) نقطتان رأسيتان (naqitatan rasitan)
domingo: (M) الأحد (al'ahad)
dominó: (F) دومينو (duminu)
Domínica: (F) دومينيكا (duminika)
dor de cabeça: (M) صداع (sudae)
dor de dentes: (M) وجع الاسنان (wajae al'asnan)
dor de estômago: (M) ألم المعدة ('alam almueada)
dor de garganta: (M) إلتهاب الحلق ('iiltahab alhalaq)
dormir: ينام (yanam)
dormitório: (F) غرفة السكن (ghurfat alsakan)
dose: (F) جرعة (jurea)
doutoramento: (F) دكتوراه (dukturah)
duas da tarde: الساعة الثانية بعد الظهر (alssaeat alththaniat baed alzuhr)
dumpling: (F) زلابية (zalabia)
duodeno: (M) اثنا عشر (athna eashar)
duro: صلب (sulb)
década: (M) عقد (eaqad)
dólar: (M) دولار (dular)
dónute: (M) دونات (dawnat)
dúbnio: (M) دبنيوم (dabanyum)

E

e: و (w)
eclipse lunar: (M) خسوف القمر (khasawf alqamar)
eclipse solar: (M) كسوف الشمس (kusuf alshams)
economia: (M) علم الاقتصاد (eulim alaiqtisad)
ecrã: (F) شاشة (shasha)
ecrã de cinema: (F) شاشة (shasha)
ecrã plano: (F) شاشة مسطحة (shashatan mustaha)
eczema: (M) الأكزيما (al'akzima)
editora: (M) ناشر (nashir)
educadora de infância: (F) معلمة روضة أطفال (maelamat rawdat 'atfal)
educação física: (F) تربية بدنية (tarbiat bidaniya)
efeisecundário: (F) الآثار الجانبية (alathar aljanibia)
Egito: (F) مصر (misr)
einsténio: (M) آينشتاينيوم (ayanshtaynyawm)
ela: هي (hi)
ele: هو (hu)
elefante: (M) فيل (fil)
elenco: (M) طاقم (taqim)
eles: هم (hum)
eletricidade: (F) طاقة (taqa)
eletricista: (M) كهربائي (kahrabayiyun)
eletrocussão: (F) صدمة كهربائية (sadmat kahrabayiya)
eletrão: (M) إلكترون ('iilaktarun)
elevador: (M) مصعد (masead)
elipse: (M) القطع الناقص (alqitae alnaaqis)
El Salvador: (F) السلفادور (alsalfadur)
elástico de borracha: (M) شريط مطاطي (sharit mattatiin)
elástico de cabelo: (F) ربطة شعر (ribtat shaear)
elétrico: (M) ترام (turam)
elíptico: جهاز الأوربتراك (jihaz al'uwrbtarak)
emagrecer: يخسر وزنا (yakhsar waznanaan)
embaixada: (F) سفارة (sifara)
embraiagem: (M) القابض (alqabid)
embrião: (M) جنين (jinin)
emergência: (F) حالة طوارئ (halat tawari)
emergências: (F) غرفة الطوارئ (ghurfat altawari)
Emirados Árabes Unidos: (F) الامارات العربية المتحدة (al'imarat alearabiat almutahida)
empilhadora: (F) رافعة شوكية (raafieat shukia)
emplastro: (M) لزق طبي (lizq tibiyun)
empregado: (M) موظف (muazaf)
empregado da limpeza: (M) منظف (munazaf)
empregado de mesa: (M) نادل (nadil)
empregador: (M) صاحب العمل (sahib aleamal)
empresário: (M) رائد أعمال (rayid 'aemal)
empréstimo: (M) قرض (qard)
empurrar: يدفع (yadfae)
encaracolado: (M) مجعد (majead)
encolher: ينكمش (ynkmsh)
encomenda: (M) طرد (tard)
encontrar: يجد (yajid), يقابل (yaqabil)
encosta: (M) منحدر (munhadar)
endereço: (M) عنوان (eunwan), (M) رابط (rabt)

endereço de correio eletrónico: (M) عنوان البريد الإلكتروني (eunwan albarid al'iiliktrunii)
endocrinologia: (M) علم الغدد (eulim alghadad)
endro: (M) شبت (shabat)
enfermeira: (F) ممرضة (mumarada)
engarrafamento: (M) اختناق مروري (aikhtinaq murawri)
engenheiro: (M) مهندس (muhandis)
engolir: يبتلع (yabtalie)
engordar: يزيد وزنا (yazid waznanaan)
engraçado: مضحك (madhak)
enorme: ضخم (dakhm)
ensolarado: مشمس (mushmis)
enteada: (F) ابنة الزوج / ابنت الزوجة (aibnatu alzawj / aibnat alzawja)
enteado: (M) ابن الزوج / ابن الزوجة (abn alzawj / abn alzawja)
entrada: (F) مقبلات (muqbilat)
entregar: يسلم (yusalim)
então: ثم (thuma)
envelope: (M) ظرف (zarf)
envenenamento: (M) تسمم (tusamim)
enxada: (F) مجرفة (mujrifa)
enxaqueca: (M) صداع نصفي (sudae nasfi)
enxofre: (M) كبريت (kubrit)
epilepsia: (M) صرع (sarae)
episiotomia: (M) بضع الفرج (bde alfaraj)
equador: (M) خط الاستواء (khati alaistiwa')
Equador: (F) الإكوادور (al'iikwadur)
equação: (F) معادلة (mueadila)
Eritreia: (F) إريتريا ('iiritaria)
errado: خاطٍ (khati)
erupção cutânea: (M) طفح جلدي (tafah jaladi)
erva daninha: (F) عشبة ضارة (eshbt dara)
ervilha: (F) بازلاء (baizla')
escada: (M) سلالم (salalm), (M) سلم (salam)
escalada: تسلق (tasaluq)
escalada no gelo: تسلق الجليد (tasaluq aljalid)
escalar: يتسلق (yatasalaq)
escavadora: (M) حفار (hifar)
escavar: يحفر (yahfur)
escola: (F) مدرسة (madrasa)
escola de negócios: (F) كلية إدارة الأعمال (kuliyat 'iidarat al'aemal)
escola do segundo ciclo: (F) مدرسة إعدادية (madrasat 'iiedadia)
escola primária: (F) مدرسة ابتدائية (madrasat aibtidayiya)
escolher: يختار (yakhtar)
esconder: يخفي (yukhfi)
escorpião: (M) عقرب (eaqarab)
escorrega: (F) زلاقة (zalaqa)
escorrega aquático: (F) زلاجة مائية (zilajat mayiya)
escova: (F) فرشاة (farasha)
escova de dentes: (F) فرشاة أسنان (farashat 'asnan)
escova de sanita: (F) فرشاة المرحاض (farashat almirhad)
escrever: يكتب (yaktub)
escritório: (F) حجرة العمل (hujrat aleamal), (M) مكتب (maktab)
escroto: (M) الصفن (alsifn)

escultura: (M) النحت (alnaht)
escuro: غامق (ghamiq)
escândio: (M) سكانديوم (skandyum)
esfera: (F) الكرة (alkura)
esferográfica: (M) قلم حبر (qalam habar)
esfomeado: جوعان (jawean)
esgrima: مبارزة سيف الشيش (mubarazat sayf alshiysh)
Eslováquia: (F) سلوفاكيا (slufakia)
Eslovénia: (F) سلوفينيا (slufinia)
Espanha: (F) اسبانيا ('iisbania)
Espanhol: (M) أسباني ('asbani)
esparguete: (F) السباغيتي (alsbaghiti)
espaço: (F) مسافة (masafa)
espelho: (F) مرآة (mara)
espelho lateral: (F) مرآة جانبية (marat janibia)
esperar: ينتظر (yantazir)
esperma: (M) حيوان منوي (hayawan manawi)
esperto: ذكي (dhuki)
espetada: (M) سيخ (sykh)
espinafre: (M) سبانخ (sabanikh)
espinha: (M) عظام السمكة (eizam alsamaka)
esplanada: (M) تنزه (tanzah)
esponja: (M) إسفنج ('iisfanij)
esponja para pó compacto: (F) اسفنجة مكياج الوجه (aisfinajat mikyaj alwajh)
esposa: (F) زوجة (zawja)
espreguiçadeira: (M) كرسي المركب (kursii almarkab)
espuma de barbear: (M) معجون الحلاقة (maejun alhalaqa)
espátula: (M) سكين معجون (sikin maejun)
esquadra: (M) مركز شرطة (markaz shurta)
esqueleto: (M) الهيكل العظمي (alhaykal aleazmiu)
esquerda: يسار (yasar)
esqui: تزحلق (tazahalaq), (M) تزلج (tazlaj)
esqui aquático: تزلج على الماء (tazalij ealaa alma')
esqui de estilo livre: تزلج حر (tazlij hurun)
esqui de fundo: التزلج عبر البلاد (altazaluj eabr albilad)
esquilo: (M) سنجاب (sanujab)
estado: (F) ولاية (wilaya)
Estados Unidos da América: (F) الولايات المتحدة الأمريكية (alwilayat almutahidat al'amrikia)
estagiário: (M) متدرب (mutadarib)
estanho: (M) قصدير (qasdayr)
estante: (M) رف كتب (raf kutib)
esta semana: هذا الأسبوع (hadha al'usbue)
estação de bombeiros: (F) محطة إطفاء (mahatat 'iitfa')
estação de comboios: (F) محطة قطار (mahatat qitar)
estação de correios: (M) مكتب البريد (maktab albarid)
estação de tratamende águas residuais: (F) محطة الصرف الصحي (mahatat alsirf alsihiyi)
estação espacial: (F) محطة فضاء (mahatat fada')
este: شرق (shrq)
este ano: هذه العام (hadhih aleamu)
esteira: جهاز المشي (jihaz almashi)
este mês: هذا الشهر (hadha alshahr)
esterno: (M) عظم القص (eizm alqasi)

estetoscópio: (F) سماعة الطبيب (samaeat altabib)
estojo: (F) مقلمة (muqlima)
estrada: (M) طريق (tariq)
estranho: غريب (ghurayb)
estreito: ضيق (dayq)
estrela: (M) نجم (najam)
estrela-do-mar: (M) نجم البحر (najam albahr)
estrutura química: (M) التركيب الكيميائي (altarkib alkimiayiyu)
estrôncio: (M) سترونشيوم (strunshyum)
estudar: يدرس (yadrus)
estufa: (M) بيت زجاجي (bayt zijajiin)
estádio de futebol: (M) ستاد كرة قدم (satad kurat qadam)
Está tudo bem?: هل انت بخير؟ (hal 'ant bakhyr?)
Estónia: (F) استونيا ('iistunia)
estômago: (F) معدة (mueada)
estúpido: غبي (ghabi)
esófago: (M) مريء (mari')
Etiópia: (F) اثيوبيا ('iithyubiaan)
eu: أنا ('ana)
Eu amo-te: أحبك ('ahbak)
eucalipto: (M) أوكالبتوس ('awakalbtus)
Eu concordo: أنا موافق ('ana muafiq)
Eu gosde ti: أنا معجب بك ('ana maejib bik)
Eu não gosdisto: أنا لا أحب هذا ('ana la 'uhibu hdha)
Eu não sei: أنا لا أعرف ('ana la 'aerif)
Eu preciso disto: انا بحاجة لهذا ('iinaa bihajat lhdha)
Eu quero isto: أريد هذا ('urid hdha)
Eu quero mais: أريد المزيد ('urid almazid)
euro: (M) يورو (ywrw)
európio: (M) يوروبيوم (yurubium)
Eu sei: أنا أعرف ('ana 'aerif)
Eu tenho um cão: عندي كلب (eindi kalib)
exame: (M) امتحان (aimtihan)
exaustor: (M) طبخ هود (tbkh hud)
executivo: (M) مدير (mudir)
expresso: (M) إسبرسو ('iisbarisu)
extintor: (F) طفاية حريق (tifayat hariq)

F

faca: (F) سكينة (sakina)
faca utilitária: (F) سكينة (sakina)
fade banho: (F) ملابس سباحة (mulabis sibaha)
fade esqui: (F) بدلة تزلج (badalat tazlij)
fade mergulho: (F) بدلة الغوص (badlat alghaws)
fade treino: (F) بدلة رياضية (badlat riadia)
faespacial: (F) بدلة فضاء (badalat fada')
fagote: (M) زمخر (zamkhr)
Fahrenheit: فهرنهايت (fahrnihayt)
faia: (M) الزان (alzan)
falar: يتحدث (yatahadath)
falcão: (M) صقر (saqr)

falhar: يفشل (yafshil)
farinha: (M) دقيق (daqiq)
farmacêutico: (M) صيدلي (sayadli)
farmácia: (F) صيدلية (sayadlia)
faroeste: (M) فيلم رعاة البقر (film rueat albaqar)
farol: (F) منارة (manara)
farol dianteiro: (M) ضوء أمامي (daw' 'amami)
fatias de batata: (F) بطاطس ودجز (batatis wadajz)
fato: (F) بدلة (badala)
fax: (M) فاكس (fakis)
febre: (M) حمى (humaa)
fechar: يغلق (yaghliq)
fecho: (F) سستة (sasta)
feijão: (M) فول (fawal)
feijão cozido: (F) بقوليات مطهوة (bqwlyat mathu)
feio: قبيح (qabih)
feira popular: (F) مدينة المعارض (madinat almuearid)
feliz: سعيد (saeid)
feng shui: (M) فنغ شوي (fangh shwy)
ferida: (M) جرح (jurh)
fermenem pó: (M) مسحوق الخبيز (mashuq alkhabiz)
ferro: (M) حديد (hadid)
ferro de engomar: (F) مكواه كهربائية (makwah kahrabayiya)
ferro para caracóis: (F) مكواة التجعيد (mukawat altajeid)
ferver: يغلي (yaghli)
festa de aniversário: (F) حفلة عيد ميلاد (haflat eid milad)
feta: (F) جبنة فيتا (jabnat fitana)
feto: (M) سرخس (sarkhas), (M) جنين (jinin)
fevereiro: (M) فبراير (fibrayir)
ficar de pé: يقف (yaqif)
ficheiro: (M) ملف (milaf)
ficção científica: (M) خيال علمي (khial eilmiin)
figo: (M) تين (tayn)
Fiji: (F) فيجي (fiji)
fila: (M) صف (saf)
filha: (F) ابنة (aibnatu)
filho: (M) ابن (abn)
filiação: (F) عضوية (eudwia)
Filipinas: (F) الفلبين (alfalabin)
filme de terror: (M) فيلم رعب (film raeb)
filosofia: (F) فلسفة (falsifa)
filtro: (M) فلتر (faltr)
Finlândia: (F) فنلندا (finlanda)
fisioterapeuta: (M) أخصائي العلاج الطبيعي ('akhisayiy aleilaj altabieii)
fisioterapia: (M) العلاج الطبيعي (aleilaj altabieiu)
fita-cola: (M) شريط لاصق (sharit lasiq)
fita isoladora: (M) شريط عازل (sharit eazil)
fita métrica: (M) شريط القياس (sharit alqias)
fita para transpiração: (F) عصابة الرأس (easabat alraas)
fitar: يحدق (yuhdiq)
fixe: مرح (marah)
flamingo: (M) البشروس (albashrus)

flash: (M) فلاش (falash)
flauta transversal: (M) ناي (nay)
fleróvio: (M) فليروفيوم (falirufium)
flexão: تمرين ضغط (tamrin daght)
flexão abdominal: تمارين البطن (tamarin albatn)
flor: (F) زهرة (zahra)
florescer: (M) زهر (zahr)
floresta: (F) غابة (ghaba)
floresta tropical: (F) غابة استوائية (ghabatan aistiwayiya)
florista: (M) بائع زهور (bayie zuhur)
flúor: (M) فلور (falur)
foca: (F) فقمة (faqima)
fofo: لطيف (latif)
fogo: (F) نار (nar)
fogueira: (F) نيران المعسكرات (niran almueaskarat)
foguetão: (M) صاروخ (sarukh)
fogão: (M) موقد (mawqid)
folha: (F) ورقة شجرة (waraqat shajaratan)
folheto: (F) نشرة (nashra)
fonte: (F) نافورة (nafura)
fora: بالخارج (bialkharij)
forcado: (F) مذراة (midhra)
formação vocacional: (M) تدريب مهني (tadrib mahniun)
formiga: (F) نملة (namla)
formula 1: فورمولا ١ (fwrmwla 1)
forno: (M) فرن (faran)
forte: قوي (qawiun)
força: (F) قوة (qua)
fotografia: (F) صورة (sura)
fotografia de família: (F) صورة عائلية (surat eayilia)
fotógrafo: (M) مصور (musawir)
fraco: ضعيف (daeif)
fralda: (F) حفاضات الأطفال (hafadat al'atfal)
framboesa: (M) توت العليق (tawatu alealiq)
Francês: (M) فرنسي (faransi)
frango assado: (F) دجاجة مشوية (dijajat mashawiya)
França: (F) فرنسا (faransa)
fratura: (M) كسر (kasr)
fração: (M) جزء (juz')
freio de mão: (F) فرامل اليد (faramil alyad)
freira: (F) راهبة (rahiba)
frente: أمام ('amam)
frequentemente: غالبا (ghalba)
frigorífico: (F) ثلاجة (thalaja)
frio: بارد (barid)
fritar: يقلي (yaqli)
fruseco: (F) فاكهة مجففة (fakihat mujafafa)
frutaria: (M) فكهاني (fakihani)
frâncio: (M) فرانسيوم (faransium)
fumar: يدخن (yadkhun)
funcho: (F) الشمرة (alshamra)
funcionários: (M) موظفين (muazafin)

funeral: (F) جنازة (jinaza)
funil: (M) قمع (qame)
furacão: (M) إعصار ('iiesar)
furador: (F) خرامة (kharama)
futebol: كرة قدم (kurat qadam)
futebol americano: كرة قدم أمريكية (kurat qadam 'amrikia)
futebol australiano: كرة قدم استرالية (kurat qadam aistiralia)
fábrica: (M) مصنع (masnae)
fácil: سهل (sahl)
férmio: (M) فرميوم (farmyum)
fígado: (M) كبد (kabad)
física: (F) فيزياء (fayazia')
físico: (M) فيزيائي (fiziayiy)
fósforo: (M) فوسفور (fawsafur), (M) كبريت (kubrit)

G

gabardine: (M) معطف واق من المطر (maetif waq min almatar)
Gabão: (F) الغابون (alghabun)
gadolínio: (M) غادولينيوم (ghadulinyum)
gafanhoto: (M) جراد (jarad)
gaivota: (M) نورس (nuris)
galeria de arte: (M) معرض فنون (maerid funun)
galinha: (F) دجاجة (dijaja)
galo: (M) ديك صغير (dik saghir)
galochas: (M) حذاء ولينغتون (hidha' walyanghitun)
galáxia: (F) مجرة (majara)
gamão: (F) لعبة الطاولة (luebat alttawila)
Gana: (F) غانا (ghana)
ganancioso: طماع (tamae)
gancho de cabelo: (M) مشبك شعر (mushbik shaear)
ganhar: يفوز (yafuz), يكسب (yaksib)
ganso: (M) إوز ('iuz)
garagem: (M) مرآب (murab)
garantia: (M) ضمان (daman)
garfo: (F) شوكة (shawka)
garrafa: (F) زجاجة (zujaja)
garrafa de água: (F) زجاجة ماء (zujajat ma'an)
garrafa térmica: (M) ابريق الترمس (abriq altaramus)
gasolina: (M) بنزين (bnzyn)
gasóleo: (M) ديزل (dayazil)
gatinhar: يزحف (yazahaf)
gato: (M) قط (qut)
gaveta: (M) درج (daraj)
geco: (M) أبو بريص ('abu baris)
gelado: (F) مثلجات (muthalajat)
gel de cabelo: (M) جل شعر (jla shaear)
gel de duche: (M) جل الاستحمام (jla alaistihmam)
gelo: (M) جليد (jalid)
gema: (M) صفار البيضة (safar albida)
generoso: كريم (karim)
gengibre: (M) زنجبيل (zanjibayl)

genro: (M) زوج الابنة (zawj alaibna)
geografia: (F) جغرافية (jughrafia)
geometria: (M) علم الهندسة (eulim alhindasa)
gerador: (M) مولد كهرباء (mawlid kahraba')
gerente: (M) مدير عام (mudir eamin)
germânio: (M) جرمانيوم (jarmanium)
gesso: (F) ضمادة جبس (damadat jabs)
Geórgia: (F) جورجيا (jurjia)
Gibraltar: (M) جبل طارق (jabal tariq)
gin: (M) جن (jana)
ginecologia: (M) طب النساء (tb alnisa')
ginásio: (M) نادي رياضي (nadi riadiin)
ginástica: الجمباز (aljambaz)
ginástica rítmica: جمباز ايقاعي (jambaz ayqaei)
gira-discos: (M) مشغل الكاسيت (mashghal alkasiat)
girafa: (F) زرافة (zirafa)
girassol: (M) عباد الشمس (eibad alshams)
giz: (M) طباشير (tabashir)
glaciar: (M) نهر الجليد (nahr aljalid)
gladíolo: (M) الزنبق (alzanabuq)
glúten: (M) غلوتين (ghulutin)
gofre: (M) وافل (wafil)
golfe: جولف (julif)
golfinho: (M) دلفين (dilafin)
golo: (M) هدف (hadaf)
goma: (F) علكة الفاكهة (ealikat alfakiha)
gorducho: بدين (bidayn)
gorjeta: (M) بقشيش (bqshysh)
gorro: (F) قبعة منسوجة (qabeatan mansuijatan)
gostar: يعجب (yuejib)
Gostas de mim?: هل تحبني؟ (hal tahbani?)
goulash: (M) غولاش (ghulash)
GPS: (M) جهاز تحديد مواقع (jihaz tahdid mawaqie)
graduação: (M) تخرج (takhruj), (F) درجة (daraja)
grafite: (M) جرافيت (jarafiat)
grama: (M) جرام (jaram)
Granada: (F) غرينادا (ghrynada)
grande: كبير (kabir)
granito: (M) جرانيت (jaraniat)
gravata: (F) ربطة عنق (rabtat eanq)
gravidade: (F) جاذبية (jadhibiatan)
grilo: (M) صرصار الليل (srsar allayl)
gripe: (F) أنفلونزا (anflwnza)
gritar: يصرخ (yusrikh)
Groenlândia: (F) غرينلاند (ghrinland)
groselha: (M) كشمش (kashamsh)
grua: (F) رافعة (raafiea)
Grécia: (F) اليونان (alyunan)
guarda-chuva: (F) مظلة (mizala)
guarda-costas: (M) حارس شخصي (haris shakhsiun)
guarda-roupa: (F) خزانة الثياب (khizanat althiyab)
guarda-sol: (F) مظلة (mizala)

Guatemala: (F) غواتيمالا (ghuatimala)
guaxinim: (M) راكون (rakun)
Guiana: (F) غيانا (ghiana)
guia turístico: (M) مرشد سياحي (murshid siahiun)
Guiné: (F) غينيا (ghinia)
Guiné-Bissau: (F) غينيا بيساو (ghinia bisaw)
Guiné Equatorial: (F) غينيا الإستوائية (ghinia al'iistawayiya)
guitarra: (M) جيتار (jitar)
guitarra elétrica: (M) جيتار كهربائي (jitar kahrabayiyun)
guião: (M) سيناريو (sinariw)
gálio: (M) الغاليوم (alghalyum)
gás: (M) غاز (ghaz)
Gâmbia: (F) غامبيا (ghambia)
géiser: (M) نبع ماء حار (nbe ma' harin)
gémeos: (M) توأم (taw'am)
género: (M) الجنس (aljins)

H

Haiti: (F) هايتي (hayti)
haltere: الدمبل (aldambal)
halterofilismo: رفع اثقال (rafae athqal)
hambúrguer: (M) برغر (barghar), (M) هامبورجر (hamburjr)
hambúrguer de queijo: (M) تشيز برجر (tashiz birajr)
hamster: (M) هامستر (hamstar)
harmónica: (F) هارمونيكا (harmwnyka)
harpa: (M) قيثار (qithar)
heavy metal: هيفي ميتال (hifi mital)
helicóptero: (F) طائرة مروحية (tayirat mirwahia)
hematoma: (F) كدمة (kadima)
hemisfério norte: (M) نصف الكرة الشمالي (nsf alkurat alshamaliu)
hemisfério sul: (M) نصف الكرة الجنوبي (nsf alkurat aljanubiu)
hemorroide: (F) البواسير (albawasir)
herança: (M) إرث ('iirth)
herdeiro: (M) وريث (warith)
hexágono: (M) سداسي أضلاع (sdasi 'adlae)
hidrogénio: (M) هيدروجين (hydrwjyn)
hidroterapia: (M) العلاج المائي (aleilaj almayiy)
Himalaias: (M) الهيمالايا (alhimalaya)
hipertensão: (M) ضغط دم مرتفع (daght dama murtafie)
hipnose: (M) التنويم المغناطيسي (altanwim almughnatisaa)
hipopótamo: (M) فرس النهر (faras alnahr)
história: (M) تاريخ (tarikh)
hoje: اليوم (alyawm)
homem: (M) رجل (rajul)
homeopatia: (F) معالجة مثلية (muealajat mithlia)
Honduras: (F) هندوراس (hunduras)
Hong Kong: (F) هونغ كونغ (hungh kungh)
hora: (F) ساعة (saea)
hora de ponta: (F) ساعة الذروة (saeat aldharwa)
horário: (M) جدول المواعيد (jadwal almawaeid)
horário de visita: (F) ساعات الزيارة (saeat alziyara)

hospital: (M) مستشفي (mustashfi)
hotel: (M) فندق (funduq)
hot pot: (M) وعاء ساخن (wiea' sakhin)
humidade: (F) رطوبة (ratuba)
Hungria: (F) المجر (almajar)
háfnio: (M) هفنيوم (hafnyum)
hássio: (M) هاسيوم (hasium)
hélio: (M) هيليوم (hylyum)
hífen: (F) شرطة (shurta)
hólmio: (M) هولميوم (hulmywm)
hóquei em campo: هوكي (huki)
hóquei no gelo: هوكي الجليد (hwki aljalid)

I

iate: (M) يخت (yikht)
iene: (M) ين (yn)
igreja: (F) كنيسة (kanisa)
ilha: (F) جزيرة (jazira)
Ilha Formosa: (F) تايوان (taywan)
Ilhas Caimão: (F) جزر كايمان (juzur kayman)
Ilhas Cook: (F) جزر كوك (juzur kuk)
Ilhas Féroe: (F) جزر فارو (juzur farw)
Ilhas Malvinas: (F) جزر فوكلاند (juzur fukland)
Ilhas Marshall: (F) جزر مارشال (juzur marishal)
Ilhas Salomão: (F) جزر سليمان (juzur sulayman)
iluminação pública: (M) ضوء الشارع (daw' alshsharie)
imediatamente: فورا (fawraan)
imposto: (F) ضريبة (dariba)
impressora: (F) طابعة (tabiea)
impressão digital: (F) بصمة (basima)
imprimir: يطبع (yatbae)
inalador: (M) المستنشق (almustanshaq)
incêndio: (M) حريق (hariq)
Indonésia: (F) اندونيسيا ('iindunisia)
infeção: (F) عدوى (eadwaa)
informação turística: (F) معلومات سياحية (maelumat siahia)
infusão: (M) علاج عن طريق الوريد (eilaj ean tariq alwarid)
Inglês: (M) انجليزي (anjilizi)
injusto: ظالم (zalim)
insulina: (M) أنسولين ('ansulin)
intercomunicador para bebé: (M) مراقب طفل (muraqib tifl)
interruptor: (M) مفتاح الإضاءة (miftah al'iida'a)
intestino: (F) أمعاء ('amea')
intestino delgado: (F) أمعاء دقيقة ('amea' daqiqa)
inundação: (M) فيضان (fayudan)
inverno: (M) الشتاء (alshita')
investimento: (M) استثمار (aistithmar)
iodo: (M) يود (yawadu)
ioga: يوجا (yawja)
iogurte: (M) زبادي (zabadi)
Iraque: (M) العراق (aleiraq)

Irlanda: (F) أيرلندا ('ayrlanda)
irmã mais nova: (F) أخت صغيرة ('ukht saghira)
irmã mais velha: (F) أخت كبرى ('ukht kubraa)
irmão mais novo: (M) أخ صغير ('akh saghir)
irmão mais velho: (M) اخ أكبر ('akh 'akbar)
irmãos: (M) أخوة وأخوات ('ukhuat wa'akhawat)
Irão: (F) ايران ('iiran)
Irídio: (M) إيريديوم ('iiridium)
Islândia: (F) أيسلندا ('ayslanda)
isqueiro: (F) ولاعة (walaea)
Israel: (F) إسرائيل ('iisrayiyl)
isto: هذا (hadha)
isótopo: (F) النظائر (alnazayir)
Itália: (F) ايطاليا ('iitalia)
itérbio: (M) إتيربيوم ('iityrbium)
ião: (M) أيون ('ayuwn)
Iémen: (M) اليمن (alyaman)

J

jaca: (M) الكاكايا (alkakaya)
jade: (M) يشم (yshm)
Jamaica: (F) جامايكا (jamayka)
janeiro: (M) يناير (yanayir)
janela: (M) شباك (shibak), (F) نافذة (nafidha)
jantar: (M) عشاء (easha')
jantar de negócios: (M) عشاء عمل (easha' eamal)
Japonês: (M) ياباني (yabaniin)
Japão: (F) اليابان (alyaban)
jarda: (F) ياردة (yarda)
jardim: (F) حديقة (hadiqa)
jardim botânico: (F) حديقة النباتية (hadiqat alnabatia)
jardim de infância: (F) روضة أطفال (rawdat 'atfal)
jardim zoológico: (F) حديقة حيوان (hadiqat hayawan)
jardineiro: (M) بستاني (bustany)
jarro: (M) برطمان (burtuman)
jazz: جاز (jaz)
jet ski: الدراجات المائية (aldirajat almayiya)
jive: (M) رقص الجاز (raqas aljaz)
joalheiro: (M) بائع مجوهرات (bayie mujawaharat)
joaninha: (F) دعسوقة (daesuqa)
joelho: (F) ركبة (rakba)
jogar: يلعب (yaleab)
jogo de cartas: (F) لعبة البطاقات (luebat albitaqat)
jogo de tabuleiro: (F) لوحة ألعاب (lawhat 'aleab)
Jordânia: (M) الأردن (al'urdun)
jornal: (F) جريدة (jarida)
jornalista: (M) صحافي (sahafiin)
jovem: شاب (shab)
judo: جودو (judu)
juiz: (M) قاضي (qady)
julho: (M) يوليو (yuliu)

junho: (M) يونيو (yuniu)
juntos: سويا (sawianaan)
juros: (F) فائدة (fayida)
justo: عادل (eadil)
já: بالفعل (balfel)
Júpiter: (M) المشتري (almushtari)
júri: (F) هيئة المحلفين (hayyat almuhalafin)

K

kartismo: كارتينغ (kartyngh)
kebab: (M) كباب (kabaab)
Kiribati: (F) كيريباتي (kiribati)
Kosovo: (F) كوسوفو (kusufu)
Kuwait: (F) الكويت (alkuayt)

L

laboratório: (M) مختبر (mukhtabar)
lacrosse: لاكروس (lakrus)
ladrão: (M) لص (las)
lagarta: (M) اليسروع (alysrue)
lagarto: (F) سحلية (sahalia)
lago: (F) بحيرة (buhayra)
lago pequeno: (F) بركة (barika)
lagosta: (M) كركند (karikand)
lama: (F) لاما (lama)
lambreta: (F) دراجة بخارية (dirajat bukharia)
lanche: (F) وجبة خفيفة (wajabat khafifa)
lanterna: (M) مصباح يدوي (misbah ydwy)
lantânio: (M) لانثانوم (lanthanum)
lançamendo dardo: رمي الرمح (ramy alramh)
lançamendo disco: رمي القرص (ramy alqars)
lançamendo martelo: رمي المطرقة (ramy almutraqa)
Laos: (F) لاوس (laws)
laranja: برتقالي (burtiqali), (M) برتقال (burtaqal)
largo: واسع (wasie)
largura: (M) عرض (eard)
lariço: (M) أرزية ('arzia)
lasanha: (F) لازانيا (lazania)
lata: (F) علبة (eulba)
Latim: (M) لاتيني (latiniin)
latitude: (M) خط العرض (khat aleard)
laurêncio: (M) لورنسيوم (lurnsywm)
lava: (M) حمم (humam)
lavagem de automóveis: (M) غسيل السيارة (ghasil alsayara)
lavar: يغسل (yaghsil)
lavatório: (M) حوض (hawd)
laço: (F) ربطة عنق القوس (rabtat eunq alqaws)
lechia: (M) ليتشي (litshi)
lei: (M) قانون (qanun)
leite: (M) حليب (halib)

leite de soja: (M) حليب فول الصويا (halib fawal alsawia)
leite em pó: (M) لبن بودرة (laban budra)
leitelho: (M) مخيض اللبَن (makhid allaban)
leitor de CD: (M) مشغل الاقراص (mashaghal alaqras)
leitor de código de barras: (M) قارئ الباركود (qari albarkud)
leitor de DVD: (M) جهاز دي في دي (jihaz di fi di)
leitor de MP3: (M) مشغل أغاني (mashghal 'aghani)
leitão: (M) خنزير صغير (khinzir saghir)
lembrança: (M) تذكار (tadhkar)
lente de contacto: (F) عدسات لاصقة (eadasat lasiqa)
lento: بطئ (bty)
lenço: (F) مناديل (manadil)
leopardo: (M) فهد (fahd)
ler: يقرأ (yaqra)
Lesoto: (F) ليسوتو (laysutu)
lesão: (M) جرح (jurh)
lesão cerebral: (F) إصابة بالرأس ('iisabatan bialraas)
letra: (F) كلمات الأغنية (kalimat al'aghnia), (M) حرف (harf)
Letónia: (F) لاتفيا (latfya)
levantar: يرفع (yarfae)
leve: خفيف (khafif)
levedura: (F) خميرة (khamira)
leão: (M) أسد ('asada)
leão-marinho: (M) أسد البحر ('asada albahr)
libelinha: (M) اليعسوب (alyaesub)
libra: (M) رطل (rutul), (M) جنيه (junayh)
Libéria: (F) ليبيريا (libiria)
licor: (M) ليكيور (likyur)
ligadura: (F) ضمادة (damada)
ligar: يضيئ (yadiy)
lima: (M) ليمون حامض (laymun hamid), (M) مبرد (mubrid)
lima de unhas: (M) مبرد الاظافر (mubrid alazfr)
limite de velocidade: (M) الحد الأقصى للسرعة (alhadu al'uqsiu lilsuriea)
limonada: (M) عصير الليمون (easir allaymun)
limpa para-brisas: (F) ممسحة الزجاج الأمامي (mumsihat alzijaj al'amamii)
limpar: ينظف (yunazif)
limpo: نظيف (nazif)
limusina: (M) ليموزين (liamuzin)
limão: (M) ليمون (limun)
lingerie: (F) ملابس نساء داخلية (mulabis nisa' dakhilia)
linha elétrica: (M) خط كهرباء (khata kahraba')
linha reta: (M) خط مستقيم (khatun mustaqim)
liso: (M) مفرود (mafrud)
Listenstaine: (F) ليختنشتاين (liakhtanshatayin)
literatura: (M) أدب ('adaba)
litro: (M) لتر (ltr)
Lituânia: (F) ليتوانيا (litwania)
livermório: (M) ليفرموريوم (layfarmurium)
livraria: (M) محل كتب (mahalun kutib)
livro: (M) كتاب (kitab)
livro escolar: (M) كتاب مدرسي (kitab madrisiun)
lição: (M) درس (daras)

lobo: (M) ذئب (dhiib)
local de construção: (M) موقع البناء (mawqie albina')
locomotiva: (F) قاطرة (qatira)
loiro: (M) أشقر ('ashqur)
loja de animais: (M) محل حيوانات (mahalu hayawanat)
loja de artigos de desporto: (M) محل رياضي (mahalun riadiun)
loja de brinquedos: (M) محل لعب (mahala laeib)
loja de mobília: (M) محل أثاث (mahalun 'athath)
loja de usados: (M) محل لبيع البضائع المستعملة (mahalun libaye albadayie almustaemala)
longe: بعيد (baeid)
longitude: (M) خط الطول (khat altawl)
lontra: (M) ثعلب الماء (thaealib alma')
losango: (M) معين (maein)
louco: مجنون (majnun)
louva-a-deus: (M) فرس النبي (faras alnabiu)
loção corporal: (M) غسول الجسم (ghusul aljism)
lua: (M) القمر (alqamar)
lua de mel: (M) شهر العسل (shahr aleasal)
lubrificante: (M) زيت تشحيم (zayt tashhim)
lucro: (M) ربح (rbah)
luge: الزحافات الثلجية (alzahafat althaljia)
lula: (M) حبار (hibaar)
luta livre: مصارعة (musariea)
lutar: يقاتل (yuqatil)
lutécio: (M) لوتيتيوم (lutytiwm)
luva: (M) قفاز (qafaz)
luva de basebol: (M) قفاز بيسبول (qafaz biyasbul)
luva de boxe: (M) قفاز الملاكمة (qafaz almulakama)
Luxemburgo: (F) لوكسمبورغ (luksamburgh)
luz de aviso: (M) ضوء تحذير (daw' tahdhir)
luz de freio: (M) مصباح الفرامل (misbah alframl)
luz do sol: (F) أشعة الشمس ('ashieat alshams)
luz traseira: (M) الضوء الخلفي (aldaw' alkhalafiu)
lábio: (F) شفة (shifa)
lápis: (M) قلم رصاص (qalam rasas)
lápis de cera: (M) القلم للتلوين (alqalam liltalwin)
lápis de cor: (M) قلم ملون (qalam mulawan)
lápis de preenchimento: (M) قلم حواجب (qalam hawajib)
lâmina: (F) شفرة حلاقة (shifrat halaqa)
lâmpada: (M) مصباح كهربائي (misbah kahrabayiyin)
lã: (M) صوف (suf)
lémure: (M) الليمور (allayumur)
Líbano: (M) لبنان (lubnan)
Líbia: (F) ليبيا (libia)
líder de claque: (F) مشجعه (mashajieh)
língua: (M) لسان (lisan)
líquido: (M) سائل (sayil)
lítio: (M) ليثيوم (lythyum)

M

macaco: (M) قرد (qarad), (F) رافعة (raafiea)

Macau: (F) ماكاو (makaw)
Macedónia: (F) مقدونيا (maqdunia)
machado: (M) فأس (fas)
Madagáscar: (F) مدغشقر (mudghashqar)
madrasta: (F) زوجة الأب (zawjat al'ab)
maestro: (M) قائد الاوركسترا (qayid alawrkstra)
magma: (F) صهارة (sahara)
magnésio: (M) ماجنسيوم (majnsywm)
magoar: يجرح (yajrah)
magro: نحيف (nahif)
maio: (M) مايو (mayu)
maionese: (M) مايونيز (mayuniz)
mais: أكثر ('akthar)
mala: (F) محفظة نسائية (muhafazat nisayiya)
mala de mão: (F) حقيبة يد (haqibat yd)
Maldivas: (F) جزر المالديف (juzur almaldif)
Mali: (F) مالي (maliin)
Malta: (F) مالطا (malta)
malvado: شرير (sharir)
Malásia: (F) ماليزيا (malizia)
Maláui: (F) ملاوي (malawi)
mamilo: (F) حلمة الثدي (halmat althidi)
mamã: (F) أم ('um)
Mandarim: (M) ماندراين الصينية (mandrayn alsiynia)
manequim: (M) مانيكان (manikan)
manga: (M) مانجو (manju), (M) كم (kam)
manganês: (M) منجنيز (munjaniz)
mangueira: (M) خرطوم مياه (khartum miah)
manhã: (M) صباح (sabah)
manicura: (F) عناية الأظافر (einayat al'azafir)
manjericão: (M) ريحان (rayhan)
manjerona: (M) مردقوش كبير (murdqush kabir)
manteiga: (F) زبدة (zabida)
manteiga de amendoim: (F) زبدة فول سوداني (zabdat fawal sudaniin)
mapa: (F) خريطة (kharita)
maquinista: (M) سائق قطار (sayiq qitar)
mar: (M) بحر (bahr)
maratona: (F) مارا ثون (marathun)
marcação: (M) موعد (maweid)
marcenaria: (F) أشغال الخشب ('ashghal alkhashb)
margaridinha: (M) أقحوان ('aqhawan)
marido: (M) زوج (zawj)
marisco: (F) مأكولات بحرية (makulat bahria)
marketing: (M) تسويق (taswiq)
Mar Mediterrâneo: (M) البحر الأبيض المتوسط (albahr al'abyad almutawasit)
Mar Negro: (M) البحر الأسود (albahr al'aswad)
Marrocos: (F) المغرب (almaghrib)
marshmallow: (F) حلوي الخطمي (hlwy alkhatmii)
Marte: (M) المريخ (almiriykh)
martelar: يضرب بالمطرقة (yadrib bialmutraqa)
martelo: (F) مطرقة (matraqa)
martini: (M) المارتيني (almartiniu)

171

Mar Vermelho: (M) البحر الأحمر (albahr al'ahmar)
março: (M) مارس (maris)
mas: لكن (lkn)
massa: (F) المكرونة (almakruna)
massagem: (M) تدليك (tadlik)
massagista: (M) مدلك (mudalik)
massajar: يدلك (yadluk)
mastro: (M) الصاري (alsaari)
matar: يقتل (yuqtal)
matemática: (F) رياضيات (riadiat)
mau: سيئ (syy)
Mauritânia: (F) موريتانيا (muritania)
Maurícia: (F) موريشيوس (mwryshyws)
maxilar: (M) عظم الفك (eizm alfuki)
maçaneta: (M) مقبض الباب (maqbid albab)
maçã: (F) تفاحة (tafaha)
mecânico: (M) ميكانيكي (mikaniki)
medalha: (F) ميدالية (midalia)
medalha de bronze: (F) ميدالية برونزية (midaliat burunzia)
medalha de ouro: (F) ميدالية ذهبية (midaliat dhahabia)
medalha de prata: (F) ميدالية فضية (midaliat fidiya)
medicina Chinesa: (M) الطب الصيني (altibu alsiyniu)
medir: يقيس (yaqis)
meditação: (M) تأمل (tamal)
medula espinhal: (M) الحبل الشوكي (alhabl alshuwkiu)
medula óssea: (M) نخاع العظم (nakhae aleazm)
medusa: (M) قنديل البحر (qndyl albahr)
meia: (M) جورب (jurib)
meia-calça: (F) جوارب طويلة (jawarib tawila)
meia-noite: (M) منتصف الليل (muntasaf allayl)
meia hora: نصف ساعة (nsf saea)
meio-dia: (M) ظهر (zahar)
meitnério: (M) مايتنريوم (maytnrywm)
mel: (M) عسل (easal)
melancia: (M) بطيخ (batikh)
melodia: (M) لحن (lahn)
melão: (M) شمام (shamam)
membro: (M) عضو (eudw)
memória de acesso aleatório (RAM): (F) ذاكرة الوصول العشوائي (dhakirat alwusul aleashwayiyi)
memória USB: (M) فلاش يو اس بي (falash yu 'iis bi)
mendelévio: (M) مندليفيوم (mndlifium)
menos: أقل ('aqala)
mensagem de voz: (F) رسالة صوتية (risalat sawtia)
menta: (M) نعناع (naenae)
menu: (F) قائمة الطعام (qayimat altaeam)
mercado: (M) سوق (suq)
mercúrio: (M) زئبق (zaybaq)
Mercúrio: (M) عطارد (eatarid)
mergulho: غوص (ghus)
mesa: (F) طاولة (tawila)
mesa de cabeceira: (F) طاولة جانبية (tawilat janibia)
mesa de café: (F) منضدة القهوة (munadadat alqahua)

mesa de snooker: (F) طاولة سنوكر (tawilat sanukir)
mesa de ténis de mesa: (F) طاولة تنس الطاولة (tawilat tans alttawila)
mesmo: حقا (haqana)
mesquita: (M) مسجد (masjid)
mestrado: (M) ماجستير (majstir)
metal: (M) فلز (falaz)
metano: (M) ميثان (maythan)
meteorito: (M) نيزك (nayzk)
metro: (M) قطار تحت الارض (qitar taht al'ard), (M) متر (mitr)
metro cúbico: (M) متر مكعب (mitr mukaeab)
metro quadrado: (M) متر مربع (mitr murabae)
metrópole: (F) مدينة (madina)
meu cão: كلبي (klbi)
micro-ondas: (M) ميكرووييف (mykrwwyf)
Micronésia: (F) ميكرونيزيا (mikrunizia)
microscópio: (M) ميكروسكوب (maykruskub)
milha: (M) ميل (mil)
milho: (F) ذرة (dhara)
mililitro: (M) مللیلتر (malliltar)
milénio: (F) ألفية ('alfia)
milímetro: (M) ميليمتر (milimtar)
mini-autocarro: (F) حافلة صغيرة (hafilat saghira)
minibar: (M) ميني بار (mayni bar)
ministro: (M) وزير (wazir)
minuto: (F) دقيقة (daqiqa)
mirtilo: (M) توت (tut)
moca: (F) موكا (muka)
mochila: (F) حقيبة ظهر (haqibat zahar)
mochila da escola: (F) حقيبة مدرسية (haqibat madrasia)
modelo: (M) عارض (earid)
mode neve: (F) زلاقة الجليد الآلية (zilaqat aljalid alaly)
moeda: (F) عملة (eamila)
mola: (M) مشبك الغسيل (mushbik alghasil)
moldura: (M) إطار الصورة ('iitar alsuwra)
Moldávia: (F) مولدوفا (muldufa)
molhado: مبتل (mubtal)
molho de tomate: (F) صلصة طماطم (salsat tamatim)
molibdénio: (M) موليبدينوم (mwlybdinum)
molécula: (M) جزيء (jazi')
monge: (M) راهب (rahib)
Mongólia: (F) منغوليا (manghulia)
monocarril: (M) خط أحادي (khatun 'ahadi)
monopólio: (M) احتكار (aihtikar)
montanha: (M) جبل (jabal)
montanha russa: (F) أفعوانية ('afiewania)
montante: (M) مبلغ (mablagh)
monte: (M) تل (tal)
Montenegro: (M) الجبل الأسود (aljabal al'aswad)
Montserrat: (F) مونتسيرات (muntsirat)
monumento: (M) نصب تذكاري (nusb tidhkari)
monção: (F) ريح موسمية (rih musmia)
monóxido de carbono: (M) أول أكسيد الكربون ('awal 'uksid alkarbun)

morango: (F) فراولة (farawila)
morcego: (M) خفاش (khafaash)
morder: يلدغ (yaldagh)
mordida: (F) عضة (eda)
moreno: (M) أسمر ('asmar)
morrer: يموت (yamut)
morsa: (M) الفظ (alfizu)
morte: (M) موت (mut)
mosca: (F) ذبابة (dhubaba)
mosquito: (F) ناموسة (namusa)
mostarda: (M) خردل (khardal)
motocicleta: (F) دراجة نارية (dirajat naria)
motociclismo: سباق الدراجات النارية (sibaq aldirajat alnnaria)
motocross: سباق الدراجات البخارية (sibaq aldirajat albukharia)
motor: (M) محرك (muharak)
motorista de autocarro: (M) سائق حافلة (sayiq hafila)
motosserra: (M) منشار كهربائي (minshar kahrabayiyin)
mozarela: (F) جبنة موزاريلا (jabnat muzarila)
Moçambique: (F) موزمبيق (muzimbiq)
mudança automática: (M) أوتوماتيكي ('uwtumatikiun)
mudança manual: (M) ناقل الحركة (naqil alharaka)
mudo: أبكم ('abkam)
muesli: (M) موسلي (musli)
mufti: (M) مفتي (mufti)
muiquente: حار (har)
muito: جدا (jiddaan)
muitos: كثير (kthyr)
muleta: (M) عكاز (eukaaz)
mulher: (F) امرأة (aimra'a)
multa: (F) غرامة (gharama)
multiplicação: (M) ضرب (darab)
museu: (M) متحف (mathaf)
máquina de barbear com lâmina: (M) موس الحلاقة (mus alhalaqa)
máquina de barbear elétrica: (F) ماكينة حلاقة (makint halaqa)
máquina de café: (F) ماكينة القهوة (makinat alqahua)
máquina de costura: (F) ماكينة خياطة (makinat khiata)
máquina de lavar louça: (F) غسالة صحون (ghassalatan suhun)
máquina de lavar roupa: (F) غسالة (ghassala)
máscara de dormir: (M) قناع النوم (qunae alnuwm)
máscara de mergulho: (M) قناع الغوص (qunae alghaws)
máscara facial: (M) قناع الوجه (qunae alwajh)
máximo: معظم (mezm)
mãe: (F) الأم (al'umu)
mão: (F) يد (yd)
médico: (M) طبيب (tabib)
México: (F) المكسيك (almaksik)
mês: (M) شهر (shahr)
mês passado: الشهر الماضي (alshahr almadi)
Mónaco: (F) موناكو (munaku)
músculo: (F) عضلة (eudila)
música clássica: (F) موسيقى كلاسيكية (musiqiun klasikia)
música folclórica: (F) موسيقى شعبية (musiqiun shaebia)

músico: (M) موسيقي (musiqiun)

N

nachos: (M) ناتشوز (natashuz)
nada: لا شيء (la shay')
nadador salvador: (M) منقذ (munaqadh)
nadar: يسبح (yusabih)
namorada: (F) صديقة (sadiqa)
namorado: (M) خليل (khalil)
Namíbia: (F) ناميبيا (namibia)
narciso: (M) النرجس البري (alnarjus albariyu)
narina: (F) فتحة الأنف (fathat al'anf)
nariz: (M) أنف ('anf)
nascimento: (F) ولادة (wilada)
Natal: (M) عيد الميلاد (eid almilad)
natas: (F) قشدة (qashida)
natação: سباحة (sibaha)
natação sincronizada: سباحة ايقاعية (sibahat ayqaei)
Nauru: (F) ناورو (nawru)
navegador: (M) متصفح (mutasafih)
na verdade: في الواقع (fi alwaqie)
navio: (F) سفينة (safina)
navio cargueiro: (F) سفينة شحن (safinat shahn)
nebuloso: ضبابي (dubabi)
neodímio: (M) نيوديميوم (nywdymywm)
Nepal: (F) نيبال (nybal)
Neptuno: (M) نبتون (nabtun)
neptúnio: (M) نبتونيوم (nbtwnywm)
nervo: (M) عصب (easab)
neta: (F) حفيدة (hafida)
neto: (M) حفيد (hafid)
neurologia: (M) علم الأعصاب (eulim al'aesab)
neutrão: (M) نيوترون (nayutirun)
neve: (M) ثلج (thalaj)
nevoeiro: (M) ضباب (dabab)
Nicarágua: (F) نيكاراغوا (nykaraghu)
Nigéria: (F) نيجيريا (nayjiria)
nitrogénio: (M) نيتروجين (nytrwjyn)
Niue: (F) نيوي (nywy)
nióbio: (M) نيوبيوم (nayubium)
nobélio: (M) نوبليوم (nwblywm)
no entanto: بالرغم من (balr ghamin min)
nogado: (F) نوغة (nugha)
noite: (M) ليل (layl)
Noite das Bruxas: (M) عيد الرعب (eyd alrueb)
noiva: (F) خطيبة (khatayba), عروس (eurus)
noivado: (F) خطوبة (khutuba)
noivo: (M) خطيب (khtyb), (M) عريس (earis)
noodles fritos: (F) شعيرية مقلية (shaeiriat maqaliya)
noodles instantâneos: (F) مكرونة سريعة تحضير (makrunat sarieat tahdir)
nora: (F) زوجة الابن (zawjat alaibn)

norte: شمال (shamal)
Noruega: (F) النرويج (alnirwij)
nossa casa: بيتنا (baytina)
nota: (F) نوتة موسيقية (nawtat musiqia), (F) ملاحظة (mulahaza), (F) ورقة نقدية (waraqat naqdia)
notícias: (M) أخبار ('akhbar)
Nova Caledónia: (F) كاليدونيا الجديدة (kalidunia aljadida)
Nova Zelândia: (F) نيوزيلندا (nywzilanda)
novembro: (M) نوفمبر (nufimbir)
novo: جديد (jadid)
noz: (M) جوز (juz), (F) جوزة (jawza)
noz-moscada: (F) جوزة الطيب (jawzat altayib)
nublado: غائم (ghayim)
nuca: (F) مؤخرة العنق (muakharat aleunq)
nugget de frango: (F) قطع دجاج (qate dijaaj)
numerador: (M) بسط (bast)
nuvem: (F) سحابة (sahaba)
nylon: (M) نايلون (nayilun)
nádegas: (M) أسفل ('asfal)
náusea: (M) غثيان (ghuthayan)
não: ليس (lays)
não-metal: (M) لا فلز (la falz)
Não entendo: أنا لا أفهم ('ana la 'afham)
Não interessa: لا يهم (la yuhimu)
Não te preocupes: لا تقلق (la tuqaliq)
néctar: (M) رحيق (rahiq)
négligé: (F) عباءة (eaba'atan)
néon: (M) نيون (niun)
Níger: (F) النيجر (alnyjr)
níquel: (M) نيكل (naykl)
nível de bolha: (M) ميزان تسوية (mizan taswia)
nós: نحن (nahn)
núcleo da Terra: (M) باطن أرض (batin 'ard)
número atómico: (M) عدد ذري (eadad dhuri)
número de conta: (M) رقم الحساب (raqm alhisab)
número de telefone: (M) رقم هاتف (raqm hatif)
número do quarto: (M) رقم الغرفة (raqm alghurfa)

O

oboé: (M) أوبوا ('uwbuu)
Obrigado: شكرا (shukraan)
obturação: (M) حشو الأسنان (hashu al'asnan)
oceano: (M) محيط (muhit)
Oceano Atlântico: (M) المحيط الأطلسي (almuhit al'atlasiu)
Oceano Pacífico: (M) المحيط الهادي (almuhit alhadiu)
Oceano Índico: (M) المحيط الهندي (almuhit alhindiu)
octógono: (M) مثمن (muthman)
ocupado: مشغول (mashghul)
oeste: غرب (gharb)
Ok: حسنا (hasananaan)
olho: (F) عين (eayan)
Olá: مرحبا (marhabaan)

ombro: (M) كتف (kataf)
omoplata: (M) العظم الكتفي (aleazm alkatfiu)
Omã: (F) سلطنة عمان (saltanat eamman)
oncologia: (M) علم الأورام (eulim al'awram)
Onde: أين ('ayn)
Onde é a casa de banho?: أين المرحاض؟ ('ayn almarhad?)
ontem: أمس ('ams)
onça: (F) أونصة ('awnisa)
O ouro é mais caro do que a prata: الذهب أغلى من الفضة (aldhahab 'aghlaa min alfida)
opala: (M) أوبال ('awbal)
operador de câmara: (M) مصور (musawir)
operário: (M) بناء (bina')
optometrista: (M) اخصائي بصريات ('iikhsayiyu bsryat)
O quê? ماذا (madha)
orador: (M) محاضر (muhadir)
orca: (M) الحوت القاتل (alhut alqatil)
orelha: (F) أذن ('udhin)
orgulhoso: فخور (fakhur)
origami: (M) اوريغامي (awryghamy)
orquestra: (F) أوركسترا ('uwrksitra)
ortopedia: (M) طب العظام (tb aleizam)
orégão: (M) مردقوش (murdiqush)
osso: (F) عظمة (eazima), (M) عظم (eazam)
osso nasal: (M) عظم الأنف (eazam al'anf)
ou: أو ('aw)
ouriço: (M) قنفذ (qanafadh)
ouro: (M) ذهب (dhahab)
outono: (M) الخريف (alkharif)
outra vez: مرة أخرى (maratan 'ukhraa)
outro: آخر (akhar)
outubro: (M) أكتوبر ('uktubar)
ouvir: يستمع (yastamie)
ovelha: (M) خروف (khuruf)
oviduto: (F) قناة البيض (qanat albyd)
ovo: (F) بيضة (bida)
ovo cozido: (F) بيضة مسلوقة (bidat masluqa)
ovos mexidos: (M) بيض مقلي (bid maqli)
ovário: (M) مبيض (mubid)
oxicoco: (M) توت بري (tut bry)
oxigénio: (M) أكسجين ('aksajin)

P

paciente: (M) مريض (marid)
pacote: (M) طرد (tard)
pade Pequim: (F) بطة بكين (bitat bikin)
padrasto: (M) زوج الأم (zawj al'um)
padre: (M) قس (qas)
pagar: يدفع نقود (yadfae naqud)
pai: (M) الأب (al'ab)
painel de instrumentos: (F) لوحة القيادة (lawhat alqiada)
painel solar: (M) لوح شمسي (lawh shamsi)

pais: (M) الآباء (alaba')
Palau: (F) بالاو (balaw)
palavra-passe: (F) كلمه السر (kalamah alsiru)
palavras cruzadas: (F) كلمات متقاطعة (kalimat mutaqatiea)
palco: (M) المسرح (almasrah)
Palestina: (F) فلسطين (filastin)
palestra: (F) محاضرة (muhadara)
paleta: (M) لوح الألوان (lawh al'alwan)
palete: (F) منصة نقالة (minasat naqala)
palma: (F) راحة اليد (rahat alyad)
palmeira: (M) نخيل (nakhil)
paládio: (M) بلاديوم (baladyum)
Panamá: (F) بناما (binama)
panda: (M) باندا (banda)
panda vermelho: (M) الباندا الأحمر (albanida al'ahmar)
panela: (F) مقلاة (miqla)
panela de arroz: (F) حلة الأرز (hulat al'arz)
panfleto: (F) نشرة إعلانية (nashrat 'iielania)
panqueca: (F) فطيرة محلاة (fatirat mihla)
papa-formigas: (M) آكل النمل (akil alnaml)
papagaio: (M) بغبغان (bighubghan)
papaia: (F) بابايا (biabaya)
papas de aveia: (F) عصيدة (easida)
papeira: (M) إلتهاب الغدة النكفية ('iiltahab alghidat alnakfia)
papel higiénico: (M) ورق المرحاض (waraqa almirhad)
paprica: (M) فلفل مطحون (falifuli matahun)
Papua Nova Guiné: (F) بابوا غينيا الجديدة (babuu ghinia aljadida)
papá: (M) أب ('ab)
Paquistão: (F) باكستان (bakistan)
para-brisas: (M) الزجاج الأمامي (alzijaj al'amamiu)
para-choques: (M) ممتص للصدمات (mumtas lilsadamat)
paragem de autocarro: (M) موقف حافلات (mawqif hafilat)
Paraguai: (F) باراجواي (barajway)
paraquedas: (F) مظلة هبوط (mizalat hubut)
paraquedismo: الهبوط بالمظلات (alhubut bialmizallat)
parede: (M) جدار (jadar)
parmesão: (M) جبن البارميزان (jabn albarmyzan)
parque: (F) حديقة (hadiqa)
parque aquático: (M) متنزه مائي (mutanazuh mayiy)
parque de estacionamento: (M) موقف السيارات (mawqif alsayarat)
parque eólico: (F) مزرعة الرياح (mazraeat alriyah)
parque infantil: (M) ملعب (maleab)
parque nacional: (F) حديقة وطنية (hadiqatan watania)
parque temático: (F) مدينة ترفيهية (madinat tarfihia)
parquímetro: (M) عداد موقف السيارات (eidad mawqif alsayarat)
parteira: (F) ممرضة توليد (mumridat tawlid)
partida: (F) مغادرة (mughadara)
partilhar: يشارك (yusharik)
parto: (F) ولادة (wilada)
parágrafo: (F) فقرة (faqira)
passadeira: (M) عبور المشاة (eubur almsha)
passagem subterrânea: (M) نفق (nafaq)

passaporte: (M) جواز سفر (jawaz safar)
passar roupa: يكوي (yakwi)
passeio: (M) رصيف (rasif)
pasta: (F) حقيبة (haqiba), (M) مجلد (mujalad)
pasta de dentes: (M) معجون أسنان (maejun 'asnan)
pastilha elástica: (M) لبان (liban)
patinagem artística: التزلج الفني على الجليد (altazaluj alfaniyu ealaa aljalid)
patinagem de velocidade: تزلج سريع (tazlij sarie)
patinagem de velocidade em pista curta: مسار قصير (masar qasir)
patinagem no gelo: تزحلق على الجليد (tazahalaq ealaa aljalid)
patinagem sobre rodas: التزلج (altazaluj)
patins: (M) حذاء تزلج (hidha' tazluj)
pato: (F) بطة (bata)
patologia: (M) علم الأمراض (eulim al'amrad)
pauzinho: (F) أعواد الأكل ('aewad al'ukul)
pavão: (M) الطاووس (altaawus)
país: (M) بلد (balad)
Países Baixos: (F) هولندا (hulanda)
pechincha: (F) صفقة (safqa)
pediatria: (M) طب الأطفال (tb al'atfal)
pedicure: (F) عناية الأقدام (einayat al'aqdam)
pedra calcária: (M) حجر جيري (hajar jyry)
pega: (M) عقعق (eaqeaq)
peito: (M) صدر (sadar)
peixaria: (M) سوق سمك (suq samak)
peixe: (F) سمكة (samaka), (M) سمك (smak)
peixe e fritas: (M) سمك وبطاطا (samak wabitatana)
pelicano: (F) بجعة (bijea)
penhasco: (M) جرف (jurf)
pensar: يفكر (yufakir)
penso higiénico: (F) بطانة اللباس الداخلي (bitanat allibas alddakhilii), (F) فوطة صحية (fawtat sihiya)
pentatlo moderno: الخماسي الحديث (alkhamasaa alhadith)
pente: (M) مشط (mishat)
península: (F) شبه جزيرة (shbh jazira)
pepino: (M) خيار (khiar)
pequeno: صغير (saghir)
pequeno-almoço: (M) إفطار ('iiftar)
pequeno vestido preto: (M) فستان أسود قصير (fustan 'aswad qasir)
pera: (F) كمثرى (kamuthraa)
perda: (F) خسارة (khasara)
perder: يخسر (yakhsar)
perfume: (M) عطر (eatar)
perfurar: يحفر (yahfur)
perguntar: يسأل (yas'al)
perna: (M) ساق (saq)
perneiras: (M) سروال ضيق (sirwal dayq)
persiana: (F) الستائر (alsatayir)
perto: قريب (qarib)
Peru: (F) بيرو (byru)
peru: (M) ديك رومي (dik rumiin)
peruca: (M) شعر مستعار (shaear mustaear)
pesado: ثقيل (thaqil)

pescador: (M) صياد السمك (siad alsamak)
pescar: يصطاد (yastad)
pescoço: (F) الرقبة (alraqaba)
pesquisa: (M) بحث (bahath)
pestanas: (F) رموش (ramush)
peça: (F) مسرحية (masrahia)
pia: (M) حوض (hawd)
piano: (M) بيانو (bianu)
picante: حار (har)
pijama: (F) بيجاما (bijama)
pilates: بيلاتس (baylatis)
piloto: (M) طيار (tayar)
pimenta: (M) فلفل حار (falifuli harin), (M) فلفل أسود (falafuli 'aswad)
pimento: (M) فلفل (flfli)
pincel: (F) فرشاة (farasha)
pinguim: (M) بطريق (batariq)
pinheiro: (M) صنوبر (sanubir)
pintado: (M) مصبوغ (masbugh)
pintar: يطلي (yatliy)
pinto: (M) كتكوت (katakut)
pintura: (F) لوحة (lawha)
pinça: (M) ملاقط (malaqit)
pipeta: (F) ماصة (masa)
pipoca: (M) فشار (fashar)
piquenique: (F) نزهة (nuzha)
pirâmide: (M) هرم (haram)
piscina: (M) حمام سباحة (hamam sibaha)
pista: (M) مهبط الطائرات (mahbat alttayirat)
pistache: (M) فستق (fasataq)
pista de gelo: (F) حلبة تزحلق (halbat tazhalaq)
piza: (F) بيتزا (biatza)
placa de Petri: (M) طبق بتري (tubiq btry)
plaina: (M) المسحج (almasahaj)
planador: (F) طائرة شراعية (tayirat shiraeia)
planeta: (M) كوكب (kawkab)
plano: مسطح (musatah)
planta de interior: (M) نبات منزلي (naba'at munziliun)
plataforma: (M) رصيف (rasif)
platina: (M) بلاتين (balatin)
plugue: (M) قابس كهرباء (qabis kahraba')
Plutão: (M) بلوتو (bilutu)
plutónio: (M) بلوتونيوم (balutunium)
plástico: (M) بلاستيك (bilastik)
pneu: (M) إطار العجلة ('iitar aleajala)
pobre: فقير (faqir)
Pode ajudar-me?: هل يمكنك مساعدتي؟ (hal yumkinuk musaeadatay?)
polegada: (F) بوصة (busa)
polegar: (M) ابهام اليد (aibham alyad)
Polinésia Francesa: (F) بولينيزيا الفرنسية (bulinizia alfaransia)
politica: (F) سياسة (siasa)
poliéster: (M) بوليستر (bulistir)
polo: بولو (bulu), (M) قطب (qatab), (M) قميص بولو (qamis bulu)

polo aquático: كرة الماء (kurat alma')
Polo Norte: (M) القطب الشمالي (alqutb alshamaliu)
Polo Sul: (M) القطب الجنوبي (alqutb aljanubiu)
polvo: (M) أخطبوط ('akhtubut)
polícia: (F) شرطة (shurta), (M) شرطي (shurtiun)
político: (M) سياسي (siasiun)
Polónia: (F) بولندا (bulanda)
polónio: (M) بولونيوم (bulunium)
pombo: (F) حمامة (hamama)
ponde exclamação: (F) علامة تعجب (ealamat taejab)
ponde interrogação: (F) علامة استفهام (ealamat aistifham)
pone vírgula: (F) فاصلة منقوطة (fasilat manquta)
ponfinal: (F) نقطة (nuqta)
ponte de comando: (F) منصة ربان السفينة (minasat rubban alsafina)
pop: بوب (bwb)
porco: (M) خنزير (khinzir)
por favor: من فضلك (min fadlik)
porque: لأن (li'ana)
porquinho-da-índia: (M) خنزير غينيا (khinzir ghinia)
Porquê? لماذا (limadha)
PorRico: (F) بورتوريكو (bwrtwrykw)
porta: (M) باب (bab)
porta-aviões: (F) حاملة طائرات (hamilat tayirat)
porta-bagagem: (M) صندوق السيارة (sunduq alsayara)
porta-chaves: (F) سلسلة مفاتيح (silsilat mafatih)
porta de entrada: (M) الباب الأمامي (albab al'amami)
portagem: (F) رسوم (rusum)
porta lateral: (M) الباب الجانبي (albab aljanibiu)
portefólio: (F) محفظة (muhfaza)
porto: (M) ميناء (mina')
Portugal: (F) البرتغال (alburtughal)
portátil: (M) كمبيوتر محمول (kamibyutir mahmul)
portão da garagem: (M) باب مرآب (bab murab)
posde combustível: (F) محطة بنزين (mahatat bnzyn)
postal: (F) بطاقة بريدية (bitaqat baridia)
potássio: (M) بوتاسيوم (butasium)
poucos: قليل (qalil)
poupança: (F) مدخرات (mudakharat)
praia: (M) شاطئ (shati)
prancha de surfe: (M) لوح ركوب الأمواج (lawh rukub al'amwaj)
prancheta: (M) لوح مشبكي (lawh mushbikiin)
praseodímio: (M) براسيوديميوم (brasiwdimiwm)
prata: (F) فضة (fida)
prateleira: (M) رف (raf)
praticar: يمارس (yumaris)
prato: (M) طبق (tabaq)
pratos: (M) الصنج (alsanj)
praça: (M) ميدان (midan)
prefácio: (F) مقدمة (muqadima)
prego: (M) مسمار (musmar)
preguiçoso: كسول (kasul)
preocupado: قلق (qalaq)

presente: (F) هدية (hadia)
preservativo: (M) واقي ذكري (waqi dhikri)
presidente: (M) رئيس (rayiys)
pressionar: يضغط (yadghat)
pressão atmosférica: (M) ضغط جوي (daght jawiyin)
pressão de pernas: ضغط الأرجل (daght al'arjul)
presunto: (M) فخذ الخنزير المملح (fakhudh alkhinzir almumlah)
preto: أسود ('aswad)
preço da ação: (M) سعر سهم (sier sahm)
prima: (F) ابنة الخال (aibnat alkhal)
primavera: (M) الربيع (alrbye)
primeira classe: (F) درجة أولي (darajat 'uwli)
primeiro: (M) أول ('awal)
primeiro-ministro: (M) رئيس الوزراء (rayiys alwuzara')
primeiro andar: (M) الدور الأول (aldawr al'awal)
primeiro subsolo: (M) الطابق الأول السفلي (alttabiq al'awal alsufliu)
primo: (M) ابن العم (abn aleum)
prisão: (M) سجن (sijn)
processo: (F) قضية (qadia)
procurador: (M) النائب العام (alnnayib aleamu)
procurar: يبحث عن (yabhath ean)
professor: (M) مدرس (mudaris), (M) أستاذ ('ustadh)
profundo: عميق (eamiq)
programador: (M) مبرمج (mubramaj)
projetor: (M) جهاز عرض (jihaz earad)
promécio: (M) بروميثيوم (brwmythywm)
prostituta: (F) عاهرة (eahira)
protactínio: (M) بروتكتينيوم (brwtktynyum)
protetor auricular: (F) سدادة أذن (sadadat 'adhin)
protetor bucal: (M) واقي الأسنان (waqi al'asnan)
protetor solar: (M) واقي شمس (waqi shams)
protão: (M) بروتون (barutun)
prova: (M) دليل (dalil)
província: (F) مقاطعة (muqataea)
próstata: (F) بروستاتا (barustata)
prótese dental: (F) تركيبات الأسنان (tarkibat al'asnan)
próxima semana: (F) الأسبوع القادم (al'usbue alqadim)
próximo ano: العام القادم (aleam alqadim)
próximo mês: الشهر القادم (alshahr alqadim)
psicanálise: (M) التحليل النفسي (altahlil alnafsiu)
psicoterapia: (M) علاج نفسي (eilaj nafsi)
psiquiatria: (M) طب النفس (tb alnafs)
pudim: (M) البودينغ (albudayngh)
pulmão: (F) رئة (ria)
pulso: (M) معصم (maesim), (M) نبض (nabad)
punho: (F) قبضة (qabda)
punk: بانك (bi'anak)
pupila: (M) بؤبؤ العين (bubu aleayn)
puré de batata: (F) بطاطس مهروسة (batatis mahrusa)
puxar: يسحب (yashab)
puzzle: (F) أحجية ('ahajiya)
pá: (F) مجرفة (mujrifa)

pálido: شاحب (shahib)
Páscoa: (M) عيد الفصح (eyd alfash)
pátio da escola: (M) فناء المدرسة (fana' almadrasa)
pâncreas: (M) البنكرياس (albankuriaas)
pântano: (M) مستنقع (mustanqae)
pão: (M) خبز (khabaz)
pé: (M) قدم (qadam)
pélvis: (M) الحوض (alhawd)
pénis: (M) قضيب (qadib)
pétala: (F) البتلة (albitla)
pêssego: (M) خوخ (khukh)
pílula: (M) حبوب منع الحمل (hubub mane alhamal)
pó: (M) مسحوق (mashuq)
pó compacto: (F) بودرة الوجه (budrat alwajh)
póquer: بوكر (bukur)

Q

quadrado: (M) مربع (murabae)
quadro: (F) سبورة (sabura)
quadro de mensagens: (F) لوحة الإعلانات (lawhat al'iielanat)
Qual: أي ('aya)
Quando: متى (mataa)
Quantos?: كم عدد؟ (kam eadad?)
Quané ...?: كم ثمن هذا؟ (kam thaman hadha?)
Quané?: كم؟ (kam?)
quarde casal: (F) غرفة مزدوجة (ghurfat muzdawija)
quarindividual: (F) غرفة مفردة (ghurfat mufrada)
quarta-feira: (M) الأربعاء (al'arbiea')
quarto: (F) غرفة النوم (ghurfat alnuwm), (M) رابع (rabie)
quartzo: (M) كوارتز (kawartaz)
queijo: (M) جبن (jaban)
queimadura: (M) حرق (harq)
queimadura de sol: (F) حروق الشمس (huruq alshams)
queimar: يحرق (yuhariq)
queixo: (F) ذقن (dhaqan)
Quem: من (min)
quente: دافئ (dafi)
queque: (M) مافن (mafin)
quiabo: (F) بامية (bamiatan)
quickstep: (F) خطوة سريعة (khatwat sariea)
quilograma: (M) كيلوجرام (kylwjram)
quinandar: (M) الدور الخامس (aldawr alkhamis)
quinta: (F) مزرعة (mazraea)
quinta-feira: (M) الخميس (alkhamis)
Quirguistão: (F) قيرغيزستان (qyrghyzstan)
quiroprático: (M) المعالج اليدوي (almaealij alyadawii)
quivi: (M) كيوي (kiawiun)
Quénia: (F) كينيا (kinia)
química: (F) كيمياء (kiamya')
químico: (M) كيميائي (kimiayiy)

R

rabanete: (M) فجل (fajal)
rabino: (M) حاخام (hakham)
rabo de cavalo: (M) ذيل حصان (dhil hisan)
radar: (M) رادار (radar)
radiador: (M) مشعاع (musheae)
radiologia: (M) علم الأشعة (eulim al'ashiea)
rafting: ترميث (tarmith)
raio: (M) نصف قطر (nsf qatar), (M) برق (bariq)
raio X: (F) صورة الأشعة السينية (surat al'ashieat alsaynia)
raiz: (M) جذور (judhur)
raiz de lótus: (F) جذور اللوتس (judhur alluwts)
ralador: (F) المبشرة (almubashira)
rali: راليات (raliat)
Ramadão: (M) رمضان (ramadan)
ramen: (M) رامن (ramin)
ramo: (M) فرع (farae)
ranúnculo: (M) الحوذان (alhawdhan)
rap: راب (rab)
rapariga: (F) بنت (bnt)
rapaz: (M) ولد (walad)
raposa: (M) ثعلب (thaelab)
raquete de ténis: (M) مضرب تنس (midrab tans)
raso: ضحل (dahal)
rasta: (F) ضفائر (dafayir)
ratazana: (M) جرذ (jaradh)
rato: (M) فأر (far), (F) فأره (fa'arah)
realizador: (M) مخرج أفلام (mukhrij 'aflam)
reação química: (M) تفاعل كيميائي (tafaeul kimiayiyun)
rebuçado: (F) حلوي (hulwi)
rececionista: (M) موظف استقبال (muazaf aistiqbal)
receção: (M) استقبال (aistiqbal)
reciclagem: (F) سلة المهملات (salat almuhamalat)
recife de coral: (F) شعاب مرجانية (shaeab marjania)
recorde mundial: (M) الرقم القياسي العالمي (alraqm alqiasiu alealamiu)
recursos humanos: (F) الموارد البشرية (almawarid albasharia)
recém-nascido: (M) رضيع (radie)
rede: (F) شبكة (shabaka)
rede social: (F) وسائل التواصل الاجتماعي (wasayil altawasul alaijtimaeii)
redondo: مستدير (mustadir)
refeitório: (M) مقصف (muqsaf)
reforma: (M) تقاعد (taqaead)
regador: (M) يمكن سقي (yumkin siqi)
reggae: الريجي (alriyjiu)
região: (F) منطقة (mintaqa)
região de esqui: (M) منطقة تزلج (mintaqat tazlij)
Reino Unido: (F) المملكة المتحدة (almamlakat almutahida)
Relaxa: استرح (aistarah)
relva: (M) عشب (eashab)
relógio: (F) ساعة (saea)
relógio de pulso: (F) ساعة (saea)
relógio despertador: (M) منبه (munabuh)

remo: تجديف (tajdif)
removedor de verniz: (M) مزيل طلاء الاظافر (mazil tala' alazafr)
repelente de insetos: (M) طارد الحشرات (tarid alhasharat)
repolho: (M) كرنب (karnab)
repórter: (M) مراسل (murasil)
República Centro-Africana: (F) جمهورية افريقيا الوسطى (jumhuriat 'iifriqia alwustaa)
República Checa: (F) جمهورية التشيك (jumhuriat altashik)
República Democrática do Congo: (F) جمهورية الكونغو الديمقراطية (jumhuriat alkunghu aldiymuqratia)
República do Congo: (F) جمهورية الكونغو (jumhuriat alkunghu)
República Dominicana: (F) جمهورية الدومينيكان (jumhuriat alduwminikan)
reserva: (M) حجز (hajz)
resgatar: ينقذ (yunqidh)
respirador: (M) جهاز تنفس (jihaz tanafas)
respirar: يتنفس (yatanafas)
responder: يجيب (yujib)
ressonância magnética: (F) التصوير بالرنين المغناطيسي (altaswir bialrinin almaghnatisii)
restaurante: (M) مطعم (mateam)
resultado: (F) نتيجة (natija)
reto: مستقيم (mustaqim)
retrato: (F) لوحة (lawha)
retrete: (M) الحمام (alhamam)
retrovisor: (F) المرآة الخلفية (almarat alkhalafia)
retângulo: (M) مستطيل (mustatil)
revista: (F) مجلة (majala)
rezar: يصلي (yusaliy)
riacho: (M) مجرى (majraa)
rico: غني (ghaniun)
rigoroso: صارم (sarim)
rim: (F) كلية (kuliya)
ringue de boxe: (F) حلقة الملاكمة (halqat almulakama)
rinite alérgica: (M) حمى القش (humaa alqashi)
rinoceronte: (M) وحيد القرن (wahid alqarn)
rio: (M) نهر (nahr)
rir: يضحك (yadhak)
robô: (M) إنسان آلي ('iinsan ali)
rocha: (F) صخرة (sakhra)
rock: روك (ruk)
rock and roll: (M) روك أند رول (ruk 'and rul)
roentgénio: (M) روينتجينيوم (rwyntjynywm)
rolar: يلف (yalufu)
rolinho primavera: (M) سبرنغ رول (sbrngh rul)
roliço: سمين (samin)
rolo de estrada: (F) مدحلة (mudhila)
rolo de tinta: (M) التحبير الدوارة (altahbir aldawwara)
romance: (F) رواية (riwaya)
romboide: (M) متوازي الاضلاع (mutawazi alaidilae)
Roménia: (F) رومانيا (rumania)
rosa: (F) وردة (warda)
rotunda: (M) الدوار (aldawaar)
roubar: يسرق (yasriq)
roupa interior térmica: (F) الملابس الداخلية الحرارية (almalabis alddakhiliat alhararia)
roupa suja: (F) ملابس للغسيل (mulabis lilghasil)

roupão de banho: (M) رداء الحمام (rada' alhamam)
router: (M) راوتر (rawtr)
roxo: بنفسجي (binafsajiin)
Ruanda: (F) رواندا (ruanda)
rubi: (M) ياقوت (yaqut)
rubídio: (M) روبيديوم (rwbydium)
ruga: (F) تجاعيد (tajaeid)
ruivo: (M) أحمر الشعر ('ahmar alshaer)
rum: (M) رم (ram)
rumba: (F) الرومبا رقصة (alruwmiba raqsa)
rutherfórdio: (M) رذرفورديوم (rdhrfwrdywm)
ruténio: (M) روثينيوم (rwthynyum)
ruína: (M) خراب (kharaab)
rádio: (M) راديوم (radyum), (M) راديو (radiu)
rádon: (M) رادون (radun)
rápido: سريع (sarie)
râguebi: رجبي (rajbi)
rã: (M) ضفدع (dafadae)
régua: (F) مسطرة (mustara)
rénio: (M) رينيوم (rynyum)
rés-do-chão: (M) الدور الأرضي (aldawr al'ardiu)
réu: (M) مدعى عليه (madeaa ealayh)
rímel: (M) ماسكرا (masikra)
ródio: (M) روديوم (rudium)
rótula: (F) رضفة (rudifa)
Rússia: (F) روسيا (rusia)

S

Saara: (F) الصحراء الكبرى (alsahra' alkibriu)
saber: يعرف (yerf)
sabão: (F) صابونة (sabuna)
saca-rolhas: (F) بريمة لفتح الزجاجات (barimat lifath alzujajat)
saco: (F) حقيبة (haqiba)
saco-cama: (M) كيس النوم (kays alnuwm)
saco plástico: (M) كيس بلاستيك (kys blastyk)
safira: (M) ياقوت أزرق (yaqut 'azraq)
saia: (F) تنورة (tanwra)
sal: (M) ملح (milh)
salada: (F) سلطة (sulta)
salada de batata: (F) سلطة بطاطس (sultat batatis)
salada de fruta: (F) سلطة فواكه (sultat fawakih)
sala de espera: (F) غرفة إنتظار (ghurfat 'iintzar)
sala de estar: (F) غرفة المعيشة (ghurfat almaeisha)
sala de leitura: (F) غرفة القراءة (ghurfat alqira'a)
sala de operações: (F) غرفة عمليات (ghurfat eamaliat)
sala de reuniões: (F) قاعة اجتماعات (qaeat aijtimaeat)
salame: (M) سلامي (salami)
salcom vara: القفز بالزانة (alqafz bialzaana)
salde esqui: قفز تزلجي (qafz tazluji)
salde penhasco: غوص بالقفز من جرف (ghus bialqafz min jurf)
salem altura: الوثب العالي (alwathb aleali)

salem comprimento: الوثب الطويل (alwathb altawil)
salgado: مملح (mumlah)
salgueiro: (M) صفصاف (safasaf)
salmão: (M) سمك السلمون (samik alsalamun)
salornamental: الغطس (alghatas)
salsa: (F) الصلصا (alsilsa)
salsicha: (M) سجق (sajaq)
salsicha frita: (M) سجق مقلي (sajaq maqli)
saltar: يقفز (yaqfaz)
salto: (M) كعب (kaeb)
saltos de hipismo: قفز الحواجز (qfz alhawajiz)
salário: (M) راتب (ratib)
salão de entrada: (F) ردهة (radiha)
samba: (F) السامبا (alsaamiba)
Samoa: (F) ساموا (samuu)
Samoa Americana: (F) ساموا الأمريكية (samuu al'amrikia)
samário: (M) ساماريوم (samaryum)
sandes: (M) ساندوتش (sandwtsh)
sandálias: (F) صنادل (sanadil)
sangramennasal: (M) نزيف الأنف (nazif al'anf)
sangrento: دموي (damawiun)
Santa Lúcia: (F) سانت لوسيا (sanat lusia)
santo: مقدس (muqadas)
sapatilhas de meia ponta: (M) حذاء البالية (hidha' albalih)
sapatos de couro: (F) أحذية جلدية ('ahadhiat juldia)
sapatos de dança: (F) احذية الرقص (ahdhit alraqs)
sapatos de salalto: (F) كعوب عالية (kueub ealia)
saqué: (M) ساكي (saki)
sarampo: (F) حصبة (hasba)
sardas: (M) نمش (namash)
sardinha: (M) سردين (saridin)
satisfeito: ممتلئ (mumtali)
Saturno: (M) زحل (zahil)
satélite: (F) الأقمار الصناعية (al'aqmar alsinaeia)
saudade: (F) لوعة حب (lweat hubin)
saudável: صحي (sahi)
sauna: ساونا (sawna)
saxofone: (M) ساكسفون (saksifun)
saída de emergência: (M) مخرج طوارئ (mukhrij tawari), (M) مخرج الطوارئ (mukhrij altawari)
Saúde: في صحتك (fi sihtik)
se: إذا ('iidha)
seabórgio: (M) سيبورجيوم (sybwrjyum)
sebe: (M) سياج من الشجيرات (sayaj min alshajirat)
secador de cabelo: (M) مجفف الشعر (mujafif alshaer)
secar: يجفف (yajafaf)
seco: جاف (jaf)
secretária: (M) مكتب (maktab), (F) سكرتيرة (sikritira)
secundário: (F) مدرسة ثانوية (madrasat thanawia)
seda: (M) حرير (harir)
sedento: عطشان (eatashan)
Segue em frente: انطلق للأمام (aintalaq lil'amam)
seguir: يتابع (yutabie)

segunda-feira: (M) الإثنين (al'iithnin)
segundo: (F) ثانية (thany), (M) ثاني (thani)
segundo subsolo: (M) الطابق الثاني السفلي (alttabiq alththani alsufliu)
segurança: (M) حارس أمن (haris 'amn)
seguro: آمن (aman), (M) تأمين (tamin)
Seicheles: (F) سيشيل (sayshil)
seio: (M) ثدي (thadi)
sela: (M) سرج (saraj)
selo: (M) طابع (tabie)
selénio: (M) السيلينيوم (alsiyliniyum)
semana: (M) أسبوع ('usbue)
semana passada: الأسبوع الماضي (al'usbue almadi)
semente: (F) بذرة (bidhara)
semestre: (M) فصل دراسي (fasl dirasiun)
semimetal: (M) شبه فلز (shbh falaz)
sempre: دائما (dayimaan)
Sem problema: لا قلق (la qalaq)
semáforo: (F) اشارة المرور ('iisharat almurur)
Senegal: (F) السنغال (alsinighal)
senhorio: (M) مالك (malik)
sensual: مثير (muthir)
sentar: يجلس (yujlis)
seringa: (F) محقنة (muhqana)
serpente: (M) ثعبان (thueban)
serra: (M) منشار (minshar)
Serra Leoa: (F) سيراليون (siraliun)
serrar: ينشر بالمنشار (yanshur bialmanshar)
serrote: (M) منشار يدوي (minshar ydwy)
servidor: (M) خادم (khadim)
serviço de quarto: (F) خدمة الغرف (khidmat alghuraf)
setembro: (M) سبتمبر (sibtambar)
sexo: (M) جنس (juns)
sexta-feira: (F) الجمعة (aljumea)
silencioso: صامت (samat)
silício: (M) سيليكون (sayulikun)
sinagoga: (M) الكنيس اليهودي (alkanis alyahudiu)
sinfonia: (F) سمفونية (samfunia)
Singapura: (F) سنغافورة (singhafura)
sirene: (F) صفارة إنذار (safarat 'iindhar)
skeleton: سباق الزلاجات الصدرية (sibaq alzilajat alsadria)
smartphone: (M) هاتف ذكي (hatif dhuki)
SMS: (F) رسالة نصية (risalat nasia)
snooker: سنوكر (sanukir)
snowboard: للتزلج على الجليد (liltazalij ealaa aljalid)
sobrancelha: (M) حاجب (hajib)
sobremesa: (F) حلوى (halwaa)
sobretudo: (M) معطف (maetif)
sobrinha: (F) أبنة أخ أو أخت ('abnat 'akh 'aw 'ukht)
sobrinho: (M) ابن شقيق (abn shaqiq)
sofá: (F) كنبة (kanba)
sogra: (F) أم الزوج / أم الزوجة ('ama alzawj / 'ama alzawja)
sogro: (M) والد الزوج / والد الزوجة (walidu alzawj / walidu alzawja)

sogros: (F) عائلة الزوج / عائلة الزوجة (eayilat alzawj / eayilat alzawja)
soja: (F) صويا (sawianaan)
sol: (F) شمس (shams)
sola: (M) نعل (nel)
soldado: (M) جندي (jundiin)
solo: (F) تربة (turba)
sombra de olho: (M) ظل العين (zil aleayn)
Somália: (F) الصومال (alsuwmal)
sonhar: يحلم (yahlam)
sopa: (M) حساء (hasa')
sorrir: يبتسم (yabtasim)
soutien de desporto: (F) حمالة صدر رياضية (hamaalat sadar riadia)
Sri Lanka: (F) سيريلانكا (sirilanika)
stress: (M) ضغط (daght)
suave: ناعم (naem)
Suazilândia: (F) سوازيلاند (sawazilanid)
subitamente: فجأة (faj'a)
submarino: (F) غواصة (ghawwasa)
subtração: (M) طرح (tarh)
subúrbio: (F) ضاحية (dahia)
suculento: كثير العصارة (kthyr aleasara)
sudoku: (M) سودوكو (suduku)
Sudão: (M) السودان (alsuwdan)
Sudão do Sul: (F) جنوب السودان (janub alsuwdan)
sujo: متسخ (mutasikh)
sul: جنوب (janub)
sumo de laranja: (M) عصير برتقال (easir brtqal)
sumo de maçã: (M) عصير تفاح (easir tafah)
supermercado: (M) سوبر ماركت (subar marikat)
supino: تمرين الصدر (tamriyn alsadr)
surdo: أصم ('asam)
surf: ركوب الأمواج (rukub al'amwaj)
suricato: (M) سرقاط (suriqat)
Suriname: (F) سورينام (surynam)
surpreendido: مندهش (munadihish)
sushi: (M) سوشي (sushi)
suspeito: (M) مشتبه فيه (mushtabih fih)
suspense: (M) فيلم مشوق (film mushawq)
sussurrar: يهمس (yahmas)
sutiã: (F) حمالة صدر (hamaalat sadar)
sutura: (F) خياطة الجروح (khiatat aljuruh)
Suécia: (F) السويد (alsuwid)
suéter: (F) سترة (satra)
Suíça: (F) سويسرا (suisra)
sábado: (M) السبت (alsabt)
São Cristóvão e Neves: (F) سانت كيتس ونيفيس (sant kyts wanyfys)
São Marino: (F) سان مارينو (san marynw)
São Tomé e Príncipe: (F) ساو تومي وبرينسيب (saw tumi wabarinsib)
São Vicente e Granadinas: (F) سانت فنسنت وجزر غرينادين (sanat finsant wajuzur ghrynadyn)
século: (M) قرن (qarn)
série de televisão: (M) مسلسل تلفزيوني (musalsal tilfizyuniin)
Sérvia: (F) صربيا (srbyaan)

Síria: (F) سوريا (suria)
sítio eletrónico: (M) موقع إلكتروني (mawqie 'iiliktruni)
só: وحيد (wahid)
sóbrio: رضين (rasin)
sódio: (M) صوديوم (sudium)
sólido: (M) صلب (sulb)
sótão: (F) سندرة (sandra)

T

t-shirt: (M) تي شيرت (ty shayirat)
tabaco: (M) تبغ (tabgh)
tabela periódica: (F) الجدول الدوري (aljadwal aldawriu)
tacho: (M) قدر (qadar)
taco de basebol: (M) مضرب (midrab)
taco de bilhar: (F) عصا البلياردو (esa albilyaridu)
taco de golfe: (F) ميجار (mijar)
taco de hóquei: (F) عصا هوكي (easa huki)
taekwondo: تايكوندو (taykundu)
Tailândia: (F) تايلاند (tayland)
Tajiquistão: (F) طاجيكستان (tajikistan)
talhante: (M) جزار (jazar)
talheres: (F) أدوات المائدة ('adawat almayida)
tamanho: (M) مقاس الفستان (maqas alfisatan)
tamborete: (M) كرسي بلا ظهر أو ذراعين (kursii bila zahar 'aw dhiraeayn)
tamborim: (M) دف صغير (daf saghir)
tampa de esgoto: (M) غطاء فتحة (ghita' fatha)
tampão: (F) سدادة قطنية (siddadat qatnia)
tanga: (M) ثونغ (thungh)
tangente: (M) مماس (mamas)
tango: (F) رقصة التانغو (raqsat alttanghu)
tanque: (F) دبابة (dabbaba)
Tanzânia: (F) تنزانيا (tinzania)
tapete: (F) سجادة (sijada)
tapir: (M) تابير (tabir)
tarde: (M) بعد الظهر (baed alzuhr)
tardinha: (M) مساء (masa')
tarifa: (F) أجرة السفر ('ujrat alsafar)
tarola: (M) الطبل (altabul)
tartaruga: (F) سلحفاة (salihafa)
tarte: (F) فطيرة (fatira)
tarte de maçã: (F) فطيرة التفاح (fatirat altifah)
tarântula: (F) رتيلاء (rtila')
tatuagem: (M) وشم (washama)
taxista: (M) سائق تاكسي (sayiq takisi)
taça: (M) كأس (kas)
Tchau: وداعا (wadaeaan)
teatro: (M) مسرح (masrah)
tecido: (M) قماش (qamash)
teclado: (M) أورج ('awrij), (F) لوحة المفاتيح (lawhat almafatih)
tecnologias de informação: (F) تكنولوجيا المعلومات (tiknulujia almaelumat)
tecnécio: (M) تكنيتيوم (tknitium)

telefonar: يجري مكالمة هاتفية (yajri mukalamatan hatifia)
telefone: (M) هاتف (hatif)
teleférico: (F) عربة سلكية (earbat salakia)
telemóvel: (M) هاتف محمول (hatif mahmul)
telescópio: (M) تيليسكوب (tylyskwb)
televisão: (M) تلفزيون (tilfizyun)
telha: (F) قرميدة (qarmida)
telhado: (M) السطح (alsath)
telúrio: (M) تيلوريوم (tylurium)
Tem cuidado: اعتن بنفسك (aetin binafsik)
temperatura: (F) درجة الحرارة (darajat alharara)
tempestade: (F) عاصفة (easifa)
templo: (M) معبد (maebad)
tenaz: (F) كماشة (kamasha)
tenda: (F) خيمة (khayma)
tendão: (M) وتر (watar)
tendão de Aquiles: (M) وتر العرقوب (watar aleurqub)
Tenho saudades tuas: أفتقدك ('aftaqiduk)
teoria da relatividade: (F) نظرية النسبية (nazariat alnisbia)
tequila: (F) تكيلا (takilana)
terapia comportamental: (M) العلاج السلوكي (aleilaj alsulukiu)
terapia de grupo: (M) علاج جماعي (eilaj jamaeiin)
terapia familiar: (M) العلاج الأسري (aleilaj al'asriu)
terceiro: (M) ثالث (thalith)
termómetro: (F) حمى الحرارة (humaa alharara)
Terra: (M) الأرض (al'ard)
terramoto: (M) زلزال (zilzal)
terraço: (F) مصطبة (mastaba)
território: (M) إقليم ('iiqlim)
terça-feira: (M) الثلاثاء (althulatha')
tese: (F) رسالة علمية (risalat eilmia)
tesoura: (M) مقص (maqas)
tesoura de podar: (M) مقص عقدة (maqasun euqda)
tesoura para unhas: (M) مقص الأظافر (maqasu al'azafir)
testa: (M) جبين (jabiyn)
testamento: (F) وصية (wasia)
teste de gravidez: (M) إختبار الحمل ('iikhtbar alhamal)
testemunha: (M) شاهد (shahid)
teste sanguíneo: (M) فحص دم (fahas dama)
testículo: (F) خصية (khasia)
teto: (M) سقف (saqf)
Tetris: (M) تتريس (tatris)
teu gato: قطك (qatak)
texto: (M) نص (nasi)
tia: (F) عمة (eima)
tigela: (M) وعاء (wiea')
tigre: (M) نمر (namur)
tijolo: (M) طوب (tub)
timbale: (F) طبلة (tabla)
Timor-Leste: (F) تيمور الشرقية (taymur alsharqia)
tinta: (M) حبر (habar), (M) طلاء (tala')
tinta à óleo: (M) الطلاء النفط (altala' alnaft)

tio: (M) عم (em)
tirar: يأخذ (yakhudh)
tiro: رماية (rimaya)
tiro com arco: الرماية بالسهم (alrimayat bialsahm)
titânio: (M) تيتانيوم (tytanyum)
toalha: (F) فوطة (fawta)
toalha de banho: (F) فوطة استحمام (fawtat aistihmam)
toalha de mesa: (M) مفرش طاولة (mufrsh tawila)
tocar: يلمس (ylmas)
toda a gente: الجميع (aljamie)
todas: كل (kl)
tofu: (M) توفو (tuafuw)
Togo: (F) توغو (tughu)
tomada: (M) إبريز كهربائي ('ibryz kahrabayiyin)
tomar banho: يستحم (yastahim)
tomate: (M) طماطم (tamatim)
tomilho: (M) زعتر (zaetar)
tomógrafo: (M) ماسح الصور المقطعية (masih alsuwar almuqtaeia)
tonelada: (M) طن (tunin)
Tonga: (F) تونغا (tungha)
tonto: سخيف (sakhif)
toranja: (M) جريب فروت (jarib furut)
tornado: (M) إعصار ('iiesar)
torneira: (M) صنبور (sanbur)
tornozelo: (M) كاحل (kahil)
torradeira: (F) محمصة خبز كهربائية (muhmisat khabz kahrabayiya)
torre de controlo: (M) برج مراقبة (burj muraqaba)
tortuoso: ملتوي (multawi)
tosse: (M) سعال (seal)
touca de banho: (F) قبعة استحمام (qibeat astahmam)
touca de natação: (F) قبعة السباحة (qibeat alsabbaha)
toucinho: (M) لحم خنزير مقدد (lahm khinzir muqadad)
touro: (M) ثور (thur)
trabalhar: يعمل (yaemal)
trabalho: (F) وظيفة (wazifa)
trabalho de casa: (M) واجب منزلي (wajib manziliun)
trampolim: (M) ترامبولين (tarambulin)
trancar: يقفل (yuqfal)
tranquilo: هادئ (hadi)
transferência bancária: (M) تحويل مصرفي (tahwil masrifiun)
trapézio: (M) شبه منحرف (shbh munharif)
traqueia: (F) قصبة هوائية (qasbat hawayiya)
trator: (F) الجرارة (aljirara)
travão: (F) فرامل (faramil)
traça: (F) عثة (eutha)
treinador: (M) مدرب (mudarib)
treino em circuito: التدريب الدائري (altadrib alddayiriu)
tremer: يرتجف (yartajif)
trenó: (F) مزلجة (mazlaja)
trevo: (M) البرسيم (albirsim)
triatlo: الترياتلون (alttriatlun)
tribunal: (F) محكمة (mahkama)

trigo: (M) قمح (qamah)
trigémeos: (M) ثلاث توائم (thlath tawayim)
Trindade e Tobago: (F) ترينيداد وتوباغو (trinidad watubaghu)
triplo salto: الوثب الثلاثي (alwathb althulathiu)
tripé: (M) حامل ثلاثي القوائم (hamil thulathi alqawayim)
triste: حزين (hazin)
triângulo: (M) مثلث (muthalath)
trombone: (M) الترومبون (altarawmubun)
trompa: (M) البوق الفرنسي (albuq alfaransiu)
trompete: (M) بوق (buq)
tronco: (M) جذع الشجرة (jidhe alshajara)
trovoada: (F) عاصفة رعدية (easifat raedia)
trovão: (M) رعد (red)
trufa: (F) كمأة (kama'a)
três quartos de hora: ثلاثة أرباع ساعة (thalathat 'arbae saea)
trópicos: (F) المدارية (almadaria)
tsunami: (F) موجة عاليه (mawjat ealyh)
tu: أنت ('ant)
tuba: (M) توبا (tuba)
tubarão: (M) قرش (qarash)
tubo de escape: (M) أنبوب العادم ('unbub aleadim)
tudo: جميع (jmye)
tufão: (M) إعصار ('iiesar)
tulipa: (M) الخزامى (alkhazamaa)
tungsténio: (M) تنجستين (tanjsitin)
Tunísia: (F) تونس (tunis)
turbina: (M) محرك (muharak)
Turquemenistão: (F) تركمانستان (turkmanistan)
Turquia: (F) تركيا (turkia)
Tuvalu: (F) توفالو (tawfalu)
tábua de cortar: (M) لوح تقطيع (lawh taqtie)
tábua de engomar: (F) طاولة كي (tawilat kay)
tálio: (M) ثاليوم (thalyum)
táxi: (M) تاكسي (taksi)
tâmara: (M) بلح (balah)
tântalo: (M) تنتالوم (tantalum)
ténis: تنس (tans), (M) حذاء رياضي (hidha' riadiin)
ténis de mesa: تنس طاولة (tans tawila)
térbio: (M) تربيوم (tarbium)
térmite: (F) أرضة ('urda)
têmpora: (M) صدغ (sadagh)
tímido: خجول (khajul)
tónico facial: (M) مرطب الوجه (martib alwajh)
tório: (M) ثوريوم (thurium)
túlio: (M) ثوليوم (thuluyum)

U

Ucrânia: (F) أوكرانيا ('uwkrania)
Uganda: (F) أوغندا ('uwghanda)
ukulele: (M) أكلال ('aklal)
uma da manhã: الساعة الواحدة صباحا (alssaeat alwahidat sabahaan)

193

umbigo: (F) السرة (alsira)
um quarde hora: ربع ساعة (rubue saea)
underscore: (F) شرطة سفلية (shurtat sufalia)
unha: (M) ظفر (zufur)
unidade de cuidados intensivos: (F) عناية مركزة (einayat markaza)
unidade de processamencentral (CPU): (F) وحدة المعالجة المركزية (wahdat almuealajat almarkazia)
uniforme: (M) زى موحد (zaa muahad)
uniforme escolar: (M) زي مدرسي (zy mudrisi)
universidade: (F) جامعة (jamiea)
Urano: (M) أورانوس ('awranus)
urna: (F) جرة (jara)
urologia: (M) طب الجهاز البولي (tb aljihaz albuliu)
urso: (M) دب (daba)
urso polar: (M) دب قطبي (dab qatbi)
Uruguai: (F) أوروغواي ('uwrughway)
urânio: (M) يورانيوم (yuranium)
Usbequistão: (F) أوزبكستان ('uwzbakistan)
uva: (M) عنب (eanab)
uva passa: (M) زبيب (zabib)
uísque: (M) ويسكي (wayuski)

V

vaca: (F) بقرة (baqara)
vagina: (M) مهبل (muhbil)
vaivém espacial: (F) مركبة فضائية (markabat fadayiya)
vale: (M) وادي (wadi)
valsa: (M) فالس (falsa)
valsa de Viena: (M) فالس فيينا (falsa fiyinna)
Vamos para casa: دعونا نذهب إلى البيت (daeuna nadhhab 'iilaa albayt)
Vanuatu: (F) فانواتو (fanwatu)
vanádio: (M) فاناديوم (fanadyum)
vaporizador: (M) رذاذ (radhadh)
vaporizador nasal: (M) رذاذ الأنف (radhadh al'anf)
varanda: (F) بلكونة (bilakuna)
varicela: (M) جدري الماء (jadri alma')
vaso: (M) اناء للزهور (ana' lilzuhur), (F) زهرية (zihria)
vassoura: (F) مكنسة (mukanasa)
vazio: فارغ (farigh)
veado: (F) غزالة (ghazala)
veia: (M) وريد (warid)
vela: إبحار ('iibhar), (M) شراع (shirae), (F) شمعة (shumie)
velho: قديم (qadim), عجوز (eajuz)
velocímetro: (M) عداد السرعة (eidad alsre)
Vem comigo: تعال معي (tueal maei)
vendas: (F) مبيعات (mabieat)
vender: يبيع (yabie)
Venezuela: (F) فنزويلا (finizwilla)
vento: (F) رياح (riah)
ventoinha: (F) مروحة (muruha)
ventoso: عاصف (easif)
ver: يشاهد (yushahid)

verde: أخضر ('akhdir)
vermelho: أحمر ('ahmar)
verniz: (M) ورنيش (waranish)
verniz de unhas: (M) طلاء الأظافر (tala' al'azafir)
verão: (M) الصيف (alsayf)
vespa: (M) دبور (dabur)
vestido: (M) فستان (fusatan)
vestido de casamento: (M) ثوب الزفاف (thwb alzifaf)
vestido dela: فستانها (fasataniha)
vestido de noite: (M) فستان سهرة (fistan sahratan)
vestido de noiva: (M) فستان زفاف (fustan zifaf)
vestiário: (F) غرفة تبديل الملابس (ghurfat tabdil almalabis)
vesícula biliar: (F) المرارة (almrara)
veterinário: (M) طبيب بيطري (tabib bytry)
vetor: (M) متجه (mutajih)
via de sentido único: (M) شارع باتجاه واحد (sharie biaitijah wahid)
viaduto: (M) جسر (jisr)
via ferroviária: (F) سكة حديد (skt hadid)
viagem de negócios: (F) رحلة عمل (rihlat eamal)
viajar: يسافر (yusafir)
Via Láctea: (M) درب التبانة (darab altibana)
Vietname: (F) فيتنام (fiatnam)
viga de aço: (F) الدعامات الفولاذية (aldaeamat alfawladhia)
viga de madeira: (F) حزمة خشب (hazmat khashab)
vinagre: (M) خل (khal)
vinho: (M) نبيذ (nabidh)
vinho branco: (M) نبيذ أبيض (nabidh 'abyad)
vinho espumante: (M) النبيذ الفوار (alnabidh alfawaar)
vinho tinto: (M) نبيذ أحمر (nabidh 'ahmar)
viola: (M) كمان متوسط (kaman mtwst)
violino: (M) كمان (kaman)
violoncelo: (M) تشيلو (tashilu)
vir: يأتي (yati)
Vira à direita: انعطف يمينا (aneataf yamina)
Vira à esquerda: انعطف يسارا (aneataf yusarana)
visitante: (M) زائر (zayir)
visto: (F) تأشيرة (tashira)
vitamina: (M) فيتامين (fitamin)
vitela: (M) لحم العجل (lahmu aleijl)
viver: يعيش (yaeish)
vizinho: (M) جار (jar)
viúva: (F) أرملة ('armala)
viúvo: (M) أرمل ('armal)
voar: يطير (yatir)
vodca: (F) فودكا (fawduka)
volante: (F) عجلة القيادة (eijlat alqiada), (F) لعبة الريشة (luebat alraysha)
voleibol: (F) كرة طائرة (kurat tayira)
voleibol de praia: كرة الطائرة الشاطئية (kurat alttayirat alshshatiiya)
volt: (M) فولت (fawlat)
volume: (M) حجم (hajm)
vomitar: يتقيأ (yataqayaa)
vossa equipa: فريقك (fariquk)

votar: يصوت (yusawit)
vulcão: (M) بركان (barkan)
Vénus: (F) الزهرة (alzahra)
vértebra: (F) فقرات الظهر (faqarat alzuhr)
vírgula: (F) فاصلة (fasila)
vírus: (M) فيروس (fayrus)
vós: أنتم ('antum)

W

walkie-talkie: (M) جهاز إتصال (jihaz 'iitsal)
watt: (M) واط (wat)
webcam: (F) كاميرا ويب (kamira wib)
windsurf: تزلج شراعي (tazlij shiraei)

X

xadrez: شطرنج (shuturanij)
xarope de ácer: (M) شراب القيقب (sharab alqyqib)
xarope para a tosse: (M) شراب السعال (sharab alsaeal)
xenónio: (M) زينون (zinun)
xilofone: (M) إكسيليفون ('iiksilifun)

Y

yuan: (M) يوان (yawan)

Z

zangado: غاضب (ghadib)
zangão: (F) طنانة (tnana)
zebra: (M) حمار وحشي (hammar wahashiun)
Zimbabué: (F) زيمبابوي (zimbabwi)
zinco: (M) زنك (zink)
zircónio: (M) الزركونيوم (alzarkunium)
zona comercial: (F) منطقة الأعمال المركزية (mintaqat al'aemal almarkazia)
zona industrial: (F) منطقة صناعية (mintaqat sinaeia)
Zâmbia: (F) زامبيا (zambia)

@

África do Sul: (F) جنوب افريقيا (janub 'iifriqia)
Árabe: (M) عربي (earabiin)
Áustria: (F) النمسا (alnamsa)
Índia: (F) الهند (alhind)
ácer: (M) قيقب (qayaqib)
água: (F) مياه (miah)
água da torneira: (F) مياه الصنبور (miah alsanbur)
água gasosa: (F) مياه غازية (miah ghazia)
águia: (M) نسر (nasir)
álbum de fotografias: (M) ألبوم صور ('albawm sur)
árbitro: (M) حكم (hukm)

área: (F) مساحة (misaha)
área de pedestres: (F) منطقة مشاة (mintaqat musha)
árgon: (M) الأرجون (al'arjun)
árvore: (F) شجرة (shajara)
ástato: (M) أستاتين ('astatin)
átomo: (F) ذرة (dhara)
âncora: (F) مرساة (marsa)
ângulo: (F) زاوية (zawia)
ângulo reto: (F) زاوية قائمة (zawiat qayima)
ânus: (M) الشرج (alsharaj)
érbio: (M) إربيوم ('iirbium)
ícone: (F) أيقونة ('ayquna)
íman: (M) مغناطيس (maghnatis)
índice: (M) جدول المحتويات (jadwal almuhtawayat)
índio: (M) إنديوم ('iindyum)
íngreme: شديد الانحدار (shadid alainhidar)
íris: (M) سوسن (susin)
ítrio: (M) إتريوم ('iitrium)
óculos: (F) نظارات (nizarat)
óculos de natação: (F) نظارات سباحة (nizarat sibaha)
óculos de segurança: (F) نظارات حماية (nizarat himaya)
óculos escuros: (F) نظارة شمس (nizarat shams)
óleo: (M) زيت (zayt)
óleo de amendoim: (M) زيت فول السوداني (zayt fawal alsudani)
óleo de colza: (M) زيت بذور اللفت (zayt budhur allaft)
óleo de girassol: (M) زيت عباد الشمس (zayt eibad alshams)
óleo de milho: (M) زيت ذرة (zayt dhara)
ópera: (F) أوبرا ('awbara)
órfão: (M) يتيم (yatim)
órgão: (M) الأرغن ذو الأنابيب (al'arghan dhu al'anabib)
ósmio: (M) أوزميوم ('awzmium)
óvulo: (F) بويضة (buayda)
útero: (M) رحم (rahim)

Árabe - Português

@

'ab (أب): papá
'abjadia (أبجدية): alfabeto
'abkam (أبكم): mudo
'abnat 'akh 'aw 'ukht (أبنة أخ أو أخت): sobrinha
'abril (ابريل): abril
'abu baris (أبو بريص): geco
'abyad (أبيض): branco
'adaba (أدب): literatura
'adawat almayida (أدوات المائدة): talheres
'adharbayjan (أذربيجان): Azerbaijão
'aemaa (أعمى): cego
'aewad al'ukul (أعواد الأكل): pauzinho
'afghanistan (أفغانستان): Afeganistão
'afiewania (أفعوانية): montanha russa
'aftaqiduk (أفتقدك): Tenho saudades tuas
'afwkadu (أفوكادو): abacate
'aghustus (أغسطس): agosto
'ahadhiat juldia (أحذية جلدية): sapatos de couro
'ahadhiat kurat alqadam (أحذية كرة القدم): chuteiras
'ahajiya (أحجية): puzzle
'ahbak (أحبك): Eu amo-te
'ahmar (أحمر): vermelho
'ahmar alshaer (أحمر الشعر): ruivo
'ahmar shaffah (أحمر شفاه): batom
'ajnihat dijaaj (أجنحة دجاج): asas de frango
'akh 'akbar (اخ أكبر): irmão mais velho
'akhbar (أخبار): notícias
'akhdir (أخضر): verde
'akhisayiy aleilaj altabieii (أخصائي العلاج الطبيعي): fisioterapeuta
'akh saghir (أخ صغير): irmão mais novo
'akhtubut (أخطبوط): polvo
'aklal (أكلال): ukulele
'akl alshsharie (أكل الشارع): comida de rua
'aksajin (أكسجين): oxigénio
'akthar (أكثر): mais
'aktinium (أكتينيوم): actínio
'akurdiuwn (أكورديون): acordeão
'alam almueada (ألم المعدة): dor de estômago
'albania (ألبانيا): Albânia
'albawm sur (ألبوم صور): álbum de fotografias
'alfia (ألفية): milénio
'almania (ألمانيا): Alemanha
'almaniin (ألماني): Alemão
'alumanyum (ألومنيوم): alumínio
'ama alzawj / 'ama alzawja (أم الزوج / أم الزوجة): sogra
'amam (أمام): frente
'amea' (أمعاء): intestino

'amea' daqiqa (أمعاء دقيقة): intestino delgado
'amin alsunduq (أمين الصندوق): caixa
'amin maktaba (أمين مكتبة): bibliotecário
'amrisium (أمريسيوم): amerício
'ams (أمس): ontem
'amtiea (أمتعة): bagagem
'ana 'aerif (أنا أعرف): Eu sei
'ana (أنا): eu
'ana (أن): aquilo
'ana la 'aerif (أنا لا أعرف): Eu não sei
'ana la 'afham (أنا لا أفهم): Não entendo
'ana la 'uhibu hdha (أنا لا أحب هذا): Eu não gosto disto
'ana maejib bik (أنا معجب بك): Eu gosto de ti
'ana muafiq (أنا موافق): Eu concordo
'ananas (أناناس): ananás
'andurra (أندورا): Andorra
'anf (أنف): nariz
'anjulana (أنجولا): Angola
'ansulin (أنسولين): insulina
'ant (أنت): tu
'antighuu wabarubudana (أنتيغوا وبربودا): Antígua e Barbuda
'antimun (أنتيمون): antimónio
'antum (أنتم): vós
'aqala (أقل): menos
'aqhawan (أقحوان): margaridinha
'arak lahiqaan (أراك لاحقا): Até logo
'ardia (أرضية): chão
'arjuha (أرجوحة): baloiço
'armal (أرمل): viúvo
'armala (أرملة): viúva
'arminia (أرمينيا): Arménia
'arnab (أرنب): coelho
'arubana (أروبا): Aruba
'aruzun maqaliy (أرز مقلي): arroz frito
'arz (أرز): arroz
'arzia (أرزية): lariço
'asada (أسد): leão
'asada albahr (أسد البحر): leão-marinho
'asam (أصم): surdo
'asbani (أسباني): Espanhol
'asbarin (أسبرين): aspirina
'asfad (أصفاد): algemas
'asfal (أسفل): nádegas
'asfar (أصفر): amarelo
'ashghal alkhashb (أشغال الخشب): marcenaria
'ashieat alshams (أشعة الشمس): luz do sol
'ashqur (أشقر): loiro
'aslae alraas (أصلع الرأس): careca
'asmant (أسمنت): cimento
'asmar (أسمر): moreno
'astatin (أستاتين): ástato
'aswad (أسود): preto

'atubys (أتوبيس): autocarro
'aw (أو): ou
'awakalbtus (أوكالبتوس): eucalipto
'awal 'ams (أول أمس): anteontem
'awal 'uksid alkarbun (أول أكسيد الكربون): monóxido de carbono
'awal (أول): primeiro
'awbal (أوبال): opala
'awbara (أوبرا): ópera
'awnisa (أونصة): onça
'awranus (أورانوس): Urano
'awrij (أورج): teclado
'awzmium (أوزميوم): ósmio
'aya (أي): Qual
'ayn (أين): Onde
'ayn almarhad? (أين المرحاض؟): Onde é a casa de banho?
'ayquna (أيقونة): ícone
'ayrlanda (أيرلندا): Irlanda
'ayrubiks (أيروبيكس): aeróbica
'ayslanda (أيسلندا): Islândia
'ayuwn (أيون): ião
'azraq (أزرق): azul
'iawza (إوزة): cisne
'ibryz kahrabayiyin (إبريز كهربائي): tomada
'iibhar (إبحار): vela
'iibra (إبرة): agulha
'iibriq shay (إبريق شاي): chaleira
'iidha (إذا): se
'iielanat (إعلانات): anúncio
'iiesar (إعصار): tornado
'iiftar (إفطار): pequeno-almoço
'iihma' (إحماء): aquecimento
'iijhad (إجهاض): aborto espontâneo
'iikhsayiyu bsryat (اخصائي بصريات): optometrista
'iikhtbar alhamal (إختبار الحمل): teste de gravidez
'iiksilifun (إكسيليفون): xilofone
'iilaktarun (إلكترون): eletrão
'iiltahab alghidat alnakfia (إلتهاب الغدة النكفية): papeira
'iiltahab alhalaq (إلتهاب الحلق): dor de garganta
'iinaa bihajat lhdha (انا بحاجة لهذا): Eu preciso disto
'iindhar hariq (إنذار حريق): alarme de incêndio
'iindunisia (اندونيسيا): Indonésia
'iindyum (إنديوم): índio
'iinsan ali (إنسان آلي): robô
'iiqlim (إقليم): território
'iiran (ايران): Irão
'iirbium (إربيوم): érbio
'iiridium (إيريديوم): Irídio
'iiritaria (إريتريا): Eritreia
'iirth (إرث): herança
'iisabatan bialraas (إصابة بالرأس): lesão cerebral
'iisbae alqadam (إصبع القدم): dedo do pé
'iisbae alyad (اصبع اليد): dedo

'iisbania (اسبانيا): Espanha
'iisbarisu (إسبريسو): expresso
'iisfanij (إسفنج): esponja
'iishal (إسهال): diarreia
'iisharat almurur (اشارة المرور): semáforo
'iisrayiyl (إسرائيل): Israel
'iistunia (استونيا): Estónia
'iitala (إطالة): alongamento
'iitalia (ايطاليا): Itália
'iitar aleajala (إطار العجلة): pneu
'iitar alsuwra (إطار الصورة): moldura
'iithyubiaan (اثيوبيا): Etiópia
'iitrium (إتريوم): ítrio
'iityrbium (إتيربيوم): itérbio
'iklyl aljabal (إكليل الجبل): alecrim
'iuz (إوز): ganso
'udhin (أذن): orelha
'ujrat alsafar (أجرة السفر): tarifa
'ukht alzawj / 'ukht alzawja (اخت الزوج / اخت الزوجة): cunhada
'ukht kubraa (أخت كبرى): irmã mais velha
'ukht saghira (أخت صغيرة): irmã mais nova
'ukhuat wa'akhawat (أخوة وأخوات): irmãos
'uktubar (أكتوبر): outubro
'um (أم): mamã
'unbub aleadim (أنبوب العادم): tubo de escape
'urda (أرضة): térmite
'urid almazid (أريد المزيد): Eu quero mais
'urid hdha (أريد هذا): Eu quero isto
'usbue (أسبوع): semana
'usfilat (أسفلت): asfalto
'ustadh (أستاذ): professor
'usturalia (أستراليا): Austrália
'uwbuu (أوبوا): oboé
'uwghanda (أوغندا): Uganda
'uwkrania (أوكرانيا): Ucrânia
'uwrksitra (أوركسترا): orquestra
'uwrughway (أوروغواي): Uruguai
'uwtumatikiun (أوتوماتيكي): mudança automática
'uwzbakistan (أوزبكستان): Usbequistão

A

abn (ابن): filho
abn aleum (ابن العم): primo
abn alzawj / abn alzawja (ابن الزوج / ابن الزوجة): enteado
abn shaqiq (ابن شقيق): sobrinho
abriq altaramus (ابريق الترمس): garrafa térmica
aedhirni (اعذرني): com licença
aetin binafsik (اعتن بنفسك): Tem cuidado
ahdhit alraqs (احذية الرقص): sapatos de dança
aibham alyad (ابهام اليد): polegar
aibnat alkhal (ابنة الخال): prima
aibnatu (ابنة): filha
aibnatu alzawj / aibnat alzawja (ابنة الزوج / ابنة الزوجة): enteada

aihtikar (احتكار): monopólio
aikhtinaq murawri (اختناق مروري): engarrafamento
aimra'a (امرأة): mulher
aimtihan (امتحان): exame
aintalaq lil'amam (انطلق للأمام): Segue em frente
airtifae (ارتفاع): altura
airtijaj (ارتجاج): concussão
aisfinajat mikyaj alwajh (اسفنجة مكياج الوجه): esponja para pó compacto
aistarah (استرح): Relaxa
aistawana (اسطوانة): cilindro
aistiqbal (استقبال): receção
aistithmar (استثمار): investimento
akhar (آخر): outro
akil alnaml (آكل النمل): papa-formigas
al'ab (الأب): pai
al'ahad (الأحد): domingo
al'akzima (الأكزيما): eczema
al'amazun (الأمازون): Amazónia
al'aqmar alsinaeia (الأقمار الصناعية): satélite
al'arbiea' (الأربعاء): quarta-feira
al'ard (الأرض): Terra
al'arghan dhu al'anabib (الأرغن ذو الأنابيب): órgão
al'arjantin (الأرجنتين): Argentina
al'arjun (الأرجون): árgon
al'iikwadur (الإكوادور): Equador
al'iilka (الإلكة): alce
al'iithnin (الإثنين): segunda-feira
al'imarat alearabiat almutahida (الامارات العربية المتحدة): Emirados Árabes Unidos
al'umu (الأم): mãe
al'urdun (الأردن): Jordânia
al'usbue almadi (الأسبوع الماضي): semana passada
al'usbue alqadim (الأسبوع القادم): próxima semana
alaba' (الآباء): pais
alan (الآن): agora
alandiz (الانديز): Andes
alat baye altadhakur (آلة بيع التذاكر): bilheteira automática
alathar aljanibia (الآثار الجانبية): efeito secundário
albab al'amami (الباب الأمامي): porta de entrada
albab aljanibiu (الباب الجانبي): porta lateral
albahr al'abyad almutawasit (البحر الأبيض المتوسط): Mar Mediterrâneo
albahr al'ahmar (البحر الأحمر): Mar Vermelho
albahr al'aswad (البحر الأسود): Mar Negro
albahrayn (البحرين): Barém
albalih (الباليه): balé
albanida al'ahmar (الباندا الأحمر): panda vermelho
albankuriaas (البنكرياس): pâncreas
albarazil (البرازيل): Brasil
albashrus (البشروس): flamingo
albawasir (البواسير): hemorroide
albaysun (البيسون): bisonte
albiatilun (البياتلون): biatlo
albirsim (البرسيم): trevo

albitla (البتلة): pétala
albudayngh (البودينغ): pudim
albuluz (البلوز): blues
albunsur (البنصر): dedo anelar
albuq alfaransiu (البوق الفرنسي): trompa
alburtughal (البرتغال): Portugal
albusna (البوسنة): Bósnia
aldaama (الداما): damas
aldaeamat alfawladhia (الدعامات الفولاذية): viga de aço
aldambal (الدمبل): haltere
aldanimark (الدنمارك): Dinamarca
aldarajat alsiyahia (الدرجة السياحية): classe económica
aldaw' alkhalafiu (الضوء الخلفي): luz traseira
aldawaar (الدوار): rotunda
aldawr al'ardiu (الدور الأرضي): rés-do-chão
aldawr al'awal (الدور الأول): primeiro andar
aldawr alkhamis (الدور الخامس): quinto andar
aldhahab 'aghlaa min alfida (الذهب أغلى من الفضة): O ouro é mais caro do que a prata
aldirajat alhawayiyat almuzdawija (الدراجة الهوائية المزدوجة): bicicleta tandem
aldirajat almayiya (الدراجات المائية): jet ski
aleamaliat aljirahia (العملية الجراحية): cirurgia
aleam almadi (العام الماضي): ano passado
aleam alqadim (العام القادم): próximo ano
aleazm alkatfiu (العظم الكتفي): omoplata
aleiadat alkharijia (العيادات الخارجية): ambulatório
aleilaj al'asriu (العلاج الأسري): terapia familiar
aleilaj almayiy (العلاج المائي): hidroterapia
aleilaj alsulukiu (العلاج السلوكي): terapia comportamental
aleilaj altabieiu (العلاج الطبيعي): fisioterapia
aleiraq (العراق): Iraque
aleumud alfiqriu (العمود الفقري): coluna vertebral
alfalabin (الفلبين): Filipinas
alfizu (الفظ): morsa
alghabun (الغابون): Gabão
alghalyum (الغاليوم): gálio
alghatas (الغطس): salto ornamental
alhabl alshuwkiu (الحبل الشوكي): medula espinhal
alhadu al'uqsiu lilsuriea (الحد الأقصى للسرعة): limite de velocidade
alhamam (الحمام): retrete
alhawd (الحوض): pélvis
alhawdhan (الحوذان): ranúnculo
alhaykal aleazmiu (الهيكل العظمي): esqueleto
alhijab alhajiz (الحجاب الحاجز): diafragma
alhimalaya (الهيمالايا): Himalaias
alhind (الهند): Índia
alhubut bialmizallat (الهبوط بالمظلات): paraquedismo
alhundba' (الهندباء): dente-de-leão
alhut alqatil (الحوت القاتل): orca
aljabal al'aswad (الجبل الأسود): Montenegro
aljadwal aldawriu (الجدول الدوري): tabela periódica
aljambaz (الجمباز): ginástica
aljamie (الجميع): toda a gente

aljamjama (الجمجمة): crânio
aljariu (الجري): corrida
aljariu alsarie (الجري السريع): corrida de velocidade
aljazayir (الجزائر): Argélia
aljins (الجنس): género
aljirara (الجرارة): trator
aljumea (الجمعة): sexta-feira
alkaeb (الكعب): calcanhar
alkakaya (الكاكايا): jaca
alkamirun (الكاميرون): Camarões
alkanis alyahudiu (الكنيس اليهودي): sinagoga
alkarib (الكريب): crepe
alkawala (الكوالا): coala
alkawsa (الكوسة): curgete
alkhamasaa alhadith (الخماسي الحديث): pentatlo moderno
alkhamis (الخميس): quinta-feira
alkharif (الخريف): outono
alkhazamaa (الخزامى): tulipa
alkhunsur (الخنصر): dedo mindinho
alkirath (الكراث): alho-porro
alklarinit (الكلارينيت): clarinete
alkuayt (الكويت): Kuwait
alkura (الكرة): esfera
allabn almakhfuq (اللبن المخفوق): batido de leite
allayumur (الليمور): lémure
allibas alddakhiliu (اللباس الداخلي): cuecas
almadaria (المدارية): trópicos
almaealij alyadawii (المعالج اليدوي): quiroprático
almaghrib (المغرب): Marrocos
almajar (المجر): Hungria
almakruna (المكرونة): massa
almaksik (المكسيك): México
almalabis alddakhiliat alhararia (الملابس الداخلية الحرارية): roupa interior térmica
almamlakat almutahida (المملكة المتحدة): Reino Unido
almaqead al'amamiu (المقعد الأمامي): banco dianteiro
almaqead alkhalafiu (المقعد الخلفي): banco traseiro
almarat alkhalafia (المرآة الخلفية): retrovisor
almartiniu (المارتيني): martini
almasahaj (المسحج): plaina
almasrah (المسرح): palco
almawarid albasharia (الموارد البشرية): recursos humanos
almiriykh (المريخ): Marte
almrara (المرارة): vesícula biliar
almshi limasafat tawila (المشي لمسافات طويلة): caminhada
almubashira (المبشرة): ralador
almudama (المدمة): ancinho
almuhit al'atlasiu (المحيط الأطلسي): Oceano Atlântico
almuhit alhadiu (المحيط الهادي): Oceano Pacífico
almuhit alhindiu (المحيط الهندي): Oceano Índico
almushtari (المشتري): Júpiter
almustanshaq (المستنشق): inalador
alnabidh alfawaar (النبيذ الفوار): vinho espumante

alnaesh (النعش): caixão
alnaht (النحت): escultura
alnamsa (النمسا): Áustria
alnarjus albariyu (النرجس البري): narciso
alnazayir (النظائر): isótopo
alnirwij (النرويج): Noruega
alnnayib aleamu (النائب العام): procurador
alnyjr (النيجر): Níger
alqabid (القابض): embraiagem
alqabu (القبو): cave
alqafz bialhibal (القفز بالحبال): bungee jumping
alqafz bialzaana (القفز بالزانة): salto com vara
alqalam liltalwin (القلم للتلوين): lápis de cera
alqamar (القمر): lua
alqamis (القميص): camisola
alqishrat al'ardia (القشرة الأرضية): crosta terrestre
alqism alqanuniu (القسم القانوني): departamento jurídico
alqitae alnaaqis (القطع الناقص): elipse
alqutb aljanubiu (القطب الجنوبي): Polo Sul
alqutb alshamaliu (القطب الشمالي): Polo Norte
alrabuu (الربو): asma
alraqaba (الرقبة): pescoço
alraqm alqiasiu alealamiu (الرقم القياسي العالمي): recorde mundial
alraqs alllatiniu (الرقص اللاتيني): dança latina
alrbye (الربيع): primavera
alrimayat bialsahm (الرماية بالسهم): tiro com arco
alriyjiu (الريجي): reggae
alruwmiba raqsa (الرومبا رقصة): rumba
alsaamiba (السامبا): samba
alsaari (الصاري): mastro
alsababa (السبابة): dedo indicador
alsabt (السبت): sábado
alsahra' alkibriu (الصحراء الكبرى): Saara
alsalfadur (السلفادور): El Salvador
alsanj (الصنج): pratos
alsarawil alddakhilia (السراويل الداخلية): boxers
alsatayir (الستائر): persiana
alsath (السطح): telhado
alsayf (الصيف): verão
alsbaghiti (السباغيتي): esparguete
alsewdy (السعودية): Arábia Saudita
alshahr almadi (الشهر الماضي): mês passado
alshahr alqadim (الشهر القادم): próximo mês
alshamra (الشمرة): funcho
alsharaj (الشرج): ânus
alshawfan (الشوفان): aveia
alshita' (الشتاء): inverno
alsifn (الصفن): escroto
alsilsa (الصلصا): salsa
alsinighal (السنغال): Senegal
alsint (السنط): acácia
alsira (السرة): umbigo

alsiraf alalia (الصراف الآلي): caixa automático
alsiyliniyum (السيلينيوم): selénio
alsiyn (الصين): China
alssaeat alththaniat baed alzuhr (الساعة الثانية بعد الظهر): duas da tarde
alssaeat alwahidat sabahaan (الساعة الواحدة صباحا): uma da manhã
alsuktat aldamaghia (السكتة الدماغية): AVC
alsuwdan (السودان): Sudão
alsuwid (السويد): Suécia
alsuwmal (الصومال): Somália
altaawus (الطاووس): pavão
altabul (الطبل): tarola
altadrib alddayiriu (التدريب الدائري): treino em circuito
altahbir aldawwara (التحبير الدوارة): rolo de tinta
altahlil alnafsiu (التحليل النفسي): psicanálise
altala' alnaft (الطلاء النفط): tinta à óleo
altanwim almughnatisaa (التنويم المغناطيسي): hipnose
altarawmubun (الترومبون): trombone
altarayid w lahumiha (الطرائد و لحمها): carne de veado
altariq alsarie (الطريق السريع): autoestrada
altarkib alkimiayiyu (التركيب الكيميائي): estrutura química
altaswir bialrinin almaghnatisii (التصوير بالرنين المغناطيسي): ressonância magnética
altazaluj (التزلج): patinagem sobre rodas
altazaluj alfaniyu ealaa aljalid (التزلج الفني على الجليد): patinagem artística
altazaluj eabr albilad (التزلج عبر البلاد): esqui de fundo
altazaluj ealaa allawh (التزلج على اللوح): competição de skate
althulatha' (الثلاثاء): terça-feira
altibu alsiyniu (الطب الصيني): medicina Chinesa
alttabiq al'awal alsufliu (الطابق الأول السفلي): primeiro subsolo
alttabiq alththani alsufliu (الطابق الثاني السفلي): segundo subsolo
alttriatlun (الترياتلون): triatlo
alwakhz bial'iibar (الوخز بالإبر): acupuntura
alwathb aleali (الوثب العالي): salto em altura
alwathb altawil (الوثب الطويل): salto em comprimento
alwathb althulathiu (الوثب الثلاثي): triplo salto
alwilayat almutahidat al'amrikia (الولايات المتحدة الأمريكية): Estados Unidos da América
alwustaa (الوسطى): dedo do meio
alyaban (اليابان): Japão
alyaesub (اليعسوب): libelinha
alyaman (اليمن): Iémen
alyawm (اليوم): hoje
alysrue (اليسروع): lagarta
alyunan (اليونان): Grécia
alzahafat althaljia (الزحافات الثلجية): luge
alzahra (الزهرة): Vénus
alzan (الزان): faia
alzanabuq (الزنبق): gladíolo
alzarkunium (الزركونيوم): zircónio
alzijaj al'amamiu (الزجاج الأمامي): para-brisas
alzilajat aljamaeia (الزلاجة الجماعية): bobsleigh
alzuhr (الظهر): costas
aman (آمن): seguro
ambyr (امبير): ampere

ana' lilzuhur (اناء للزهور): vaso
aneataf yamina (انعطف يمينا): Vira à direita
aneataf yusarana (انعطف يسارا): Vira à esquerda
anflwnza (أنفلونزا): gripe
anjilizi (انجليزي): Inglês
asif (آسف): Desculpa
athna eashar (اثنا عشر): duodeno
awryghamy (اوريغامي): origami
ayanshtaynyawm (آينشتاينيوم): einsténio

B

bab (باب): porta
bab murab (باب مرآب): portão da garagem
babuu ghinia aljadida (بابوا غينيا الجديدة): Papua Nova Guiné
badala (بدلة): fato
badalat fada' (بدلة فضاء): fato espacial
badalat tazlij (بدلة تزلج): fato de esqui
badhnjan (باذنجان): beringela
badlat alghaws (بدلة الغوص): fato de mergulho
badlat riadia (بدلة رياضية): fato de treino
baed alhalaqa (بعد الحلاقة): aftershave
baed alzuhr (بعد الظهر): tarde
baed ghad (بعد غد): depois de amanhã
baeid (يعيد): longe
bahath (بحث): pesquisa
bahr (بحر): mar
baizla' (بازلاء): ervilha
bakistan (باكستان): Paquistão
balad (بلد): país
baladyum (بلاديوم): paládio
balah (بلح): tâmara
balatin (بلاتين): platina
balaw (بالاو): Palau
balayz (بليز): Belize
balayzr (بليزر): blazer
balfel (بالفعل): já
balr ghamin min (بالرغم من): no entanto
balutunium (بلوتونيوم): plutónio
balyh (باليه): balé
bambu (بامبو): bambu
bamiatan (بامية): quiabo
banda (باندا): panda
banghladish (بنغلاديش): Bangladeche
bani (بني): castanho
baq (بق): besouro
baqara (بقرة): vaca
barajway (باراجواي): Paraguai
barbadus (بربادوس): Barbados
bard (برد): constipação
barghar (برغر): hambúrguer
barid 'iiliktruniin (بريد إلكتروني): correio eletrónico

barid (بارد): frio
barika (بركة): lago pequeno
barik dans (بريك دانس): breakdance
barimat lifath alzujajat (بريمة لفتح الزجاجات): saca-rolhas
bariq (برق): raio
barkan (بركان): vulcão
barkilium (بركيليوم): berquélio
barquq (برقوق): ameixa
barum (بروم): bromo
barustata (بروستاتا): próstata
barutun (بروتون): protão
baryum (باريوم): bário
basima (بصمة): impressão digital
baskuit (بسكويت): biscoito
bast (بسط): numerador
bata (بطة): pato
batan (بطن): barriga
batariq (بطريق): pinguim
batatis (بطاطس): batata
batatis mahrusa (بطاطس مهروسة): puré de batata
batatis maqaliya (بطاطس مقلية): batata frita
batatis wadajz (بطاطس ودجز): fatias de batata
batikh (بطيخ): melancia
batin 'ard (باطن أرض): núcleo da Terra
battaria (بطارية): bateria
batualaan (بتولا): bétula
bawma (بومة): coruja
bawsala (بوصلة): bússola
bayad albida (بياض البيضة): clara
bayasbul (بيسبول): basebol
bayie mujawaharat (بائع مجوهرات): joalheiro
bayie zuhur (بائع زهور): florista
bayj (بيج): bege
baykini (بيكيني): biquíni
baylatis (بيلاتس): pilates
bayra (بيرة): cerveja
bayt aldamiya (بيت الدمية): casa de bonecas
bayt alshajara (بيت الشجرة): casa na árvore
baytina (بيتنا): nossa casa
bayt kalab (بيت كلب): casota
bayt zijajiin (بيت زجاجي): estufa
bazamut (بزموت): bismuto
bazar (بظر): clitóris
bde alfaraj (بضع الفرج): episiotomia
bi'anak (بانك): punk
biabaya (بابايا): papaia
bialddakhil (بالداخل): dentro
bialkharij (بالخارج): fora
bialtabe (بالطبع): Claro
bianu (بيانو): piano
biatza (بيتزا): piza
bida (بيضة): ovo

bidat masluqa (بيضة مسلوقة): ovo cozido
bidayn (بدين): gorducho
bidhara (بذرة): semente
bid maqli (بيض مقلي): ovos mexidos
bighubghan (بغبغان): papagaio
bijama (بيجاما): pijama
bijanib (بجانب): ao lado
bijea (بجعة): pelicano
bilakuna (بلكونة): varanda
bilastik (بلاستيك): plástico
biljika (بلجيكا): Bélgica
bilut (بلوط): carvalho
bilutu (بلوتو): Plutão
bilyaridu (بلياردو): bilhar
bina' (بناء): operário
binafsajiin (بنفسجي): roxo
binama (بناما): Panamá
bindaq (بندق): avelã
binin (بنين): Benim
binital riada (بنطال رياضة): calças de treino
binjr alsukar (بنجر السكر): beterraba sacarina
birilium (بيريليوم): berílio
bitanat allibas alddakhilii (بطانة اللباس الداخلي): penso higiénico
bitania (بطانية): cobertor
bitaqat 'aemal (بطاقة أعمال): cartão de visita
bitaqat aitiman (بطاقة ائتمان): cartão de crédito
bitaqat baridia (بطاقة بريدية): postal
bitata hulwa (بطاطا حلوة): batata doce
bitat bikin (بطة بكين): pato de Pequim
bnt (بنت): rapariga
bnzyn (بنزين): gasolina
bqshysh (بقشيش): gorjeta
bqwlyat mathu (بقوليات مطهوة): feijão cozido
brandi (براندي): brandy
brasiwdimiwm (براسيوديميوم): praseodímio
brunay (بروناي): Brunei
brwmythywm (بروميثيوم): promécio
brwtktynyum (بروتكتينيوم): protactínio
bsl 'akhdur (بصل أخضر): cebolinho
bsl (بصل): cebola
bty (بطئ): lento
buayda (بويضة): óvulo
bubu aleayn (بؤبؤ العين): pupila
budrat alwajh (بودرة الوجه): pó compacto
bufih (بوفيه): bufê
buhayra (بحيرة): lago
bukaluriws (بكالوريوس): bacharelato
bukur (بوكر): póquer
bulanda (بولندا): Polónia
bulgharia (بلغاريا): Bulgária
bulifia (بوليفيا): Bolívia
bulinizia alfaransia (بولينيزيا الفرنسية): Polinésia Francesa

bulinj (بولينج): bowling
bulistir (بوليستر): poliéster
bulu (بولو): polo
bulunium (بولونيوم): polónio
bunduqia (بندقية): arma
buq (بوق): trompete
buq alsayara (بوق السيارة): buzina
burama (بورما): Birmânia
burikayna fasu (بوركينا فاسو): Burquina Faso
burj muraqaba (برج مراقبة): torre de controlo
bursa (بورصة): bolsa de valores
burtaqal (برتقال): laranja
burtiqali (برتقالي): laranja
burtuman (برطمان): jarro
burun (بورون): boro
burundi (بوروندي): Burundi
burush (بروش): alfinete de peito
buryum (بوريوم): bóhrio
busa (بوصة): polegada
bustany (بستاني): jardineiro
butan (بوتان): Butão
butasium (بوتاسيوم): potássio
butswana (بوتسوانا): Botsuana
bwb (بوب): pop
bwrtwrykw (بورتوريكو): Porto Rico
byru (بيرو): Peru

D

da' alsukari (داء السكري): diabetes
daba (دب): urso
dabab (ضباب): nevoeiro
dabanyum (دبنيوم): dúbnio
dabasa (دباسة): agrafador
dabbaba (دبابة): tanque
dablum (دبلوم): diploma
dab qatbi (دب قطبي): urso polar
dabur (دبور): vespa
daeif (ضعيف): fraco
daesuqa (دعسوقة): joaninha
daeuna nadhhab 'iilaa albayt (دعونا نذهب إلى البيت): Vamos para casa
dafadae (ضفدع): rã
dafayir (ضفائر): rasta
dafi (دافئ): quente
daf saghir (دف صغير): tamborim
daght (ضغط): stress
daght al'arjul (ضغط الأرجل): pressão de pernas
daght dama murtafie (ضغط دم مرتفع): hipertensão
daght jawiyin (ضغط جوي): pressão atmosférica
dahal (ضحل): raso
dahia (ضاحية): subúrbio
dakhm (ضخم): enorme

dalae (ضلع): costela
dalil (دليل): prova
damada (ضمادة): ligadura
damadat jabs (ضمادة جبس): gesso
daman (ضمان): garantia
damawiun (دموي): sangrento
damiya (دمية): boneca
daqiq (دقيق): farinha
daqiqa (دقيقة): minuto
daqiq alshuwfan (دقيق الشوفان): aveia
darab (ضرب): multiplicação
darab altibana (درب التبانة): Via Láctea
daraj (درج): gaveta
daraja (درجة): graduação
darajat 'uwli (درجة أولي): primeira classe
darajat alharara (درجة الحرارة): temperatura
darajat muywia (درجة مئوية): centígrados
darajat rijal al'aemal (درجة رجال الأعمال): classe executiva
daras (درس): lição
dariba (ضريبة): imposto
darmshtatyum (دارمشتاتيوم): darmstácio
dash (دش): chuveiro
daw' 'amami (ضوء أمامي): farol dianteiro
daw' alshsharie (ضوء الشارع): iluminação pública
daw' tahdhir (ضوء تحذير): luz de aviso
dawasat alwaqud (دواسة الوقود): acelerador
dawnat (دونات): dónute
dawwamat alkhayl (دوامة الخيل): carrossel
dayazil (ديزل): gasóleo
dayimaan (دائما): sempre
dayira (دائرة): círculo
dayq (ضيق): estreito
dhahab (ذهب): ouro
dhakirat alwusul aleashwayiyi (ذاكرة الوصول العشوائي): memória de acesso aleatório (RAM)
dhaqan (ذقن): queixo
dhara (ذرة): átomo
dhiib (ذئب): lobo
dhil hisan (ذيل حصان): rabo de cavalo
dhirae (ذراع): braço
dhubaba (ذبابة): mosca
dhuki (ذكي): esperto
dhu zawia (ذو زاوية): angular
dieamat lileunq (دعامة للعنق): colar cervical
dijaj (دجاج): carne de frango
dijaja (دجاجة): galinha
dijajat mashawiya (دجاجة مشوية): frango assado
dik rumiin (ديك رومي): carne de peru
dik saghir (ديك صغير): galo
dilafin (دلفين): golfinho
dim sm (ديم سم): dim sum
dinasur (ديناصور): dinossauro
diraja (دراجة): bicicleta

dirajat altamarin (دراجة التمارين): bicicleta de exercício
dirajat bukharia (دراجة بخارية): lambreta
dirajat naria (دراجة نارية): motocicleta
dirajat sibaq (دراجة سباق): bicicleta de corrida
disambir (ديسمبر): dezembro
disimtar (ديسيمتر): decímetro
DJ (دي جي): DJ
dlu (دلو): balde
dubabi (ضبابي): nebuloso
dukturah (دكتوراه): doutoramento
dular (دولار): dólar
duminika (دومينيكا): Domínica
duminu (دومينو): dominó
durdsha (دردشة): conversação
dysbrwsywm (ديسبروسيوم): disprósio

E

eaba'atan (عباءة): négligé
eadad dhuri (عدد ذري): número atómico
eadasat lasiqa (عدسات لاصقة): lente de contacto
eadil (عادل): justo
eadwaa (عدوى): infeção
eahira (عاهرة): prostituta
eajuz (عجوز): velho
ealamat aistifham (علامة استفهام): ponto de interrogação
ealamat taejab (علامة تعجب): ponto de exclamação
ealikat alfakiha (علكة الفاكهة): goma
ealim (عالم): cientista
eamil (عميل): cliente
eamila (عملة): moeda
eamil bimutjir (عامل بمتجر): assistente de loja
eamiq (عميق): profundo
eanab (عنب): uva
eankabut (عنكبوت): aranha
eaqad (عقد): década
eaqad min alluwlu (عقد من اللؤلؤ): colar de pérolas
eaqarab (عقرب): escorpião
eaqeaq (عقعق): pega
earabat maqtura (عربة مقطورة): atrelado
earabat mushtarayat (عربة مشتريات): carrinho de compras
earabat yadawia (عربة يدوية): carrinho de mão
earabia (عربية): automóvel
earabiin (عربي): Árabe
earbat salakia (عربة سلكية): teleférico
eard (عرض): apresentação
earid (عارض): modelo
earis (عريس): noivo
easa altazaluj (عصا التزلج): bastão de esqui
easab (عصب): nervo
easabat alraas (عصابة الرأس): fita para transpiração
easa huki (عصا هوكي): taco de hóquei

easal (عسل): mel
easa naqil alsre (عصا ناقل السرعة): alavanca das mudanças
easha' (عشاء): jantar
easha' eamal (عشاء عمل): jantar de negócios
eashab (عشب): relva
eashab allaymun (عشب الليمون): capim-limão
easida (عصيدة): papas de aveia
easif (عاصف): ventoso
easifa (عاصفة): tempestade
easifat raedia (عاصفة رعدية): trovoada
easima (عاصمة): capital
easir allaymun (عصير الليمون): limonada
easir altifah (عصير التفاح): cidra
easir brtqal (عصير برتقال): sumo de laranja
easir samuthiun (عصير سموثي): batido de fruta
easir tafah (عصير تفاح): sumo de maçã
eatar (عطر): perfume
eatarid (عطارد): Mercúrio
eatashan (عطشان): sedento
eawamat 'iinqadh (عوامة إنقاذ): boia salva-vidas
eayan (عين): olho
eayilat alzawj / eayilat alzawja (عائلة الزوج / عائلة الزوجة): sogros
eazam (عظم): osso
eazam al'anf (عظم الأنف): osso nasal
eazam altarqua (عظم الترقوة): clavícula
eazima (عظمة): osso
eda (عضة): mordida
eiada (عيادة): clínica
eibad alshams (عباد الشمس): girassol
eibara (عبارة): balsa
eidad alsre (عداد السرعة): velocímetro
eidad mawqif alsayarat (عداد موقف السيارات): parquímetro
eid almilad (عيد الميلاد): Natal
eid milad (عيد ميلاد): aniversário
eijlat alqiada (عجلة القيادة): volante
eilaj ean tariq alwarid (علاج عن طريق الوريد): infusão
eilaj eatariun (علاج عطري): aromaterapia
eilaj jamaeiin (علاج جماعي): terapia de grupo
eilaj nafsi (علاج نفسي): psicoterapia
eima (عمة): tia
einayat al'aqdam (عناية الأقدام): pedicure
einayat al'azafir (عناية الأظافر): manicura
einayat markaza (عناية مركزة): unidade de cuidados intensivos
eindi kalib (عندي كلب): Eu tenho um cão
eizam alsamaka (عظام السمكة): espinha
eizm alfuki (عظم الفك): maxilar
eizm alqasi (عظم القص): esterno
em (عم): tio
erqsus (عرقسوس): alcaçuz
esa albilyaridu (عصا البلياردو): taco de bilhar
eshb bahriin (عشب بحري): alga
eshbt dara (عشبة ضارة): erva daninha

eubur almsha (عبور المشاة): passadeira
eudila (عضلة): músculo
eudw (عضو): membro
eudwia (عضوية): filiação
eukaaz (عكاز): muleta
eulba (علبة): lata
eulim al'aesab (علم الأعصاب): neurologia
eulim al'ahya' (علم الأحياء): biologia
eulim al'amrad (علم الأمراض): patologia
eulim al'ashiea (علم الأشعة): radiologia
eulim al'awram (علم الأورام): oncologia
eulim alaiqtisad (علم الاقتصاد): economia
eulim alghadad (علم الغدد): endocrinologia
eulim alhindasa (علم الهندسة): geometria
eulim alhisab (علم الحساب): aritmética
eulum (علوم): ciências naturais
eunwan (عنوان): endereço
eunwan albarid al'iiliktrunii (عنوان البريد الإلكتروني): endereço de correio eletrónico
eunwan rayiysiun (عنوان رئيسي): cabeçalho
eurus (عروس): noiva
eutha (عثة): traça
eyd alfash (عيد الفصح): Páscoa
eyd alrueb (عيد الرعب): Noite das Bruxas
eyd alshukr (عيد الشكر): Dia de Ação de Graças

F

fa'arah (فأره): rato
fahas dama (فحص دم): teste sanguíneo
fahd (فهد): chita
fahm (فحم): carvão
fahrnihayt (فهرنهايت): Fahrenheit
faj'a (فجأة): subitamente
fajal (فجل): rabanete
fakhaar (فخار): cerâmica
fakhudh alkhinzir almumlah (فخذ الخنزير المملح): presunto
fakhur (فخور): orgulhoso
fakihani (فكهاني): frutaria
fakihat mujafafa (فاكهة مجففة): fruto seco
fakis (فاكس): fax
falafuli 'aswad (فلفل أسود): pimenta
falash (فلاش): flash
falash yu 'iis bi (فلاش يو اس بي): memória USB
falaz (فلز): metal
falifuli harin (فلفل حار): pimenta
falifuli matahun (فلفل مطحون): paprica
falirufium (فليروفيوم): fleróvio
falsa (فالس): valsa
falsa fiyinna (فالس فينا): valsa de Viena
falsifa (فلسفة): filosofia
faltr (فلتر): filtro
falur (فلور): flúor

fan (فن): arte
fana' almadrasa (فناء المدرسة): pátio da escola
fanadyum (فاناديوم): vanádio
fanajaan (فنجان): copo
fangh shwy (فنغ شوي): feng shui
fanilia (فانيليا): baunilha
fanilia alsukar (فانيليا السكر): açúcar de baunilha
fannan (فنان): artista
fanwatu (فانواتو): Vanuatu
faqarat alzuhr (فقرات الظهر): vértebra
faqima (فقمة): foca
faqir (فقير): pobre
faqira (فقرة): parágrafo
far (فأر): rato
farae (فرع): ramo
faramil (فرامل): travão
faramil alyad (فرامل اليد): freio de mão
faran (فرن): forno
faransa (فرنسا): França
faransi (فرنسي): Francês
faransium (فرانسيوم): frâncio
faras albahr (فرس البحر): cavalo-marinho
faras alnabiu (فرس النبي): louva-a-deus
faras alnahr (فرس النهر): hipopótamo
farasha (فرشاة): escova
farasha (فراشة): borboleta
farashat 'asnan (فرشاة أسنان): escova de dentes
farashat almirhad (فرشاة المرحاض): escova de sanita
farawila (فراولة): morango
farigh (فارغ): vazio
fariquk (فريقك): vossa equipa
farizr (فريزر): congelador
farmyum (فرميوم): férmio
fas (فأس): machado
fasataniha (فستانها): vestido dela
fasataq (فستق): pistache
fashar (فشار): pipoca
fasila (فاصلة): vírgula
fasilat ealiana (فاصلة عليا): apóstrofo
fasilat manquta (فاصلة منقوطة): ponto e vírgula
fasl dirasiun (فصل دراسي): semestre
fatar (فطر): cogumelo
fathat al'anf (فتحة الأنف): narina
fatih (فاتح): claro
fatira (فطيرة): tarte
fatirat altifah (فطيرة التفاح): tarte de maçã
fatirat mihla (فطيرة محلاة): panqueca
fatura (فاتورة): conta
fawal (فول): feijão
fawal sudani (فول سوداني): amendoim
fawduka (فودكا): vodca
fawhat burkan (فوهة بركان): cratera

fawlat (فولت): volt
fawq (فوق): acima
fawraan (فورا): imediatamente
fawsafur (فوسفور): fósforo
fawta (فوطة): toalha
fawtat aistihmam (فوطة استحمام): toalha de banho
fawtat sihiya (فوطة صحية): penso higiénico
fayazia' (فيزياء): física
fayida (فائدة): juros
fayrus (فيروس): vírus
fayudan (فيضان): inundação
fi alwaqie (في الواقع): na verdade
fiatnam (فيتنام): Vietname
fibrayir (فبراير): fevereiro
fida (فضة): prata
fiji (فيجي): Fiji
fil (فيل): elefante
filastin (فلسطين): Palestina
film mushawq (فيلم مشوق): suspense
film raeb (فيلم رعب): filme de terror
film rueat albaqar (فيلم رعاة البقر): faroeste
finizwilla (فنزويلا): Venezuela
finlanda (فنلندا): Finlândia
fi sihtik (في صحتك): Saúde
fistan sahratan (فستان سهرة): vestido de noite
fitamin (فيتامين): vitamina
fiziayiy (فيزيائي): físico
flfli (فلفل): pimento
fum (فم): boca
funduq (فندق): albergue
fusatan (فستان): vestido
fustan 'aswad qasir (فستان أسود قصير): pequeno vestido preto
fustan zifaf (فستان زفاف): vestido de noiva
fwrmwla 1 (فورمولا 1): formula 1

G

ghaba (غابة): floresta
ghabatan aistiwayiya (غابة استوائية): floresta tropical
ghabi (غبي): estúpido
ghada' (غداء): almoço
ghadaan (غدا): amanhã
ghadib (غاضب): zangado
ghadruf (غضروف): cartilagem
ghadulinyum (غادولينيوم): gadolínio
ghalaf jawiyun (غلاف جوي): atmosfera
ghalba (غالبا): frequentemente
ghaly (غالي): caro
ghamaza (غمازة): covinha
ghambia (غامبيا): Gâmbia
ghamiq (غامق): escuro
ghana (غانا): Gana

ghaniun (غني): rico
ghara' (غراء): cola
gharab 'aswad (غراب أسود): corvo
gharama (غرامة): multa
gharb (غرب): oeste
ghasil alsayara (غسيل السيارة): lavagem de automóveis
ghassala (غسالة): máquina de lavar roupa
ghassalatan suhun (غسالة صحون): máquina de lavar louça
ghawwasa (غواصة): submarino
ghayim (غائم): nublado
ghaz (غاز): gás
ghazala (غزالة): veado
ghazal albanat (غزل البنات): algodão doce
ghiana (غيانا): Guiana
ghinia (غينيا): Guiné
ghinia al'iistawayiya (غينيا الإستوائية): Guiné Equatorial
ghinia bisaw (غينيا بيساو): Guiné-Bissau
ghita' fatha (غطاء فتحة): tampa de esgoto
ghita' muhrak alsayara (غطاء محرك السيارة): capô
ghlaya (غلاية): chaleira
ghrinland (غرينلاند): Groenlândia
ghrynada (غرينادا): Granada
ghuatimala (غواتيمالا): Guatemala
ghulash (غولاش): goulash
ghulutin (غلوتين): glúten
ghurab (غراب): corvo
ghurayb (غريب): estranho
ghurfat 'iintzar (غرفة إنتظار): sala de espera
ghurfat almaeisha (غرفة المعيشة): sala de estar
ghurfat almuharak (غرفة المحرك): casa das máquinas
ghurfat alnuwm (غرفة النوم): quarto
ghurfat alqira'a (غرفة القراءة): sala de leitura
ghurfat alsakan (غرفة السكن): dormitório
ghurfat altawari (غرفة الطوارئ): emergências
ghurfat eamaliat (غرفة عمليات): sala de operações
ghurfat mufrada (غرفة مفردة): quarto individual
ghurfat muzdawija (غرفة مزدوجة): quarto de casal
ghurfat tabdil almalabis (غرفة تبديل الملابس): vestiário
ghus (غوص): mergulho
ghus bialqafz min jurf (غوص بالقفز من جرف): salto de penhasco
ghusul aljism (غسول الجسم): loção corporal
ghuthayan (غثيان): náusea
ghytar albays (غيتار البيس): baixo

H

habar (حبر): tinta
habat diwa' (حبة دواء): comprimido
hadaf (هدف): golo
hadana (حضانة): creche
hadha (هذا): isto
hadha al'usbue (هذا الأسبوع): esta semana

hadha alshahr (هذا الشهر): este mês
hadhih aleamu (هذه العام): este ano
hadi (هادئ): tranquilo
hadia (هدية): presente
hadid (حديد): ferro
hadida (حديدة): barra
hadiqa (حديقة): parque
hadiqat alnabatia (حديقة النباتية): jardim botânico
hadiqatan watania (حديقة وطنية): parque nacional
hadiqat hayawan (حديقة حيوان): jardim zoológico
hadith (حادث): acidente
hafadat al'atfal (حفاضات الأطفال): fralda
hafid (حفيد): neto
hafida (حفيدة): neta
hafilat madrasia (حافلة مدرسية): autocarro escolar
hafilat saghira (حافلة صغيرة): mini-autocarro
hafl altakharuj (حفل التخرج): cerimónia de graduação
haflat eid milad (حفلة عيد ميلاد): festa de aniversário
haflat muwsiqia (حفلة موسيقية): concerto
haflat shawa' (حفلة شواء): churrasco
hafnyum (هفنيوم): háfnio
hajar jyry (حجر جيري): pedra calcária
hajib (حاجب): sobrancelha
hajm (حجم): volume
hajz (حجز): reserva
hakham (حاخام): rabino
hal 'ant bakhyr? (هل انت بخير؟): Está tudo bem?
halat tawari (حالة طوارئ): emergência
halbat tazhalaq (حلبة تزحلق): pista de gelo
halib (حليب): leite
halib fawal alsawia (حليب فول الصويا): leite de soja
halmat althidi (حلمة الثدي): mamilo
halqat almulakama (حلقة الملاكمة): ringue de boxe
halqat bsl (حلقات بصل): anel de cebola
hal tahbani? (هل تحبني؟): Gostas de mim?
halu (حلو): doce
halwaa (حلوى): sobremesa
hal yumkinuk musaeadatay? (هل يمكنك مساعدتي؟): Pode ajudar-me?
halzun (حلزون): caracol
hamaalat sadar (حمالة صدر): sutiã
hamaalat sadar riadia (حمالة صدر رياضية): soutien de desporto
hamam (حمام): casa de banho
hamama (حمامة): pombo
hamam sibaha (حمام سباحة): piscina
hamar (حمار): burro
hamburjr (هامبورجر): hambúrguer
hamid (حامض): azedo
hamilat tayirat (حاملة طائرات): porta-aviões
hamil thulathi alqawayim (حامل ثلاثي القوائم): tripé
hammar wahashiun (حمار وحشي): zebra
hamstar (هامستر): hamster
hana (حانة): bar

haqana (حقا): mesmo
haqayib yd (حقائب يد): bagagem de mão
haqiba (حقيبة): saco
haqibat madrasia (حقيبة مدرسية): mochila da escola
haqibat yd (حقيبة يد): mala de mão
haqibat zahar (حقيبة ظهر): mochila
har (حار): muito quente
haram (هرم): pirâmide
harba' (حرباء): camaleão
harf (حرف): carater
hariq (حريق): incêndio
harir (حرير): seda
haris 'amn (حارس أمن): segurança
haris shakhsiun (حارس شخصي): guarda-costas
harmwnyka (هارمونيكا): harmónica
harq (حرق): queimadura
hasa' (حساء): sopa
hasananaan (حسنا): Ok
hasba (حصبة): sarampo
hashraja (حشرجة): chocalho
hashu al'asnan (حشو الأسنان): obturação
hasium (هاسيوم): hássio
hatif (هاتف): telefone
hatif dhuki (هاتف ذكي): smartphone
hatif mahmul (هاتف محمول): telemóvel
hawajiz (حواجز): corrida com barreiras
hawd (حوض): lavatório
hawd alaistihmam (حوض الاستحمام): banheira
hawd samak (حوض سمك): aquário
hawia (حاوية): contentor
hawt (حوت): baleia
hayawan manawi (حيوان منوي): esperma
hayti (هايتي): Haiti
hayyat almuhalafin (هيئة المحلفين): júri
hazin (حزين): triste
hazmat khashab (حزمة خشب): viga de madeira
hi (هي): ela
hibaar (حبار): lula
hidha' albalih (حذاء الباليه): sapatilhas de meia ponta
hidha' almashii limasafat tawila (حذاء المشي لمسافات طويلة): botas de alpinismo
hidha' riadiin (حذاء رياضي): ténis
hidha' tazluj (حذاء تزلج): patins
hidha' walyanghitun (حذاء ولينغتون): galochas
hifar (حفار): escavadora
hifi mital (هيفي ميتال): heavy metal
hirawa (هراوة): bastão
hisab masrifiun (حساب مصرفي): conta bancária
hisada (حصادة): ceifeira-debulhadora
hisan (حصان): cavalo
hisasia (حساسية): alergia
hisat 'arbah (حصة أرباح): dividendo
hizam (حزام): cinto

hizam al'aman (حزام الأمان): cinto de segurança
hlwy alkhatmii (حلوي الخطمي): marshmallow
hnak (هناك): ali
hu (هو): ele
hubibat alsukar (حبيبات السكر): açúcar granulado
hubub (حبوب): cereais
hubub mane alhamal (حبوب منع الحمل): pílula
hubub munawama (حبوب منومة): comprimido para dormir
hubun (حب): amor
hujrat aleamal (حجرة العمل): escritório
huki (هوكي): hóquei em campo
hukm (حكم): árbitro
hulanda (هولندا): Países Baixos
hulat al'arz (حلة الأرز): panela de arroz
hulmywm (هولميوم): hólmio
hulwi (حلوي): rebuçado
hum (هم): eles
humaa (حمى): febre
humaa alharara (حمى الحرارة): termómetro
humaa alqashi (حمى القش): rinite alérgica
humam (حمم): lava
huna (هنا): aqui
hunduras (هندوراس): Honduras
hungh kungh (هونغ كونغ): Hong Kong
huruq alshams (حروق الشمس): queimadura de sol
hwki aljalid (هوكي الجليد): hóquei no gelo
hydrwjyn (هيدروجين): hidrogénio
hylyum (هيليوم): hélio

J

jabal (جبل): montanha
jabal tariq (جبل طارق): Gibraltar
jaban (جبن): queijo
jabiyn (جبين): testa
jabn albarmyzan (جبن البارميزان): parmesão
jabnat fitana (جبنة فيتا): feta
jabnat muzarila (جبنة موزاريلا): mozarela
jadar (جدار): parede
jadhab siahiun (جذب سياحي): atração turística
jadhibiatan (جاذبية): gravidade
jadid (جديد): novo
jadri alma' (جدري الماء): varicela
jadwal almawaeid (جدول المواعيد): horário
jadwal almuhtawayat (جدول المحتويات): índice
jaf (جاف): seco
jakiat (جاكيت): casaco
jalid (جليد): gelo
jamal (جمل): camelo
jamayka (جامايكا): Jamaica
jambaz ayqaei (جمباز ايقاعي): ginástica rítmica
jame (جمع): adição

jamiea (جامعة): universidade
jamil (جميل): belo
jamus (جاموس): búfalo
jana (جن): gin
janub 'iifriqia (جنوب افريقيا): África do Sul
janub (جنوب): sul
janub alsuwdan (جنوب السودان): Sudão do Sul
janzir (جنزير): corrente
jar (جار): vizinho
jara (جرة): urna
jarad (جراد): gafanhoto
jaradh (جرذ): ratazana
jarafiat (جرافيت): grafite
jaram (جرام): grama
jaraniat (جرانيت): granito
jaras (جرس): campainha
jarib furut (جريب فروت): toranja
jarida (جريدة): jornal
jarmanium (جرمانيوم): germânio
jarthum (جرثوم): bactéria
jawarib tawila (جوارب طويلة): meia-calça
jawaz safar (جواز سفر): passaporte
jawean (جوعان): esfomeado
jawza (جوزة): noz
jawzat altayib (جوزة الطيب): noz-moscada
jayb (جيب): bolso
jayid (جيد): bom
jaz (جاز): jazz
jazar (جزار): talhante
jazi' (جزيء): molécula
jazira (جزيرة): ilha
jibuti (جيبوتي): Djibouti
jida li'ab (جد لأب): avô
jida li'um (جد لأم): avô
jidat li'ab (جدة لأب): avó
jidat li'um (جدة لأم): avó
jiddaan (جدا): muito
jidhe alshajara (جذع الشجرة): tronco
jihaz 'iitsal (جهاز إتصال): walkie-talkie
jihaz al'uwrbtarak (جهاز الأوربتراك): elíptico
jihaz almashi (جهاز المشي): esteira
jihaz almawajat fawq alsawtia (جهاز الموجات فوق الصوتية): aparelho ultrassónico
jihaz altahakum (جهاز التحكم): controlo remoto
jihaz di fi di (جهاز دي في دي): leitor de DVD
jihaz earad (جهاز عرض): projetor
jihaz tahdid mawaqie (جهاز تحديد مواقع): GPS
jihaz tanafas (جهاز تنفس): respirador
jinaza (جنازة): funeral
jinin (جنين): embrião
jinz (جينز): calças de ganga
jirah (جراح): cirurgião
jiraha (جراحة): cirurgia

jisr (جسر): bridge
jitar (جيتار): guitarra
jitar kahrabayiyun (جيتار كهربائي): guitarra elétrica
jizaazat eashab (جزازة عشب): corta-relva
jla alaistihmam (جل الاستحمام): gel de duche
jla shaear (جل شعر): gel de cabelo
jmye (جميع): tudo
judhur (جذور): raiz
judhur alluwts (جذور اللوتس): raiz de lótus
judu (جودو): judo
jughrafia (جغرافية): geografia
julif (جولف): golfe
jumhur (جمهور): audiência
jumhuriat 'iifriqia alwustaa (جمهورية افريقيا الوسطى): República Centro-Africana
jumhuriat alduwminikan (جمهورية الدومينيكان): República Dominicana
jumhuriat alkunghu (جمهورية الكونغو): República do Congo
jumhuriat alkunghu aldiymuqratia (جمهورية الكونغو الديمقراطية): República Democrática do Congo
jumhuriat altashik (جمهورية التشيك): República Checa
junah (جناح): asa
junayh (جنيه): libra
jundiin (جندي): soldado
juns (جنس): sexo
jurea (جرعة): dose
jurf (جرف): penhasco
jurh (جرح): ferida
jurib (جورب): meia
jurjia (جورجيا): Geórgia
jutha (جثة): cadáver
juz' (جزء): fração
juz (جوز): noz
juz alhind (جوز الهند): coco
juzur (جزر): cenoura
juzur albihama (جزر البهاما): Bahamas
juzur almaldif (جزر المالديف): Maldivas
juzur alqamar (جزر القمر): Comores
juzur alraas al'akhdar (جزر الرأس الأخضر): Cabo Verde
juzur farw (جزر فارو): Ilhas Féroe
juzur fukland (جزر فوكلاند): Ilhas Malvinas
juzur kayman (جزر كايمان): Ilhas Caimão
juzur kuk (جزر كوك): Ilhas Cook
juzur marishal (جزر مارشال): Ilhas Marshall
juzur sulayman (جزر سليمان): Ilhas Salomão

K

kabaab (كباب): kebab
kabad (كبد): fígado
kabil (كابل): cabo
kabir (كبير): grande
kabsula (كبسولة): cápsula
kabtshinu (كابتشينو): capuchino
kadima (كدمة): hematoma

kadmyum (كادميوم): cádmio
kaeb (كعب): salto
kaeika (كعكة): bolo
kaekat albirawni (كعكة البراوني): brownie
kaekat aljabn (كعكة الجبن): cheesecake
kaekat alzifaf (كعكة الزفاف): bolo de casamento
kaekat eid almilad (كعكة عيد الميلاد): bolo de aniversário
kahf (كهف): caverna
kahil (كاحل): tornozelo
kahrabayiyun (كهربائي): eletricista
kaistarad (كاسترد): creme de leite
kaju (كاجو): caju
kalamah alsiru (كلمه السر): palavra-passe
kalb (كلب): cão
kalidunia aljadida (كاليدونيا الجديدة): Nova Caledónia
kalimat al'aghnia (كلمات الأغنية): letra
kalimat mutaqatiea (كلمات متقاطعة): palavras cruzadas
kalsiat (كالسيت): calcite
kalsyum (كالسيوم): cálcio
kalur (كلور): cloro
kalyfurnium (كاليفورنيوم): califórnio
kam (كم): manga
kam? (كم؟): Quanto é?
kama'a (كمأة): trufa
kamal 'ajsam (كمال أجسام): culturismo
kaman 'ajhar (كمان أجهر): contrabaixo
kaman (كمان): violino
kaman mtwst (كمان متوسط): viola
kamasha (كماشة): tenaz
kam eadad? (كم عدد؟): Quantos?
kamibyutir mahmul (كمبيوتر محمول): portátil
kamira (كاميرا): câmara
kamira al'amn (كاميرا الأمن): câmara de segurança
kamira fawria (كاميرا فورية): câmara instantânea
kamira raqmia (كاميرا رقمية): câmara digital
kamira wib (كاميرا ويب): webcam
kamisri (كمسري): cobrador
kam thaman hadha? (كم ثمن هذا؟): Quanto é ...?
kamubudiaan (كمبوديا): Camboja
kamuthraa (كمثرى): pera
kamyra alfidyu (كاميرا الفيديو): câmara de vídeo
kanada (كندا): Canadá
kanba (كنبة): sofá
kanghar (كنغر): canguru
kanisa (كنيسة): igreja
karabun (كربون): carbono
karamil (كراميل): caramelo
karatyh (كاراتيه): caraté
karaybitun (كريبتون): crípton
karfus (كرفس): aipo
kari (كاري): caril
karikand (كركند): lagosta

karikit (كريكيت): críquete
karim 'asas (كريم أساس): base
karim (كريم): creme
karim alwajh (كريم الوجه): creme facial
karimat alshykwlat (كريمة الشيكولاتة): chocolate de barrar
karimat hamida (كريمة حامضة): creme azedo
karim didi altajaeid (كريم ضد التجاعيد): creme antirrugas
karitun (كارتون): animação
kariz (كريز): cereja
karnab (كرنب): repolho
karnab bruksil (كرنب بروكسل): couve de Bruxelas
karnab saqi (كرنب ساقي): couve-rábano
kartyngh (كارتينغ): kartismo
karwasun (كرواسون): croissant
karykatir (كاريكاتير): caricatura
kas (كأس): taça
kashamsh (كشمش): groselha
kashif aldukhkhan (كاشف الدخان): detetor de fumo
kasr (كسر): fratura
kasul (كسول): preguiçoso
kataf (كتف): ombro
katakut (كتكوت): pinto
katdrayiya (كاندرائية): catedral
kawartaz (كوارتز): quartzo
kawkab (كوكب): planeta
kawkakulana (كوكاكولا): cola
kayarlnij (كيرلنج): curling
kayf (كيف): Como
kayf halk? (كيف حالك؟): Como estás?
kays alnuwm (كيس النوم): saco-cama
kazakhstan (كازاخستان): Cazaquistão
kazbira (كزبرة): coentro
kazynu (كازينو): casino
khabaz (خبز): pão
khad (خد): bochecha
khadim (خادم): servidor
khafaash (خفاش): morcego
khafi aleuyub (خافي العيوب): corretor
khafif (خفيف): leve
khajul (خجول): tímido
khal (خل): vinagre
khalf (خلف): atrás
khalil (خليل): namorado
khamira (خميرة): levedura
kharaab (خراب): ruína
kharama (خرامة): furador
khardal (خردل): mostarda
kharita (خريطة): mapa
kharsana (خرسانة): betão
kharshuf (خرشوف): alcachofra
khartum miah (خرطوم مياه): mangueira
khas (خس): alface

khasar (خصر): cintura
khasara (خسارة): perda
khasawf alqamar (خسوف القمر): eclipse lunar
khasia (خصية): testículo
khata kahraba' (خط كهرباء): linha elétrica
khat aleard (خط العرض): latitude
khat altawl (خط الطول): longitude
khatam (خاتم): anel
khatam alkhutuba (خاتم الخطوبة): anel de noivado
khatam alzawaj (خاتم الزواج): aliança
khatam mattatiin (ختم مطاطي): carimbo
khatayba (خطيبة): noiva
khati (خاطئ): errado
khati alaistiwa' (خط الاستواء): equador
khatun 'ahadi (خط أحادي): monocarril
khatun mustaqim (خط مستقيم): linha reta
khatwat sariea (خطوة سريعة): quickstep
khawdha (خوذة): capacete
khayazran (خيزران): bambu
khayma (خيمة): tenda
khazina (خزنة): cofre
khial eilmiin (خيال علمي): ficção científica
khiar (خيار): pepino
khiat (خياط): alfaiate
khiatat aljuruh (خياطة الجروح): sutura
khidmat algharaf (خدمة الغرف): serviço de quarto
khilat 'asmant (خلاط أسمنت): camião-betoneira
khilat 'asmant (خلاط اسمنت): betoneira
khilat (خلاط): batedeira
khinzir (خنزير): porco
khinzir ghinia (خنزير غينيا): porquinho-da-índia
khinzir saghir (خنزير صغير): leitão
khizana (خزانة): armário
khizanat 'ahadhiya (خزانة أحذية): armário para calçado
khizanat althiyab (خزانة الثياب): guarda-roupa
khtyb (خطيب): noivo
khukh (خوخ): pêssego
khuruf (خروف): ovelha
khutuba (خطوبة): noivado
kiamya' (كيمياء): química
kiawiun (كيوي): quivi
kimiayiy (كيميائي): químico
kinia (كينيا): Quénia
kiribati (كيريباتي): Kiribati
kitab (كتاب): livro
kitab huzli (كتاب هزلي): banda desenhada
kitab madrisiun (كتاب مدرسي): livro escolar
kl (كل): todas
klbi (كلبي): meu cão
kthyr (كثير): muitos
kthyr aleasara (كثير العصارة): suculento
kuaykib (كويكب): asteroide

kub (كوب): chávena
kuba (كوبا): Cuba
kubalt (كوبالت): cobalto
kubrit (كبريت): fósforo
kue (كوع): cotovelo
kueub ealia (كعوب عالية): sapatos de salto alto
kukatil (كوكتيل): cocktail
kukh (كوخ): barracão
kuliya (كلية): rim
kuliyat 'iidarat al'aemal (كلية إدارة الأعمال): escola de negócios
kulumbia (كولومبيا): Colômbia
kumidia (كوميديا): comédia
kurat allahm (كرات اللحم): almôndega
kurat alma' (كرة الماء): polo aquático
kurat alqadam al'amrikia (كرة القدم الأمريكية): bola de futebol americano
kurat alsalih (كرة السله): bola de basquete
kurat alttayirat alshshatiiya (كرة الطائرة الشاطئية): voleibol de praia
kurat bualinij (كرة بولينج): bola de bowling
kurat julf (كرة جولف): bola de golfe
kurat qadam 'amrikia (كرة قدم أمريكية): futebol americano
kurat qadam (كرة قدم): bola de futebol
kurat qadam aistiralia (كرة قدم استرالية): futebol australiano
kurat sala (كرة سلة): basquetebol
kurat tans (كرة تنس): bola de ténis
kurat tayira (كرة طائرة): voleibol
kurat yd (كرة يد): andebol
kuria aljanubia (كوريا الجنوبية): Coreia do Sul
kuria alshamalia (كوريا الشمالية): Coreia do Norte
kurium (كوريوم): cúrio
kursii (كرسي): cadeira
kursii almarkab (كرسي المركب): espreguiçadeira
kursii bila zahar 'aw dhiraeayn (كرسي بلا ظهر أو ذراعين): tamborete
kursii hizaz (كرسي هزاز): cadeira de balanço
kursii mutaharik (كرسي متحرك): cadeira de rodas
kursii yadfae bialyd (كرسي يدفع باليد): carrinho de bebé
kuruatia (كرواتيا): Croácia
kurum (كروم): crómio
kurun (كرون): coroa
kustarika (كوستاريكا): Costa Rica
kusuf alshams (كسوف الشمس): eclipse solar
kusufu (كوسوفو): Kosovo
kwbrnysium (كوبرنيسيوم): copernício
kylwjram (كيلوجرام): quilograma
kys blastyk (كيس بلاستيك): saco plástico

L

laban budra (لبن بودرة): leite em pó
la falz (لا فلز): não-metal
lahia (لحية): barba
lahm 'ahmar (لحم أحمر): carne magra
lahm (لحم): carne

lahm bqr (لحم بقر): carne de vaca
lahm dahni (لحم دهني): carne gorda
lahm dan (لحم ضأن): carne de cordeiro
lahm khinzir (لحم خنزير): carne de porco
lahm khinzir mashawiy (لحم خنزير مشوي): carne de porco assada
lahm khinzir muqadad (لحم خنزير مقدد): toucinho
lahm mafrum (لحم مفروم): carne picada
lahmu aleijl (لحم العجل): vitela
lahn (لحن): melodia
lakrus (لاكروس): lacrosse
lama (لاما): lama
lanthanum (لانثانوم): lantânio
la qalaq (لا قلق): Sem problema
laqalaq (لقلق): cegonha
las (لص): ladrão
la shay' (لا شيء): nada
latfya (لاتفيا): Letónia
latif (لطيف): fofo
latiniin (لاتيني): Latim
la tuqaliq (لا تقلق): Não te preocupes
lawha (لوحة): retrato
lawh al'alwan (لوح الألوان): paleta
lawhat 'aleab (لوحة ألعاب): jogo de tabuleiro
lawhat al'iielanat (لوحة الإعلانات): quadro de mensagens
lawhat almafatih (لوحة المفاتيح): teclado
lawhat alqiada (لوحة القيادة): painel de instrumentos
lawh mushbikiin (لوح مشبكي): prancheta
lawh rukub al'amwaj (لوح ركوب الأمواج): prancha de surfe
lawh shamsi (لوح شمسي): painel solar
lawh taqtie (لوح تقطيع): tábua de cortar
laws (لاوس): Laos
layfarmurium (ليفرموريوم): livermório
layl (ليل): noite
laymun hamid (ليمون حامض): lima
lays (ليس): não
laysutu (ليسوتو): Lesoto
la yuhimu (لا يهم): Não interessa
lazania (لازانيا): lasanha
li'ana (لأن): porque
liakhtanshatayin (ليختنشتاين): Listenstaine
liamuzin (ليموزين): limusina
liban (لبان): pastilha elástica
libia (ليبيا): Líbia
libiria (ليبيريا): Libéria
lihaya (لهاية): chupeta
likyur (ليكيور): licor
liltazalij ealaa aljalid (للتزلج على الجليد): snowboard
limadha (لماذا): Porquê
limun (ليمون): limão
lisan (لسان): língua
litshi (ليتشي): lechia
litwania (ليتوانيا): Lituânia

lizq tibiyun (لزق طبي): emplastro
lkn (لكن): mas
ltr (لتر): litro
lubnan (لبنان): Líbano
luebat albitaqat (لعبة البطاقات): jogo de cartas
luebat alrashq bialsiham (لعبة الرشق بالسهام): dardos
luebat alraysha (لعبة الريشة): volante
luebat alttawila (لعبة الطاولة): gamão
luebat mahshua (لعبة محشوة): boneco de pelúcia
luksamburgh (لوكسمبورغ): Luxemburgo
luri (لوري): camião
lurnsywm (لورنسيوم): laurêncio
lutytiwm (لوتيتيوم): lutécio
luz (لوز): amêndoa
lweat hubin (لوعة حب): saudade
lythyum (ليثيوم): lítio

M

ma asmak? (ما اسمك؟): Como te chamas?
mabieat (مبيعات): vendas
mablagh (مبلغ): montante
mabnaa albaladia (مبنى البلدية): câmara municipal
madeaa ealayh (مدعى عليه): réu
madha (ماذا): O quê
madhak (مضحك): engraçado
madhie (مذيع): apresentador
madina (مدينة): metrópole
madinat alfatikan (مدينة الفاتيكان): Cidade do Vaticano
madinat almuearid (مدينة المعارض): feira popular
madinat tarfihia (مدينة ترفيهية): parque temático
madrasa (مدرسة): escola
madrasat 'iiedadia (مدرسة إعدادية): escola do segundo ciclo
madrasat aibtidayiya (مدرسة ابتدائية): escola primária
madrasat thanawia (مدرسة ثانوية): secundário
mae alsalama (مع السلامة): Adeus
maebad (معبد): templo
maein (معين): losango
maeiz (ماعز): cabra
maejun 'asnan (معجون أسنان): pasta de dentes
maejun alhalaqa (معجون الحلاقة): espuma de barbear
maelamat rawdat 'atfal (معلمة روضة أطفال): educadora de infância
maelumat siahia (معلومات سياحية): informação turística
maerid funun (معرض فنون): galeria de arte
maesim (معصم): pulso
maetif (معطف): sobretudo
maetif mushmae mae qabea (معطف مشمع مع قبعة): anoraque
maetif waq min almatar (معطف واق من المطر): gabardine
mafin (مافن): queque
mafk baraghi (مفك براغي): chave de fendas
mafrud (مفرود): liso
maghli (مغلي): cozido

masar qasir (مسار قصير): patinagem de velocidade em pista curta
masbugh (مصبوغ): pintado
masead (مصعد): elevador
mashaghal alaqras (مشغل الاقراص): leitor de CD
mashajieh (مشجعه): líder de claque
mashbik 'asnan (مشبك أسنان): aparelho dentário
mashbik alwrq (مشبك الورق): clipe de papel
mashghal 'aghani (مشغل أغاني): leitor de MP3
mashghal alkasiat (مشغل الكاسيت): gira-discos
mashghul (مشغول): ocupado
mashrub alttaqa (مشروب الطاقة): bebida energética
mashtal al'azhar (مشتل الأزهار): canteiro de flores
mashuq (مسحوق): pó
mashuq alghasil (مسحوق الغسيل): detergente em pó
mashuq alkhabiz (مسحوق الخبيز): fermento em pó
masih alsuwar almuqtaeia (ماسح الصور المقطعية): tomógrafo
masih dawyiyun (ماسح ضوئي): digitalizador
masikra (ماسكرا): rímel
masjid (مسجد): mesquita
maskan lil'alam (مسكن للألم): analgésico
masnae (مصنع): fábrica
masrah (مسرح): teatro
masrahia (مسرحية): peça
mastaba (مصطبة): terraço
mataa (متى): Quando
matar (مطار): aeroporto
matarab (مطرب): cantor
mateam (مطعم): restaurante
mathaf (متحف): museu
mathana (مثانة): bexiga
matraqa (مطرقة): martelo
maweid (موعد): marcação
mawjat ealyh (موجة عاليه): tsunami
mawlid kahraba' (مولد كهرباء): gerador
mawqid (موقد): fogão
mawqie 'iiliktruni (موقع إلكتروني): sítio eletrónico
mawqie albina' (موقع البناء): local de construção
mawqie altakhyim (موقع التخييم): acampamento
mawqif alsayarat (موقف السيارات): parque de estacionamento
mawqif hafilat (موقف حافلات): paragem de autocarro
maykruskub (ميكروسكوب): microscópio
mayni bar (ميني بار): minibar
maythan (ميثان): metano
maytnrywm (مايتنريوم): meitnério
mayu (مايو): maio
mayuniz (مايونيز): maionese
mazarie (مزارع): agricultor
mazil tala' alazafr (مزيل طلاء الاظافر): removedor de verniz
mazlaja (مزلجة): trenó
mazraea (مزرعة): quinta
mazraeat alriyah (مزرعة الرياح): parque eólico
mdadat hayawia (مضادات حيوية): antibiótico

mezm (معظم): máximo
miah (مياه): água
miah alsanbur (مياه الصنبور): água da torneira
miah ghazia (مياه غازية): água gasosa
midalia (ميدالية): medalha
midaliat burunzia (ميدالية برونزية): medalha de bronze
midaliat dhahabia (ميدالية ذهبية): medalha de ouro
midaliat fidiya (ميدالية فضية): medalha de prata
midan (ميدان): praça
midhra (مذراة): forcado
midrab (مضرب): taco de basebol
midrab tans (مضرب تنس): raquete de ténis
miftah 'iinjliziun (مفتاح إنجليزي): chave de parafusos
miftah (مفتاح): chave
miftah al'iida'a (مفتاح الإضاءة): interruptor
miftah alghurfa (مفتاح الغرفة): chave do quarto
miftah musiqiun (مفتاح موسيقي): clave de sol
mijar (ميجار): taco de golfe
mikaniki (ميكانيكي): mecânico
mikrunizia (ميكرونيزيا): Micronésia
mil (ميل): milha
milaf (ملف): ficheiro
milh (ملح): sal
milimtar (ميليمتر): milímetro
min (من): Quem
mina' (ميناء): porto
minafakh (منفاخ): bomba de ar
minasat naqala (منصة نقالة): palete
minasat rubban alsafina (منصة ربان السفينة): ponte de comando
min fadlik (من فضلك): por favor
minhat dirasia (منحة دراسية): bolsa de estudo
minshar (منشار): serra
minshar kahrabayiyin (منشار كهربائي): motosserra
minshar ydwy (منشار يدوي): serrote
mintad (منطاد): balão de ar quente
mintaqa (منطقة): região
mintaqat al'aemal almarkazia (منطقة الأعمال المركزية): zona comercial
mintaqat musha (منطقة مشاة): área de pedestres
mintaqat sinaeia (منطقة صناعية): zona industrial
mintaqat tazlij (منطقة تزلج): região de esqui
miqla (مقلاة): panela
mirhad (مرحاض): casa de banho
misaha (مساحة): área
misbah (مصباح): candeeiro
misbah alframl (مصباح الفرامل): luz de freio
misbah alsarir (مصباح السرير): candeeiro
misbah kahrabayiyin (مصباح كهربائي): lâmpada
misbah ydwy (مصباح يدوي): lanterna
mishat (مشط): pente
misr (مصر): Egito
mitr (متر): metro
mitr mukaeab (متر مكعب): metro cúbico

mitr murabae (متر مربع): metro quadrado
mizala (مظلة): guarda-chuva
mizalat hubut (مظلة هبوط): paraquedas
mizan (ميزان): balança
mizan taswia (ميزان تسوية): nível de bolha
mndlifium (مندليفيوم): mendelévio
mtr (مطر): chuva
muadib (مؤدب): bem-comportado
muakharat aleunq (مؤخرة العنق): nuca
mualaf (مؤلف): autor
muazaf (موظف): empregado
muazaf aistiqbal (موظف استقبال): rececionista
muazafin (موظفين): funcionários
mubarazat sayf alshiysh (مبارزة سيف الشيش): esgrima
mubid (مبيض): ovário
mubra (مبراة): afia-lápis
mubramaj (مبرمج): programador
mubrid (مبرد): lima
mubrid alazafr (مبرد الاظافر): lima de unhas
mubtadi (مبتدئ): aprendiz
mubtal (مبتل): molhado
mudakhana (مدخنة): chaminé
mudakharat (مدخرات): poupança
mudalik (مدلك): massagista
mudarib (مدرب): treinador
mudaris (مدرس): professor
mudghashqar (مدغشقر): Madagáscar
mudhakirat ywmytan (مذكرات يومية): diário
mudhila (مدحلة): rolo de estrada
mudhnib (مذنب): cometa
mudifa (مضيفة): assistente de bordo
mudir (مدير): diretor
mudir eamin (مدير عام): gerente
mueada (معدة): estômago
mueadila (معادلة): equação
muealajat mithlia (معالجة مثلية): homeopatia
muealaq (معلق): comentador
mufakira (مفكرة): caderno
mufrsh tawila (مفرش طاولة): toalha de mesa
mufti (مفتي): mufti
mughadara (مغادرة): partida
mughrifa (مغرفة): concha
muhadad euyun (محدد عيون): delineador
muhadara (محاضرة): palestra
muhadir (محاضر): orador
muhafazat nisayiya (محفظة نسائية): mala
muham (محام): advogado
muhandis (مهندس): engenheiro
muhandis muemari (مهندس معماري): arquiteto
muharak (محرك): turbina
muhasaba (محاسبة): contabilidade
muhasib (محاسب): contabilista

muhbil (مهبل): vagina
muhfaza (محفظة): portefólio
muhit (محيط): oceano
muhmisat khabz kahrabayiya (محمصة خبز كهربائية): torradeira
muhqana (محقنة): seringa
muhtawaa (محتوى): conteúdo
mujafif alshaer (مجفف الشعر): secador de cabelo
mujalad (مجلد): pasta
mujrifa (مجرفة): enxada
muka (موكا): moca
mukaeab (مكعب): cubo
mukanasa (مكنسة): vassoura
mukawat altajeid (مكواة التجعيد): ferro para caracóis
mukbar sawt (مكبر صوت): altifalante
mukhbir (مخبر): detetive
mukhrij 'aflam (مخرج أفلام): realizador
mukhrij altawari (مخرج الطوارئ): saída de emergência
mukhrij tawari (مخرج طوارئ): saída de emergência
mukhtabar (مختبر): laboratório
mukif hawa' (مكيف هواء): ar condicionado
muknasat kahrabayiya (مكنسة كهربائية): aspirador de pó
mulabis lilghasil (ملابس للغسيل): roupa suja
mulabis nisa' dakhilia (ملابس نساء داخلية): lingerie
mulabis sibaha (ملابس سباحة): fato de banho
mulahaza (ملاحظة): nota
mulakima (ملاكمة): boxe
muldufa (مولدوفا): Moldávia
multawi (ملتوي): tortuoso
mumarada (ممرضة): enfermeira
mumathil (ممثل): ator
mumha (ممحاة): borracha
mumlah (مملح): salgado
mumridat tawlid (ممرضة توليد): parteira
mumsihat alzijaj al'amamii (ممسحة الزجاج الأمامي): limpa para-brisas
mumtali (ممتلئ): cheio
mumtas lilsadamat (ممتص للصدمات): para-choques
mumtasu alsadamat (ممتص الصدمات): amortecedor
mumtir (ممطر): chuvoso
munabuh (منبه): relógio despertador
munadadat alqahua (منضدة القهوة): mesa de café
munadihish (مندهش): surpreendido
munaku (موناكو): Mónaco
munaqadh (منقذ): nadador salvador
munazaf (منظف): empregado da limpeza
munhadar (منحدر): encosta
munjaniz (منجنيز): manganês
munkhafid (منخفض): baixo
muntasaf allayl (منتصف الليل): meia-noite
muntsirat (مونتسيرات): Montserrat
muqadas (مقدس): santo
muqadima (مقدمة): prefácio
muqataea (مقاطعة): província

muqbilat (مقبلات): entrada
muqlima (مقلمة): estojo
muqsaf (مقصف): refeitório
murab (مرآب): garagem
murabae (مربع): quadrado
muraqib alharakat aljawiya (مراقب الحركة الجوية): controlador de tráfego aéreo
muraqib tifl (مراقب طفل): intercomunicador para bebé
murasil (مراسل): repórter
murdiqush (مردقوش): orégão
murdqush kabir (مردقوش كبير): manjerona
muritania (موريتانيا): Mauritânia
murshid siahiun (مرشد سياحي): guia turístico
murtafie (مرتفع): alto
muruha (مروحة): ventoinha
musaeid (مساعد): assistente
musafif shaear (مصفف شعر): cabeleireiro
mus alhalaqa (موس الحلاقة): máquina de barbear com lâmina
musalsal tilfizyuniin (مسلسل تلفزيوني): série de televisão
musamim (مصمم): designer
musariea (مصارعة): luta livre
musatah (مسطح): plano
musawir (مصور): operador de câmara
mushamash (مشمش): alperce
mushbik alghasil (مشبك الغسيل): mola
mushbik shaear (مشبك شعر): gancho de cabelo
musheae (مشعاع): radiador
mushmis (مشمس): ensolarado
mushrat (مشرط): bisturi
mushtabih fih (مشتبه فيه): suspeito
musiqiun (موسيقي): músico
musiqiun klasikia (موسيقي كلاسيكية): música clássica
musiqiun shaebia (موسيقي شعبية): música folclórica
musli (موسلي): muesli
musmar (مسمار): prego
mustadir (مستدير): redondo
mustaemara (مستعمرة): colónia
mustanqae (مستنقع): pântano
mustaqim (مستقيم): reto
mustara (مسطرة): régua
mustashar (مستشار): consultor
mustashfi (مستشفى): hospital
mustatil (مستطيل): retângulo
mustawdae (مستودع): armazém
mut (موت): morte
mutabikh (مطبخ): cozinha
mutadarib (متدرب): estagiário
mutaeib (متعب): cansado
mutahir (مطهر): antisséptico
mutajih (متجه): vetor
mutanazuh mayiy (متنزه مائي): parque aquático
mutasafih (متصفح): navegador
mutasikh (متسخ): sujo

mutawazi alaidilae (متوازي الاضلاع): romboide
muthalajat (مثلجات): gelado
muthalath (مثلث): triângulo
muthaqab (مثقب): berbequim
muthir (مثير): sensual
muthman (مثمن): octógono
muz (موز): banana
muzimbiq (موزمبيق): Moçambique
mwlybdinum (موليبدينوم): molibdénio
mwryshyws (موريشيوس): Maurícia
mykrwwyf (ميكروويف): micro-ondas

N

naba'at munziliun (نبات منزلي): planta de interior
nabad (نبض): pulso
nabidh 'abyad (نبيذ أبيض): vinho branco
nabidh 'ahmar (نبيذ أحمر): vinho tinto
nabidh (نبيذ): vinho
nabtun (نبتون): Neptuno
nadil (نادل): empregado de mesa
nadi riadiin (نادي رياضي): ginásio
naeama (نعامة): avestruz
naem (ناعم): suave
naenae (نعناع): menta
nafaq (نفق): passagem subterrânea
nafidha (نافذة): janela
nafura (نافورة): fonte
nahas (نحاس): cobre
nahif (نحيف): magro
nahn (نحن): nós
nahr (نهر): rio
nahr aljalid (نهر الجليد): glaciar
najam (نجم): estrela
najam albahr (نجم البحر): estrela-do-mar
nakhae aleazm (نخاع العظم): medula óssea
nakhil (نخيل): palmeira
nakta (نكتة): anedota
namash (نمش): sardas
namibia (ناميبيا): Namíbia
namla (نملة): formiga
namur (نمر): tigre
namusa (ناموسة): mosquito
naqil alharaka (ناقل الحركة): mudança manual
naqitatan rasitan (نقطتان رأسيتان): dois pontos
nar (نار): fogo
nashir (ناشر): editora
nashra (نشرة): folheto
nashrat 'iielania (نشرة إعلانية): panfleto
nashrat 'iikhbaria (نشرة إخبارية): boletim informativo
nasi (نص): texto
nasir (نسر): águia

natashuz (ناتشوز): nachos
natihat sahab (ناطحة سحاب): arranha-céu
natija (نتيجة): resultado
nawru (ناورو): Nauru
nawtat musiqia (نوتة موسيقية): nota
nay (نئ): cru
nay (ناي): flauta transversal
nayilun (نايلون): nylon
nayjiria (نيجيريا): Nigéria
naykl (نيكل): níquel
nayubium (نيوبيوم): nióbio
nayutirun (نيوترون): neutrão
nayzk (نيزك): meteorito
nazariat alnisbia (نظرية النسبية): teoria da relatividade
nazif (نظيف): limpo
nazif al'anf (نزيف الأنف): sangramento nasal
nbe ma' harin (نبع ماء حار): géiser
nbtwnywm (نبتونيوم): neptúnio
nel (نعل): sola
nhl (نحلة): abelha
niran almueaskarat (نيران المعسكرات): fogueira
niun (نيون): néon
nizarat (نظارات): óculos
nizarat himaya (نظارات حماية): óculos de segurança
nizarat shams (نظارة شمس): óculos escuros
nizarat sibaha (نظارات سباحة): óculos de natação
nsf alkurat aljanubiu (نصف الكرة الجنوبي): hemisfério sul
nsf alkurat alshamaliu (نصف الكرة الشمالي): hemisfério norte
nsf qatar (نصف قطر): raio
nsf saea (نصف ساعة): meia hora
nufimbir (نوفمبر): novembro
nugha (نوغة): nogado
nuhil (نحيل): delgado
nujar (نجار): carpinteiro
nuqaniq (نقانق): cachorro-quente
nuqta (نقطة): ponto final
nuris (نورس): gaivota
nusb tidhkari (نصب تذكاري): monumento
nuzha (نزهة): piquenique
nwblywm (نوبليوم): nobélio
nwbt qalbia (نوبة قلبية): ataque cardíaco
nybal (نيبال): Nepal
nykaraghu (نيكاراغوا): Nicarágua
nytrwjyn (نتروجين): nitrogénio
nywdymywm (نيوديميوم): neodímio
nywy (نيوي): Niue
nywzilanda (نيوزيلندا): Nova Zelândia

Q

qabda (قبضة): punho
qabea (قبعة): chapéu

qabeatan mansuijatan (قبعة منسوجة): gorro
qabeat shams (قبعة شمس): chapéu de sol
qabih (قبيح): feio
qabis kahraba' (قابس كهرباء): plugue
qabr (قبر): campa
qadam (قدم): pé
qadar (قدر): tacho
qadia (قضية): processo
qadib (قضيب): pénis
qadim (قديم): velho
qady (قاضي): juiz
qaeat aijtimaeat (قاعة اجتماعات): sala de reuniões
qaeat almuhadarat (قاعة المحاضرات): auditório
qaeat raqs (قاعة رقص): dança de salão
qaeidat bayanat (قاعدة بيانات): base de dados
qafaz (قفاز): luva
qafaz almulakama (قفاز الملاكمة): luva de boxe
qafaz biyasbul (قفاز بيسبول): luva de basebol
qafz tazluji (قفز تزلجي): salto de esqui
qahua (قهوة): café
qahwat mithlaja (قهوة مثلجة): café gelado
qalam (قلم): caneta
qalamat al'azafir (قلامة الأظافر): corta-unhas
qalam habar (قلم حبر): esferográfica
qalam hawajib (قلم حواجب): lápis de preenchimento
qalam mulawan (قلم ملون): lápis de cor
qalam rasas (قلم رصاص): lápis
qalaq (قلق): preocupado
qalb (قلب): coração
qalea (قلعة): castelo
qalil (قليل): poucos
qamah (قمح): trigo
qamash (قماش): tecido
qame (قمع): funil
qamis (قميص): camisa
qamis bulu (قميص بولو): polo
qamis dakhiliun (قميص داخلي): camisola interior
qamra (قمرة): cabina
qamus (قاموس): dicionário
qana (قناة): canal
qanafadh (قنفذ): ouriço
qanat albyd (قناة البيض): oviduto
qanun (قانون): lei
qara (قارة): continente
qarad (قرد): macaco
qarash (قرش): tubarão
qard (قرض): empréstimo
qarfa (قرفة): canela
qarfasa' (قرفصاء): agachamento
qari albarkud (قارئ الباركود): leitor de código de barras
qarib 'iibhar (قارب إبحار): barco à vela
qarib (قارب): canoa

qarib (قريب): perto
qarib alnaja (قارب النجاة): barco salva-vidas
qarib sayd (قارب صيد): barco de pesca
qarmida (قرميدة): telha
qarn (قرن): século
qarnabit (قرنبيط): couve-flor
qart (قرط): brinco
qas (قس): padre
qasab (قصب): cana
qasab alsukar (قصب السكر): cana-de-açúcar
qasam (قسم): departamento
qasbat hawayiya (قصبة هوائية): traqueia
qasdayr (قصدير): estanho
qashar (قشر): casca
qashida (قشدة): creme chantilly
qashrat alraas (قشرة الرأس): caspas
qasir (قصير): baixo
qastara (قسطرة): cateter
qatab (قطب): polo
qatak (قطك): teu gato
qatar (قطر): Catar
qatariun (قطري): diagonal
qate dijaaj (قطع دجاج): nugget de frango
qatira (قاطرة): locomotiva
qatiran (قطران): alcatrão
qatn (قطن): algodão
qawiun (قوي): forte
qayaqib (قيقب): ácer
qayasria (قيصرية): cesariana
qayid alawrkstra (قائد الاوركسترا): maestro
qayimat altaeam (قائمة الطعام): menu
qfz alhawajiz (قفز الحواجز): saltos de hipismo
qiadat qarib alkanuyi (قيادة قارب الكانوي): canoagem
qibeat albayasbul (قبعة البيسبول): chapéu de basebol
qibeat alsabbaha (قبعة السباحة): touca de natação
qibeat astahmam (قبعة استحمام): touca de banho
qibla (قبلة): beijo
qilada (قلادة): colar
qimrat alqiada (قمرة القيادة): cabina do piloto
qinbayt 'akhdur (قنبيط أخضر): brócolos
qisma (قسمة): divisão
qitar (قطار): comboio
qitarat fayiqat alsure (قطارات فائقة السرعة): comboio de alta velocidade
qitar bukhar (قطار بخار): comboio a vapor
qitar shahn (قطار شحن): comboio de mercadorias
qitar taht al'ard (قطار تحت الارض): metro
qithar (قيثار): harpa
qndyl albahr (قنديل البحر): medusa
qry (قرية): aldeia
qua (قوة): força
qubrus (قبرص): Chipre
qubtan (قبطان): capitão

qulun (قولون): cólon
qunae alghaws (قناع الغوص): máscara de mergulho
qunae alnuwm (قناع النوم): máscara de dormir
qunae alwajh (قناع الوجه): máscara facial
qurs luebat huki (قرص لعبة هوكي): disco
qurs sulb (قرص صلب): disco rígido
qus qazah (قوس قزح): arco-íris
qut (قط): gato
qyrghyzstan (قيرغيزستان): Quirguistão

R

raafiea (رافعة): grua
raafieat shukia (رافعة شوكية): empilhadora
rab (راب): rap
rabie (رابع): quarto
rabt (رابط): endereço
rabtat eanq (ربطة عنق): gravata
rabtat eunq alqaws (ربطة عنق القوس): laço
rada' alhamam (رداء الحمام): roupão de banho
radar (رادار): radar
radhadh (رذاذ): vaporizador
radhadh al'anf (رذاذ الأنف): vaporizador nasal
radie (رضيع): recém-nascido
radiha (ردهة): salão de entrada
radiu (راديو): rádio
radun (رادون): rádon
radyum (راديوم): rádio
raf (رف): prateleira
rafae athqal (رفع اثقال): halterofilismo
raf kutib (رف كتب): estante
rahat alyad (راحة اليد): palma
rahib (راهب): monge
rahiba (راهبة): freira
rahim (رحم): útero
rahiq (رحيق): néctar
rajbi (رجبي): râguebi
rajul (رجل): homem
rakba (ركبة): joelho
rakhis (رخيص): barato
rakun (راكون): guaxinim
raliat (راليات): rali
ram (رم): rum
ramad (رماد): cinza
ramadan (رمضان): Ramadão
ramal (رمل): areia
ramin (رامن): ramen
ramush (رموش): pestanas
ramy aljila (رمي الجلة): arremesso de peso
ramy almutraqa (رمي المطرقة): lançamento do martelo
ramy alqars (رمي القرص): lançamento do disco
ramy alramh (رمي الرمح): lançamento do dardo

ramz bridiun (رمز بريدي): código postal
ramz sharitiun (رمز شريطي): código de barras
raqas aljaz (رقص الجاز): jive
raqayiq albtatis almaqaliya (رقائق البطاطس المقلية): batata frita
raqis (راقص): dançarino
raqm alghurfa (رقم الغرفة): número do quarto
raqm alhisab (رقم الحساب): número de conta
raqm hatif (رقم هاتف): número de telefone
raqs (رقص): dança
raqsat alttanghu (رقصة التانغو): tango
ras (رأس): cabeça
rasas (رصاص): chumbo
rasif (رصيف): passeio
rasif almina' (رصيف الميناء): cais
rasin (رصين): sóbrio
ratib (راتب): salário
ratuba (رطوبة): humidade
rawaq (رواق): corredor
rawdat 'atfal (روضة أطفال): jardim de infância
rawtr (راوتر): router
rayhan (ريحان): manjericão
rayid 'aemal (رائد أعمال): empresário
rayiys (رئيس): presidente
rayiys alwuzara' (رئيس الوزراء): primeiro-ministro
rayiys majlis (رئيس مجلس): diretor executivo
rbah (ربح): lucro
rdhrfwrdywm (رذرفورديوم): rutherfórdio
red (رعد): trovão
ria (رئة): pulmão
riadiat (رياضيات): matemática
riah (رياح): vento
ribat alhidha' (رباط الحذاء): atacador
ribtat shaear (ربطة شعر): elástico de cabelo
rihlat eamal (رحلة عمل): viagem de negócios
rih musmia (ريح موسمية): monção
rijal 'iitfa' (رجال اطفاء): bombeiro
rijal al'iitfa' (رجال الاطفاء): bombeiros
rimaya (رماية): tiro
risala (رسالة): carta
risalat eilmia (رسالة علمية): tese
risalat nasia (رسالة نصية): SMS
risalat sawtia (رسالة صوتية): mensagem de voz
riwaya (رواية): romance
rmady (رمادي): cinzento
rtila' (رتيلاء): tarântula
ruanda (رواندا): Ruanda
rubue saea (ربع ساعة): um quarto de hora
rudifa (رضفة): rótula
rudium (روديوم): ródio
ruk 'and rul (روك أند رول): rock and roll
ruk (روك): rock
rukub al'amwaj (ركوب الأمواج): surf

rukub aldirajat (ركوب الدراجات): ciclismo
rukub aldirajat aljabalia (ركوب الدراجات الجبلية): ciclismo de montanha
rumania (رومانيا): Roménia
rusia (روسيا): Rússia
rusia albayda' (روسيا البيضاء): Bielorrússia
rusim (رسم): desenho
rusum (رسوم): portagem
rusum jumrukia (رسوم جمركية): alfândega
rutul (رطل): libra
rwbydium (روبيديوم): rubídio
rwthynyum (روثينيوم): ruténio
rwyntjynywm (روينتجينيوم): roentgénio
rynyum (رينيوم): rénio

S

sabaar (صبار): cacto
sabah (صباح): manhã
sabak (سباك): canalizador
sabanikh (سبانخ): espinafre
sabuna (صابونة): sabão
sabura (سبورة): cavalete
sadadat 'adhin (سدادة أذن): protetor auricular
sadagh (صدغ): têmpora
sadar (صدر): peito
sadi (سد): barragem
sadiq (صديق): amigo
sadiqa (صديقة): namorada
sadmat kahrabayiya (صدمة كهربائية): eletrocussão
saea (ساعة): relógio de pulso
saeat aldharwa (ساعة الذروة): hora de ponta
saeat alziyara (ساعات الزيارة): horário de visita
saeat tawqif (ساعة توقيف): cronómetro
saeb (صعب): difícil
saei albarid (ساعي البريد): carteiro
saeid (سعيد): feliz
saf (صف): fila
safar albida (صفار البيضة): gema
safarat 'iindhar (صفارة إنذار): sirene
safasaf (صفصاف): salgueiro
safina (سفينة): navio
safinat shahn (سفينة شحن): navio cargueiro
safinat siahia (سفينة سياحية): cruzeiro
safqa (صفقة): pechincha
saghir (صغير): pequeno
sahaba (سحابة): nuvem
sahafiin (صحافي): jornalista
sahalia (سحلية): lagarto
sahara (صهارة): magma
sahi (صحي): saudável
sahib aleamal (صاحب العمل): empregador
sahih (صحيح): correto

sahil (ساحل): costa
sahil aleaji (ساحل العاج): Costa do Marfim
sahl (سهل): fácil
sahm (سهم): ação
sahra' (صحراء): deserto
sajaq (سجق): salsicha
sajaq maqli (سجق مقلي): salsicha frita
sakar (سكر): açúcar
sakar naeim (سكر ناعم): açúcar em pó
sakhib (صاخب): barulhento
sakhif (سخيف): tonto
sakhra (صخرة): rocha
saki (ساكي): saqué
sakina (سكينة): faca utilitária
saksifun (ساكسفون): saxofone
sala (سلة): cesto
salalm (سلالم): escada
salam (سلم): escada
salami (سلامي): salame
salataeun (سلطعون): caranguejo
salat alghasil (سلة الغسيل): cesto de roupa
salat almuhamalat (سلة المهملات): reciclagem
salat altasawuq (سلة التسوق): cesto de compras
salihafa (سلحفاة): tartaruga
salsat tamatim (صلصة طماطم): molho de tomate
saltanat eamman (سلطنة عمان): Omã
samaea (سماعة): auscultador
samaeat altabib (سماعة الطبيب): estetoscópio
samaka (سمكة): peixe
samak wabitatana (سمك وبطاطا): peixe e fritas
samaryum (سامريوم): samário
samasar albursa (سمسار البورصة): corretor
samasar eaqarat (سمسار عقارات): agente imobiliário
samat (صامت): silencioso
samfunia (سمفونية): sinfonia
samik alsalamun (سمك السلمون): salmão
samin (سمين): roliço
samuu (ساموا): Samoa
samuu al'amrikia (ساموا الأمريكية): Samoa Americana
sana (سنة): ano
sanadil (صنادل): sandálias
sanat finsant wajuzur ghrynadyn (سانت فنسنت وجزر غرينادين): São Vicente e Granadinas
sanat lusia (سانت لوسيا): Santa Lúcia
sanbur (صنبور): torneira
sanbur miah hariq (صنبور مياه حريق): boca-de-incêndio
sandra (سندرة): sótão
sandwtsh (ساندوتش): sandes
san marynw (سان مارينو): São Marino
santimtir (سنتيمتر): centímetro
sant kyts wanyfys (سانت كيتس ونيفيس): São Cristóvão e Neves
sanubir (صنوبر): pinheiro
sanujab (سنجاب): esquilo

sanukir (سنوكر): snooker
saq (ساق): perna
saqala (سقالة): andaime
saqf (سقف): teto
saqi fi hana (ساقي في حانة): barman
saq naba'at (ساق نبات): caule
saqr (صقر): falcão
sarae (صرع): epilepsia
saraj (سرج): sela
saridin (سردين): sardinha
sarie (سريع): rápido
sarim (صارم): rigoroso
sarir (سرير): cama
sarir dhu tabiqayn (سرير ذو طابقين): beliche
sarkhas (سرخس): feto
sartan (سرطان): cancro
sarukh (صاروخ): foguetão
sasta (سستة): fecho
satad kurat qadam (ستاد كرة قدم): estádio de futebol
satra (سترة): suéter
satrat alnaja (سترة النجاة): colete salva-vidas
sawar (سوار): bracelete
sawazilanid (سوازيلاند): Suazilândia
sawianaan (سويا): juntos
sawianaan (صويا): soja
sawna (ساونا): sauna
sawt (سوط): chicote
saw tumi wabarinsib (ساو تومي وبرينسيب): São Tomé e Príncipe
sayadli (صيدلي): farmacêutico
sayadlia (صيدلية): farmácia
sayaj (سياج): cerca
sayajara (سيجارة): cigarro
sayaj min alshajirat (سياج من الشجيرات): sebe
sayarat 'iitfa' (سيارة إطفاء): camião dos bombeiros
sayaratih (سيارته): carro dele
sayarat klasikia (سيارة كلاسيكية): automóvel clássico
sayarat shurta (سيارة شرطة): carro da polícia
sayaruh 'iiseaf (سياره اسعاف): ambulância
sayazyum (سيزيوم): césio
sayil (سائل): líquido
sayil mudadun liltajamud (سائل مضاد للتجمد): anticongelante
sayiq hafila (سائق حافلة): motorista de autocarro
sayiq qitar (سائق قطار): maquinista
sayiq shahina (سائق شاحنة): camionista
sayiq takisi (سائق تاكسي): taxista
sayshil (سيشيل): Seicheles
sayujar (سيجار): charuto
sayulikun (سيليكون): silício
sbrngh rul (سبرنغ رول): rolinho primavera
sdasi 'adlae (سداسي أضلاع): hexágono
seal (سعال): tosse
shab (شاب): jovem

shabaka (شبكة): rede
shabashib (شباشب): chinelos
shabat (شبت): endro
shadid alainhidar (شديد الانحدار): íngreme
shaeab marjania (شعاب مرجانية): recife de coral
shaear (شعر): cabelo
shaear mustaear (شعر مستعار): peruca
shaeiriat maqaliya (شعيرية مقلية): noodles fritos
shafq qatabiun (شفق قطبي): aurora
shahadat milad (شهادة ميلاد): certidão de nascimento
shahib (شاحب): pálido
shahid (شاهد): testemunha
shahinat raafiea (شاحنة رافعة): camião-grua
shahr (شهر): mês
shahr aleasal (شهر العسل): lua de mel
shajara (شجرة): árvore
shajira (شجيرة): arbusto
shallal (شلال): cascata
shamal (شمال): norte
shamam (شمام): melão
shambanya (شامبانيا): champanhe
shambu (شامبو): champô
shams (شمس): sol
shaqa (شقة): apartamento
shaqiq alzawj / shaqiq alzawja (شقيق الزوج / شقيق الزوجة): cunhado
sharab alqyqib (شراب القيقب): xarope de ácer
sharab alsaeal (شراب السعال): xarope para a tosse
sharian (شريان): artéria
sharie (شارع): avenida
sharie biaitijah wahid (شارع باتجاه واحد): via de sentido único
sharihat lahm (شريحة لحم): bife
sharikat tayaran (شركة طيران): companhia aérea
sharikatuhum (شركتهم): companhia deles
sharir (شرير): malvado
sharit alqias (شريط القياس): fita métrica
sharit altamrir (شريط التمرير): barra de deslocamento
sharit eazil (شريط عازل): fita isoladora
sharit lasiq (شريط لاصق): fita-cola
sharit mattatiin (شريط مطاطي): elástico de borracha
shasha (شاشة): ecrã
shashatan mustaha (شاشة مسطحة): ecrã plano
shati (شاطئ): beira
shawka (شوكة): garfo
shay 'akhdar (شاي أخضر): chá verde
shay 'aswad (شاي أسود): chá preto
shay (شاي): chá
shay biallabn (شاي باللبن): chá com leite
shbh falaz (شبه فلز): semimetal
shbh jazira (شبه جزيرة): península
shbh munharif (شبه منحرف): trapézio
shbshb (شبشب): chinelos de praia
shbshb hamam (شبشب حمام): chinelos de banho

shibak (شباك): janela
shifa (شفة): lábio
shifrat halaqa (شفرة حلاقة): lâmina
shin alharas (شين الحرس): caneleira
shirae (شراع): vela
shrq (شرق): este
shujae (شجاع): corajoso
shukraan (شكرا): Obrigado
shukulata (شوكولاتة): chocolate
shukulatat sakhina (شوكولاتة ساخنة): chocolate quente
shumie (شمعة): vela
shurta (شرطة): polícia
shurtat sufalia (شرطة سفلية): underscore
shurtiun (شرطي): polícia
shuturanij (شطرنج): xadrez
shyk (شيك): cheque
siad alsamak (صياد السمك): pescador
siasa (سياسة): politica
siasiun (سياسي): político
sibaha (سباحة): natação
sibahat ayqaei (سباحة ايقاعية): natação sincronizada
sibaq aldirajat albukharia (سباق الدراجات البخارية): motocross
sibaq aldirajat alnnaria (سباق الدراجات النارية): motociclismo
sibaq aldirajat ealaa almidmar (سباق الدراجات على المضمار): ciclismo de pista
sibaq alzilajat alsadria (سباق الزلاجات الصدرية): skeleton
sibaq sayarat (سباق سيارات): automobilismo
sibtambar (سبتمبر): setembro
siddadat qatnia (سدادة قطنية): tampão
sier sahm (سعر سهم): preço da ação
sifara (سفارة): embaixada
sijada (سجادة): tapete
sijn (سجن): prisão
sikin maejun (سكين معجون): espátula
sikritira (سكرتيرة): secretária
silk (سلك): arame
silsilat jibal (سلسلة جبال): cordilheira
silsilat mafatih (سلسلة مفاتيح): porta-chaves
sinama (سينما): cinema
sinariw (سيناريو): guião
singhafura (سنغافورة): Singapura
sini (سن): dente
siraliun (سيراليون): Serra Leoa
sirilanika (سيريلانكا): Sri Lanka
sirwal (سروال): calças
sirwal dayq (سروال ضيق): perneiras
sirwal qasir (سروال قصير): calções
sirwal sibaha (سروال سباحة): calções de banho
sitara (ستارة): cortina
sitarat alhamam (ستارة الحمام): cortina de chuveiro
sitarat min sawf mahabuk (سترة من صوف محبوك): casaco de malha
skandyum (سكانديوم): escândio
skt hadid (سكة حديد): via ferroviária

slufakia (سلوفاكيا): Eslováquia
slufinia (سلوفينيا): Eslovénia
smak (سمك): peixe
srbyaan (صربيا): Sérvia
srsar allayl (صرصار الليل): grilo
strunshyum (سترونشيوم): estrôncio
subar marikat (سوبر ماركت): supermercado
sudae (صداع): dor de cabeça
sudae nasfi (صداع نصفي): enxaqueca
sudfa (صدفة): concha
sudium (صوديوم): sódio
suduku (سودوكو): sudoku
suf (صوف): lã
suisra (سويسرا): Suíça
sukran (سكران): bêbado
sulb (صلب): aço
sulta (سلطة): salada
sultat batatis (سلطة بطاطس): salada de batata
sultat fawakih (سلطة فواكه): salada de fruta
sunat jadida (سنة جديدة): Ano Novo
sunduq albarid (صندوق البريد): caixa de correio
sunduq alsayara (صندوق السيارة): porta-bagagem
sunduq alwarid (صندوق الوارد): caixa do correio
sunduq ramal (صندوق رمل): caixa de areia
suq (سوق): mercado
suq samak (سوق سمك): peixaria
sura (صورة): fotografia
surat al'ashieat alsaynia (صورة الأشعة السينية): raio X
surat eayilia (صورة عائلية): fotografia de família
suria (سوريا): Síria
suriqat (سرقاط): suricato
surynam (سورينام): Suriname
sushi (سوشي): sushi
susin (سوسن): íris
sybwrjyum (سيبورجيوم): seabórgio
sykh (سيخ): espetada
syrium (سيريوم): cério
syy (سيئ): mau

T

tabakh (طباخ): cozinheiro
tabaq (طبق): prato
tabashir (طباشير): giz
tabgh (تبغ): tabaco
tabib (طبيب): médico
tabib bytry (طبيب بيطري): veterinário
tabie (طابع): selo
tabiea (طابعة): impressora
tabir (تابير): tapir
tabla (طبلة): timbale
tadhkar (تذكار): lembrança

247

tadhkira (تذكرة): bilhete
tadlik (تدليك): massagem
tadrib mahniun (تدريب مهني): formação vocacional
tafaeul kimiayiyun (تفاعل كيميائي): reação química
tafaha (تفاحة): maçã
tafah jaladi (طفح جلدي): erupção cutânea
tahal (طحال): baço
taht (تحت): abaixo
tahwil masrifiun (تحويل مصرفي): transferência bancária
taj (تاج): coroa
tajaeid (تجاعيد): ruga
tajdif (تجديف): remo
tajikistan (طاجيكستان): Tajiquistão
takhruj (تخرج): graduação
takhyim (تخييم): camping
takilana (تكيلا): tequila
taksi (تاكسي): táxi
tal (تل): monte
tala' (طلاء): tinta
tala' al'azafir (طلاء الأظافر): verniz de unhas
talaq (طلاق): divórcio
tamae (طماع): ganancioso
tamal (تأمل): meditação
tamarin albatn (تمارين البطن): flexão abdominal
tamatim (طماطم): tomate
tamin (تأمين): seguro
tamrin daght (تمرين ضغط): flexão
tamriyn alsadr (تمرين الصدر): supino
tamsah (تمساح): crocodilo
tanjsitin (تنجستين): tungsténio
tans (تنس): ténis
tans alraysha (تنس الريشة): badminton
tans tawila (تنس طاولة): ténis de mesa
tantalum (تنتالوم): tântalo
tanwra (تنورة): saia
tanzah (تنزه): esplanada
taqa (طاقة): eletricidade
taqaead (تقاعد): reforma
taqim (طاقم): elenco
taqwim (تقويم): calendário
tarambulin (ترامبولين): trampolim
tarbiat bidaniya (تربية بدنية): educação física
tarbium (تربيوم): térbio
tard (طرد): pacote
tarh (طرح): subtração
tarid alhasharat (طارد الحشرات): repelente de insetos
tarikh (تاريخ): história
tarikh aintiha' alsalahia (تاريخ انتهاء الصلاحية): data de validade
tariq (طريق): estrada
tarkibat al'asnan (تركيبات الأسنان): prótese dental
tarmith (ترميث): rafting
tasaluq (تسلق): escalada

248

tasaluq aljalid (تسلق الجليد): escalada no gelo
tasaluq aljibal (تسلق الجبال): alpinismo
tashad (تشاد): Chade
tashanaj (تشنج): cãibra
tasha tasha (تشا تشا): chachachá
tashili (تشيلي): Chile
tashilu (تشيلو): violoncelo
tashira (تأشيرة): visto
tashiz birajr (تشيز برجر): hambúrguer de queijo
tasjil 'iijra'at alwusul (تسجيل إجراءات الوصول): balcão de check-in
taskhin (تسخين): aquecimento
taswiq (تسويق): marketing
tatbiq (تطبيق): app
tatris (تتريس): Tetris
taw'am (توأم): gémeos
tawatu alealiq (توت العليق): framboesa
tawfalu (توفالو): Tuvalu
tawil (طويل): alto
tawila (طاولة): mesa
tawilat janibia (طاولة جانبية): mesa de cabeceira
tawilat kay (طاولة كي): tábua de engomar
tawilat sanukir (طاولة سنوكر): mesa de snooker
tawilat tans alttawila (طاولة تنس الطاولة): mesa de ténis de mesa
tawqie (توقيع): assinatura
tawt 'aswad (توت أسود): amora
tayar (طيار): piloto
tayira (طائرة): avião
tayirat mirwahia (طائرة مروحية): helicóptero
tayirat shahn (طائرة شحن): avião de mercadorias
tayirat shiraeia (طائرة شراعية): planador
taykundu (تايكوندو): taekwondo
tayland (تايلاند): Tailândia
taymur alsharqia (تيمور الشرقية): Timor-Leste
tayn (تين): figo
taywan (تايوان): Ilha Formosa
tazahalaq (تزحلق): esqui
tazahalaq ealaa aljalid (تزحلق على الجليد): patinagem no gelo
tazalij ealaa alma' (تزلج على الماء): esqui aquático
tazlaj (تزلج): esqui
tazlij hurun (تزلج حر): esqui de estilo livre
tazlij sarie (تزلج سريع): patinagem de velocidade
tazlij shiraei (تزلج شراعي): windsurf
tazluj nuridi (تزلج نوردي): combinado nórdico
tb al'amrad aljuldia (طب الأمراض الجلدية): dermatologia
tb al'atfal (طب الأطفال): pediatria
tb aleizam (طب العظام): ortopedia
tb aljihaz albuliu (طب الجهاز البولي): urologia
tb alnafs (طب النفس): psiquiatria
tb alnisa' (طب النساء): ginecologia
tb alqalb (طب القلب): cardiologia
tbkh hud (طبخ هود): exaustor
tbyb 'asnan (طبيب أسنان): dentista

thadi (ثدي): seio
thaealib alma' (ثعلب الماء): lontra
thaelab (ثعلب): raposa
thalaj (ثلج): neve
thalaja (ثلاجة): frigorífico
thalathat 'arbae saea (ثلاثة أرباع ساعة): três quartos de hora
thalith (ثالث): terceiro
thalyum (ثاليوم): tálio
thani 'uksid alkarbun (ثاني أكسيد الكربون): dióxido de carbono
thani (ثاني): segundo
thany (ثانية): segundo
thaqab 'aswad (ثقب أسود): buraco negro
thaqab almuftah (ثقب المفتاح): buraco da fechadura
thaqil (ثقيل): pesado
thawm (ثوم): alho
thawm mueamar (ثوم معمر): cebolinho
thlath tawayim (ثلاث توائم): trigémeos
thueban (ثعبان): serpente
thuluyum (ثوليوم): túlio
thuma (ثم): então
thungh (ثونغ): tanga
thur (ثور): touro
thurium (ثوريوم): tório
thwb alnuwm (ثوب النوم): camisa de noite
thwb alzifaf (ثوب الزفاف): vestido de casamento
tifayat hariq (طفاية حريق): extintor
tifl (طفل): bebé
tiknulujia almaelumat (تكنولوجيا المعلومات): tecnologias de informação
tilfizyun (تلفزيون): televisão
tin (طين): barro
tinzania (تنزانيا): Tanzânia
tknitium (تكنيتيوم): tecnécio
tnana (طنانة): zangão
trinidad watubaghu (ترينيداد وتوباغو): Trindade e Tobago
tsws al'asnan (تسوس الأسنان): cárie
tuafuw (توفو): tofu
tub (طوب): tijolo
tuba (توبا): tuba
tubiq btry (طبق بتري): placa de Petri
tubiq janibi (طبق جانبي): acompanhamento
tubiq qamar sinaeiun (طبق قمر صناعي): antena parabólica
tueal maei (تعال معي): Vem comigo
tughu (توغو): Togo
tuna (تونة): atum
tungha (تونغا): Tonga
tunin (طن): tonelada
tunis (تونس): Tunísia
tuqatie (تقاطع): cruzamento
tuqum tubul (طقم طبول): bateria
turam (ترام): elétrico
turba (تربة): solo
turkia (تركيا): Turquia

turkmanistan (تركمانستان): Turquemenistão
tusamim (تسمم): envenenamento
tut (توت): mirtilo
tut bry (توت بري): oxicoco
tylurium (تيلوريوم): telúrio
tylyskwb (تيليسكوب): telescópio
ty shayirat (تي شيرت): t-shirt
tytanyum (تيتانيوم): titânio

W

w (و): e
wadaeaan (وداعا): Tchau
wad dayq (واد ضيق): desfiladeiro
wadi (وادي): vale
wadud (ودود): amigável
wafil (وافل): gofre
wahdat almuealajat almarkazia (وحدة المعالجة المركزية): unidade de processamento central (CPU)
wahid (وحيد): só
wahid alqarn (وحيد القرن): rinoceronte
wajabat khafifa (وجبة خفيفة): lanche
wajae al'asnan (وجع الاسنان): dor de dentes
wajib manziliun (واجب منزلي): trabalho de casa
wakil safar (وكيل سفر): agente de viagens
walad (ولد): rapaz
walaea (ولاعة): isqueiro
walidu alzawj / walidu alzawja (والد الزوج / والد الزوجة): sogro
waqi al'asnan (واقي الأسنان): protetor bucal
waqi dhikri (واقي ذكري): preservativo
waqi shams (واقي شمس): protetor solar
waradi (وردي): côr-de-rosa
waranish (ورنيش): verniz
waraqa almirhad (ورق المرحاض): papel higiénico
waraqat naqdia (ورقة نقدية): nota
waraqat shajaratan (ورقة شجرة): folha
warda (وردة): rosa
warid (وريد): veia
warith (وريث): herdeiro
wasada (وسادة): almofada
wasadat hawayiya (وسادة هوائية): airbag
wasayil altawasul alaijtimaeii (وسائل التواصل الاجتماعي): rede social
washah (وشاح): cachecol
washama (وشم): tatuagem
wasia (وصية): testamento
wasie (واسع): largo
wasim (وسيم): bonito
wat (واط): watt
watar (وتر): tendão
watar aleurqub (وتر العرقوب): tendão de Aquiles
wayuski (ويسكي): uísque
wazifa (وظيفة): trabalho
wazir (وزير): ministro

wiea' (وعاء): tigela
wiea' sakhin (وعاء ساخن): hot pot
wilada (ولادة): parto
wilaya (ولاية): estado
wusul (وصول): chegada

Y

yabaniin (ياباني): Japonês
yabhath ean (يبحث عن): procurar
yabie (يبيع): vender
yabki (يبكي): chorar
yabtalie (يبتلع): engolir
yabtasim (يبتسم): sorrir
yadae (يضع): colocar
yadfae (يدفع): empurrar
yadfae naqud (يدفع نقود): pagar
yadghat (يضغط): pressionar
yadhak (يضحك): rir
yadiy (يضيئ): ligar
yadkhun (يدخن): fumar
yadluk (يدلك): massajar
yadrib (يضرب): bater
yadrib bialmutraqa (يضرب بالمطرقة): martelar
yadrus (يدرس): estudar
yaeish (يعيش): viver
yaemal (يعمل): trabalhar
yafshil (يفشل): falhar
yaftah (يفتح): abrir
yafuz (يفوز): ganhar
yaghdhi (يغذي): alimentar
yaghli (يغلي): ferver
yaghliq (يغلق): fechar
yaghmi ealayh (يغمي عليه): desmaiar
yaghsil (يغسل): lavar
yahdhar (يحذر): avisar
yahfur (يحفر): escavar
yahlam (يحلم): sonhar
yahmas (يهمس): sussurrar
yahmil (يحمل): carregar
yahsab (يحسب): contar
yahtafil (يحتفل): celebrar
yajafaf (يجفف): secar
yajid (يجد): encontrar
yajrah (يجرح): magoar
yajri (يجري): correr
yajri mukalamatan hatifia (يجري مكالمة هاتفية): telefonar
yakhbiz (يخبز): assar
yakhsar (يخسر): perder
yakhsar waznanaan (يخسر وزنا): emagrecer
yakhtar (يختار): escolher
yakhudh (يأخذ): tirar

yakns (يكنس): aspirar
yaksib (يكسب): ganhar
yaktub (يكتب): escrever
yakwi (يكوي): passar roupa
yaldagh (يلدغ): morder
yaleab (يلعب): jogar
yalufu (يلف): rolar
yamasah (يمسح): digitalizar
yamin (يمين): direita
yamut (يموت): morrer
yanam (ينام): dormir
yanayir (يناير): janeiro
yanmu (ينمو): crescer
yanshur bialmanshar (ينشر بالمنشار): serrar
yansukh (ينسخ): copiar
yantazir (ينتظر): esperar
yaqa (ياقة): colarinho
yaqabil (يقابل): encontrar
yaqbal (يقبل): beijar
yaqfaz (يقفز): saltar
yaqif (يقف): ficar de pé
yaqis (يقيس): medir
yaqli (يقلي): fritar
yaqra (يقرأ): ler
yaqtabis (يقتبس): citar
yaqtae (يقطع): cortar
yaqtin (يقطين): abóbora
yaqut 'azraq (ياقوت أزرق): safira
yaqut (ياقوت): rubi
yarda (ياردة): jarda
yarfae (يرفع): levantar
yarmi (يرمي): atirar
yartajif (يرتجف): tremer
yas'al (يسأل): perguntar
yasar (يسار): esquerda
yashab (يسحب): puxar
yashrab (يشرب): beber
yashtari (يشتري): comprar
yasir (يسير): andar
yasqut (يسقط): cair
yasriq (يسرق): roubar
yastad (يصطاد): pescar
yastahim (يستحم): tomar banho
yastalqi (يستلقي): deitar
yastamie (يستمع): ouvir
yastamtae (يستمتع): desfrutar
yastarih (يستريح): descansar
yatahadath (يتحدث): falar
yatanafas (يتنفس): respirar
yatanawal (يتناول): comer
yataqayaa (يتقيأ): vomitar
yatasalaq (يتسلق): escalar

yatazawaj (يتزوج): casar
yatbae (يطبع): imprimir
yati (يأتي): vir
yatim (يتيم): órfão
yatir (يطير): voar
yatliy (يطلي): pintar
yawadu (يود): iodo
yawan (يوان): yuan
yawja (يوجا): ioga
yawm (يوم): dia
yawm jayid (يوم جيد): Bom dia
yazahaf (يزحف): gatinhar
yazid waznanaan (يزيد وزنا): engordar
yd (يد): mão
yerf (يعرف): saber
yikht (يخت): iate
ylmas (يلمس): tocar
yn (ين): iene
ynkmsh (ينكمش): encolher
yshm (يشم): jade
yubsiq (يبصق): cuspir
yudafie (يدافع): defender
yuejib (يعجب): gostar
yueti (يعطي): dar
yufakir (يفكر): pensar
yughni (يغني): cantar
yuhadid (يهدد): ameaçar
yuhajim (يهاجم): atacar
yuhariq (يحرق): queimar
yuhdiq (يحدق): fitar
yuhibu (يحب): amar
yujib (يجيب): responder
yujlis (يجلس): sentar
yukhfi (يخفي): esconder
yuliu (يوليو): julho
yumaris (يمارس): praticar
yumkin siqi (يمكن سقي): regador
yumsik (يمسك): apanhar
yunaqish (يناقش): discutir
yunazif (ينظف): limpar
yuniu (يونيو): junho
yunqidh (ينقذ): resgatar
yuqamir (يقامر): apostar
yuqatil (يقاتل): lutar
yuqfal (يقفل): trancar
yuqtal (يقتل): matar
yurahin (يراهن): apostar
yuranium (يورانيوم): urânio
yurkil (يركل): dar um pontapé
yurubium (يوروبيوم): európio
yusabih (يسبح): nadar
yusaeid (يساعد): ajudar

yusafir (يسافر): viajar
yusalim (يسلم): entregar
yusaliy (يصلي): rezar
yusawit (يصوت): votar
yushahid (يشاهد): ver
yusharik (يشارك): partilhar
yuslih (يصلح): consertar
yusrikh (يصرخ): gritar
yutabie (يتابع): seguir
yutabikh (يطبخ): cozinhar
yutafiy (يطفئ): apagar
yutliq alnaar (يطلق النار): disparar
ywrw (يورو): euro

Z

zaa muahad (زى موحد): uniforme
zabadi (زبادي): iogurte
zabdat fawal sudaniin (زبدة فول سوداني): manteiga de amendoim
zabib (زبيب): uva passa
zabida (زبدة): manteiga
zaenifa (زعنفة): barbatana
zaetar (زعتر): tomilho
zahar (ظهر): meio-dia
zahar safina (ظهر سفينة): convés
zahil (زحل): Saturno
zahr (زهر): florescer
zahra (زهرة): flor
zalabia (زلابية): dumpling
zalaqa (زلاقة): escorrega
zalim (ظالم): injusto
zambia (زامبيا): Zâmbia
zamil (زميل): colega
zamkhr (زمخر): fagote
zanjibayl (زنجبيل): gengibre
zaqaq (زقاق): beco
zarf (ظرف): envelope
zawia (زاوية): ângulo
zawiat qayima (زاوية قائمة): ângulo reto
zawj (زوج): marido
zawja (زوجة): esposa
zawj al'um (زوج الأم): padrasto
zawj alaibna (زوج الابنة): genro
zawjat al'ab (زوجة الأب): madrasta
zawjat alaibn (زوجة الابن): nora
zawraq mattatiin (زورق مطاطي): barco de borracha insuflável
zaybaq (زئبق): mercúrio
zayidat duadia (زائدة دودية): apêndice
zayir (زائر): visitante
zayt (زيت): óleo
zayt budhur allaft (زيت بذور اللفت): óleo de colza
zayt dhara (زيت ذرة): óleo de milho

255

zayt eibad alshams (زيت عباد الشمس): óleo de girassol
zayt fawal alsudani (زيت فول السوداني): óleo de amendoim
zayt tashhim (زيت تشحيم): lubrificante
zaytun (زيتون): azeitona
zayt zayitun (زيت زيتون): azeite
zifaf (زفاف): casamento
zihria (زهرية): vaso
zilajat mayiya (زلاجة مائية): escorrega aquático
zil aleayn (ظل العين): sombra de olho
zilaqat aljalid alaly (زلاقة الجليد الآلية): moto de neve
zilzal (زلزال): terramoto
zimbabwi (زيمبابوي): Zimbabué
zink (زنك): zinco
zinun (زينون): xenónio
zirafa (زرافة): girafa
zrnikh (زرنيخ): arsénio
zufur (ظفر): unha
zujaja (زجاجة): garrafa
zujajat altifl (زجاجة الطفل): biberão
zujajat ma'an (زجاجة ماء): garrafa de água
zujajat miah sakhina (زجاجة مياه ساخنة): botija de água quente
zur (رز): botão
zurq tajdif (زورق تجديف): barco a remos
zy mudrisi (زي مدرسي): uniforme escolar

Printed in Great Britain
by Amazon